2012年度四川省哲学社会科学重点研究基地儒学研究中心一般项目（项目编号：RX12Y03）
2012年度四川大学青年教师科研启动基金项目（项目编号：skq201238）

宋桂梅 编著

魏晋儒学编年

四川大学出版社

责任编辑:庄　剑
责任校对:舒　星
封面设计:墨创文化
责任印制:王　炜

图书在版编目(CIP)数据

魏晋儒学编年 / 宋桂梅编著. —成都：四川大学出版社，2014.6（2025.7重印）
ISBN 978-7-5614-7835-6

Ⅰ.①魏…　Ⅱ.①宋…　Ⅲ.①儒学-思想史-研究-中国-魏晋南北朝时代　Ⅳ.①B222.05

中国版本图书馆 CIP 数据核字（2014）第 144858 号

书名　**魏晋儒学编年**

编　著	宋桂梅
出　版	四川大学出版社
地　址	成都市一环路南一段 24 号 (610065)
发　行	四川大学出版社
书　号	ISBN 978-7-5614-7835-6
印　刷	三河市天润建兴印务有限公司
成品尺寸	148 mm×210 mm
印　张	9.875
字　数	246 千字
版　次	2014 年 7 月第 1 版
印　次	2025 年 7 月第 3 次印刷
定　价	55.00 元

◆读者邮购本书,请与本社发行科联系。
电话:(028)85408408/(028)85401670/(028)85408023　邮政编码:610065
◆本社图书如有印装质量问题,请寄回出版社调换。
◆网址:http://www.scup.cn

凡　例

一、《魏晋儒学编年》为反映魏晋时期儒学发展史的资料长编。

二、本编年起于汉献帝初平元年（即公元190年），止于东晋恭帝元熙二年（即公元420年）。

三、本编年主要收录魏晋时期重大儒学事件、重要儒学人物和重要儒学著作，亦适当记述相关重要历史事件，以展示儒学发展史的时代背景。

四、本编年所利用参考文献，主要包括相关正史、杂史、类书、典章类史书、读书笔记及今人研究成果等。

五、本编年所录文献，系年均以当时帝王纪元为主，亦附以干支和公元纪年。纪事则采用纲目体，一事一条，先述梗概，续录原文，并随文标注所出，以示征信。

六、本编年对于具体时间或事件无考或尚存疑说者，略加考释，择善而从，并以案语作说明，附于相关条目下。

七、本编年对于各学者之著述，一般于其卒年条目下列出；若该学者卒年无考，则系于该学者最后一次出现于本编年之处。

八、对于散见于史书中的人物及著述，无法具体系年者，则附于其生活时代之君主或朝代之末。

凡 例

绪 论

魏晋时期，儒学的发展进入一个转折期。由于政治腐败、干戈频兴，官方儒学教育受到很大的破坏；门阀兴盛，儒学传授转而深植于家学。玄学风靡，佛教东来，儒学独尊的局面已然动摇。当时学者值此社会动荡、学术转型之际，多以道释儒，佛儒互证，探究儒学发展的新路径。他们在经学研究上，有不少新的创辟，其影响深及唐宋，续至明清，清代《十三经注疏》收编魏晋学者经注就有五部。在中国儒学发展史上，魏晋时期是一重要阶段。

由于目前的魏晋儒学史研究多偏重专题式或列传式，难窥儒学发展全貌。而编年纪事是中国传统修史方法之一，具有其他体裁难以替代的作用。笔者拟用编年史的形式，从文献学的角度，按照时间先后具体考察魏晋时期儒学人物的学术经历、重要儒学著述，以及重大儒学事件，以期清晰展示魏晋儒学发展的脉络和学术成果。

汉武帝崇明儒术，立五经于官学，儒家学说成为官方正统教育内容，被广泛传习，儒学也主要以经学的面目出现。魏晋时期，经学仍是官学、家学和私学教育的主要内容。经学在此两百年间由于受到特定的社会环境和道、佛学术思潮的影响，其学术发展又别具时代特点。笔者将在下文对魏晋时期的儒学教育、经学发展及儒学与道、佛关系作一简述。

一、魏晋时期的儒学教育

儒学是中国传统文化的主流，历代统治者、学者对儒学教育都非常重视。魏晋时期，无论是官方学校、门阀家族，还是私人设帐授徒，经学都是教育的主要内容。

（一）魏晋时期的官方儒学教育

魏晋时期的官方儒学教育，主要由太学、国子学和地方州郡学承担。

自汉武帝独尊儒术、长安立太学后，儒家经典便成为太学、地方郡学的教授内容。魏晋时期，虽然玄学兴盛，但官方学校仍然遵循两汉的传统，以儒家经学为教授内容。汉末大乱，中央太学教育失序，至曹魏立国，始恢复太学，选聘经学博士，置课试之法，然"太学诸生有千数，而诸博士率皆粗疏，无以教弟子。弟子本亦避役，竟无能习学，冬来春去，岁岁如是"。[①] 西晋初年，承曹魏旧制，中央立太学教育诸生，郡县令置小学。咸宁年间，晋武帝整顿太学，增置国子学。东晋诸帝偏安江左，南北时有征战，政局不稳，加之"世尚庄老，莫肯用心儒训"[②]，太学中的儒学传授时断时续。

地方州郡学主要由地方官员主办，学校因到任官员的儒学素养和对教育的重视程度不同而呈现出不同的发展状态。曹魏时，出生世家的杜畿为河东太守，署名儒乐详为文学祭酒以教

---

① 陈寿：《三国志》卷一三《王肃传》裴注引《魏略》，中华书局，1964年，第420页。

② 沈约：《宋书》卷一四《礼志》，中华书局，1974年，第363页。

后学，此后，河东遂多儒士。东晋大儒范宁十分重视儒学教化，每出任地方官即以讲经兴学为务，抵制虚浮学风。他任余杭令，则在县兴学教育诸生；出为豫章太守，则在郡大兴庠序，并取郡中大族子弟课授五经，又“改革旧制，不拘常宪”[①]，远近至者数千余人，南朝刘宋时期的名儒周续之就曾在豫章郡学中从范宁问学。庾亮出镇武昌，开置学官，广延儒者，但亮卒后，学校旋废。可见，地方郡学的发展具有不稳定性。

总之，魏晋时期官方儒学教育随官方学校的沉浮不定而少有发展。帝王虽有讲经视学之举，但因政治环境恶劣，其关注力度不够；有识之士虽不断上疏建言崇儒重学，但因社会动乱，缺乏强有力的制度作保障，官方学校时兴时废，没有长久安稳发展的时机，加之世尚老庄的学风影响，官方儒学教育成果甚微。

魏晋时期立于官学的各家经说和太学博士人数，前贤时彦已做了细致深入的研究，可资参考。通过编年考察，曹魏正始六年（245），王朗已逝，但其《易传》得立太学。王朗《易传》虽佚，但从后来学者的传习和评论推想其《易》学成就不会十分高明，至少不足与郑玄并驾齐驱。王朗《易传》之所以得立官学应该是当时郑（玄）、王（肃）学术之争的影响所致。由此一例可以窥见政治力量对官方教育的影响。另据学者考证：魏时何晏等人所注《论语集解》曾短暂立于学官；又西晋中后期，玄风炽盛，王弼所注之《易》已取代王肃之《易注》

① 房玄龄等：《晋书》卷七五《范宁传》，中华书局，1974年，第1988页。

而立于学官。[1] 可见，学术的进步和时风流俗也在影响着儒学教授内容。

（二）魏晋时期家学中的经学传承

魏晋时期，官学不振，家学尚有可观。钱穆先生即言："政治虽颓废不振，在民间则仍保有文化与学术之传统，并能自有创辟。"[2]

汉代通经致仕，出现累世公卿，门第始兴。魏晋时期，朝代更迭，动乱不已，门阀家族却有盛无衰，而一个家族的兴盛衰亡与子弟教育密切相关。《颜氏家训》载："士大夫子弟，数岁以上，莫不被教，多者或至《礼》《传》，少者不失《诗》《论》。"[3] 经学和儒学教化乃家族教育的重要内容，不少家族在经学传承中，经过几代人的学术积累，形成专精的家学，世代相习，如荀氏《易》学，贺氏《礼》学等。陈寅恪先生有言："东汉以后学术文化，其重心不在政治中心之首都，而分散于各地之名都大邑。是以地方大族盛门乃为学术文化之所寄托。……而汉族之学术文化变为地方化及家门化矣。故论学术，只有家学可言。"[4] 可见魏晋时期家学在学术发展，尤其儒学传承中的地位。

大族盛门重视子弟礼仪教化、家学传承自不待言，如三国

---

① 王志平：《中国学术史：三国两晋南北朝卷》，江西教育出版社，2001年。

② 钱穆：《略论魏晋南北朝时期学术文化与当时门第之关系》，见《中国学术思想史论丛》卷三，安徽教育出版社，2004年，第140页。

③ 颜之推：《颜氏家训·勉学》，上海古籍出版社，1980年，第141页。

④ 陈寅恪：《崔浩与寇谦之》，见《金明馆丛稿初编》，上海古籍出版社，1980年，第131页。

吴郡范平以儒学授三子，其子“并以儒学至大官”[①]。晋人刘殷七子，五子各授一经。东晋谢安出仕之前，常集家族子弟论学，女性后辈如谢道蕴也能参与其中。普通民众家庭也期望有佳子弟出现。晋人皇甫谧，从其嗣母之训，问学乡人席坦，勤学不怠，终成一代经史之才。前秦时期韦逞的母亲宋氏，昼则樵采以维持生计，夜则亲授韦逞《周官》，以不废其学。

家族儒学传承中父子同研一经，均有经学著述问世的现象比比皆是，如王朗、王肃父子注《周易》，王接、王愆期父子注《春秋公羊传》，李充、李颙父子之注《周易》《尚书》。这种家族学术积累极大地推动了经学的发展。女性在家学传承上也非无功可书，如前述韦逞母宋氏出身儒学世家，及长，学习《周官》音义，并于丧乱间讽诵不辍。后以《周官》传授其子韦逞，韦逞得仕前秦为太常。宋氏又得前秦君主苻坚赏识，在家设帐授徒，使《周官》学复兴于世。

（三）魏晋时期私学中的儒学传授

与家学传授相比，名儒收徒授学则是在更大范围内广泛传播儒学的教育行为。魏晋时期，社会动乱，政治颓废，部分学者不愿出仕而乐于隐居教授；另一方面，战火纷扰，官学驳杂，学子也多愿拜名儒为师，从私馆就学。

私学教授的内容以经学为主，其间既有启蒙性质的传习，又有加深造诣的研习，同时也积极探索学术和教育，或学问自成一家，或教育方法别具一格。如汉末郑玄学问自成一家，生徒甚众；又平原人王烈，“其诱人也，皆不因其性气，诲之以道，使之从善远恶。益者不自觉，而大化隆行，皆成实器。门

① 房玄龄等：《晋书》卷九一《范平传》，中华书局，1974年，第2347页。

人出入，容止可观”。[①]

部分私学具有一定的规模并产生了不小的影响，如：晋人刘兆受业生徒数千人；杜夷年四十余，返乡闭门教授，生徒亦有数千。在少数民族统治辖区内，留在北地的学者们也在积极收徒授学，弘扬儒学。晋人宋纤隐居酒泉南山，“弟子受业三千余人。注《论语》，及为诗颂数万言”。[②] 祈嘉“西游海渚，教授门生百余人”[③]，后被张重华征为儒林祭酒，“在朝卿士、郡县令彭和正等受业独拜床下者二千余人”。[④] 后秦治域内的姜龛、淳于岐、郭高等皆耆老硕德，经明行修，在长安教授，诸生自远而至者万数。

学者设馆授徒也带动了游学之风，此一时期的大儒在其学术成长的过程中，不乏游学经历。三国时期的邴原，游学各地，师事多人，先问学安丘孙崧，后“至陈留则师韩子助，颍川则宗陈仲弓，汝南则交范孟博，涿郡则亲卢子干”。[⑤] 归故里后，教授门徒，青州遂有郑、邴之学。蜀人尹默、李仁游学荆州，习古文经，学成后在蜀地传授。晋人董景道千里追师，学通“三礼”，后以郑玄为宗，并著《礼通论》演广郑旨。

私学为社会培养了大批儒学人才，使儒学传承后继有人；学者各地游学，寻师问道，增广见闻，切磋学问，既提升了自己的学术水平，也加强了地域间的学术交流，促进了区域儒学的发展兴盛。

---

① 陈寿：《三国志》卷一一《魏书·管宁传》裴注引《先贤行状》，中华书局，1964年，第355页。

② 房玄龄等：《晋书》卷九四《宋纤传》，中华书局，1974年，第2453页。

③ 房玄龄等：《晋书》卷九四《祈嘉传》，中华书局，1974年，第2456页。

④ 房玄龄等：《晋书》卷九四《祈嘉传》，中华书局，1974年，第2456页。

⑤ 陈寿：《三国志》卷一一《魏书·邴原传》裴注引《邴原别传》，中华书局，1964年，第352页。

（四）少数民族统治区内的儒学教育

十六国时期，北部中国长期处于少数民族统治之下，各少数民族首领忙于战争杀伐，抢占领土，其民族又不若汉族地区有习礼乐文化之传统。但观史书记载，各少数民族政权均有兴学崇儒之举，儒学传授并未被完全阻绝。这一方面应归因于儒学具有强大的治世功能，另一方面则得益于留在北方的众多儒者对儒学文化的积极弘扬，他们或配合少数民族统治者兴办儒学教育，或巩固门庭，儒学传家，或收徒授学。此一时期，前赵、后赵、前燕、前秦、后秦、北魏、南燕、西凉、南凉、北魏等少数民族政权及汉人建立的前凉、北燕等政权，不管地域如何狭小、存在时间如何短暂，都曾优礼儒者、兴办教育。十六国政权中，后赵和前秦政权兴办儒学教育最为积极，在此恕不赘述，可详见编年正文。十六国时期，在各少数民族政权中，庠序未废，诵读经典之声并没有被战争杀戮之声淹没。留在北方的士子得以继续研习儒家经学，少数民族人民也得以披沐仁义礼让之雨露。此时，北地经学也有所发展，并且逐渐形成与南方不同的学术风格。东晋人褚裒和孙盛曾论及南北学风，认为“北人学问，渊综广博”，“南人学问，清通简要”[①]。

总之，魏晋时期，无论是官学还是家学、私学，都以儒学为主要教育内容，儒学传承和经学研究并未废弃，而是在家族和私馆之中得到教授传承，持续发展，异彩纷呈。

---

① 刘义庆：《世说新语·文学》，中华书局，1983 年。

二、魏晋经学文献的特点

经过编年考察可以看出，魏晋时期儒家经学发展自有创辟，影响深及后世。社会的剧烈变迁促使当时学者重新审视旧有的意识形态及其学术表现形式，选择了新的学术取向，使深受繁琐章句和谶纬依附所困的经学研究柳暗花明，别见洞天。

集解式注经是魏晋学者对两汉及当时新出经学成果批判吸收的总结性研究。魏晋经学破除两汉以来严守的家法、师法壁垒，不再囿于经学内部的今古之争；学者研习儒家各经，视域宽泛，注重汲取前人所长和时人见解，并兼取非儒学典籍用以互证。在汉代各家经典训解的基础上，魏晋学者一方面汇集整理了前人注经成果，另一方面又通过注经阐发自己的思想，丰富和提高了经学训注内涵。

此一时期，儒家各经均有集解体经注问世。《论语》类有曹魏时何晏等人的《论语集解》，《易》类有西晋张璠博采前代二十二家易说的《周易集解》，《春秋》类有西晋杜预《春秋左氏经传集解》、东晋范宁《春秋谷梁传集解》，《尚书》类有东晋李颙《集解尚书》，《礼》类有东晋孔伦撰《集注丧服经传》，《孝经》类有西晋荀勖《孝经集议》。更多可详见编年正文。集解体释经一改汉代固守师说、家法之传统，博采诸说，择善而从；复受时代思潮影响，援道济儒，注重义理阐发。经过编年考察，魏晋时期集解《论语》和《春秋》二经的著述较多，水平相对较高，如收入《十三经注疏》中的三部均为集注。

曹魏正始年间何晏等人所著《论语集解》乃“集诸家之

善，记其姓名，有不安者，颇为改易”[①] 的汇通之作。“集诸家之善”乃何晏等人博采汉魏之际《论语》古注；“颇有改易”则为自述己意；首席作者何晏为正始名士，玄谈领袖，改易处不乏以道释儒之新论。《论语集解》名重当时，留声后世。钱大昕曾评曰：“自古以经训专门者列于儒林，若辅嗣之《易》，平叔之《论语》，当时重之，更数千载不废。方之汉儒，即或有间，魏晋说经之家未能或之先也。”[②] 此时期其他集解《论语》的著述还有江熙的《论语集解》（十二卷）、卫瓘《集注论语》（八卷）、崔豹《论语集义》（八卷）、孙绰《集解论语》（十卷）等。值得一提的是应琛的《论语藏解集》，此书已佚，具体内容已不得而知。《隋书经籍志考证》云：“梁有《论语藏集解》一卷，应琛撰，亡。应琛始末未详。按：‘论语藏’之名不可解，似有脱文，疑是‘行藏集解’，落‘行’字。”[③]

魏晋时期，《春秋》学的研习者多是三传兼修，出现三传合流注经方式。晋人刘兆“以《春秋》一经而三家殊途，诸儒是非之议纷然，互为仇敌，乃思三家之异，合而通之”，故作《春秋左氏》解，名曰《全综》，“《公羊》《谷梁》解诂皆纳经传中，朱书以别之”[④]。又氾毓合《春秋》三传为之解注。学者不再因经今古之不同而互相固守、攻讦，转而于《春秋》三传中取长补短，融会贯通。此一时期，《春秋》学集解成就最大者当是杜预《春秋左氏经传集解》和范宁《春秋谷梁传集解》。杜氏将《春秋》与《左传》按年相配，经、传集释，改

① 皇侃：《论语集解义疏·叙》，文渊阁四库全书本。

② 钱大昕：《潜研堂文集》卷二《何晏论》，《嘉定钱大昕全集》第九册，江苏古籍出版社，1997年，第28页。

③ 姚振宗：《隋书经籍志考证》，见《二十五史补编》，中华书局，1955年。

④ 房玄龄等：《晋书》卷九一《刘兆传》，中华书局，1974年，第2350页。

变了汉魏以来经、传单独流传的状况。杜预虽专修丘明之《左传》，但在集释的过程中也多借引化用《公羊》《谷梁》注说。范宁《春秋谷梁传集解》成于众人之手且广集博采前人成果，此外该书《春秋》三传兼引，不局限于前人《谷梁》注，更不曲护《谷梁》之短；同时，范宁也颇为重视同时代人的观点，书中多次征引徐邈、江熙等人的见解。杜、范二氏之学，深为后世推崇，影响甚深。

与两汉经学相比，援道释儒、注重经义阐发是魏晋经学另一特点。汉儒解经重章句训诂，动辄一经解说百万余言，间有谶纬所附，略显荒诞。汉末荆州官学首开新风，注经以简化繁，注重义理。魏人王肃注经秉承荆州学派遗风，进一步以简化繁，并具有儒道兼融的学术倾向；随着玄学的兴盛，学者多儒玄双修，注经以道释儒，以道家哲学思想资源补充儒家经说的不足，为儒学的发展拓展了新的学术空间。这种学术研究理路的转变在何晏、王弼、郭象等学者的经学著述中多有体现，前人已有相当详尽的论述，在此不再重复。

另外，魏晋学者在注重经说的同时也在不断开拓经学的研究领域。三国吴人陆玑著《毛诗草木鸟兽虫鱼疏》，从博物学的角度注释《毛诗》；晋人京相璠著《春秋土地名》，更是丰富了《春秋》学的研究内容。

三、魏晋时期儒学与道、佛学说的论争和会通

魏晋时期玄学兴盛，时人纷注《老》《庄》，道家学说风行；同时佛教自西域而来，适逢乱世，信徒日增。儒学虽经两汉发展，已深嵌于社会之肌体，但因失去强大的政治势力作保障，其唯我独尊的局面已不复存在。为了维护自身的正统地

位，儒家学者除正面阐述发掘儒家学说的治世功能外，同时也必然要应对来自道、佛思想的挑战。而儒与道、佛二家学说都自成体系，思想及表示方式各不相同，加之社会现实因素影响，儒学与道、佛之间在此一时期既有论难纷争之局面，又有会通融合的领域。

（一）儒、道间的纷争会通

道家形成于先秦时期，其后逐渐发展成一个以老、庄思想为主的哲学流派。西汉初年，上层统治者崇尚无为而治，黄老思想得以发展。到了西汉中期，汉武帝采纳董仲舒建议，崇尚儒术，并将五经立于官学，道家发展受到抑制。魏晋时期，社会环境动荡不安，儒家的治世功能不足以安抚士人的心灵。加之政治腐败，儒家名教异化，时人遂转向道家之学，以偿儒学之不足，遂致学风大变，玄风四起。而儒、道思想各成体系，且在自然、人生、政治、伦理等思想方面存在差异，故此一时期儒、道间纷争之剧可以想见。通过编年考察，魏晋时期的经学家多是儒、道兼修，既注经又研道，如曹魏时期何晏、王弼，西晋向秀、郭象，东晋李充等。故此时儒、道间的纷争融合可在当时学者的辩论、言行、著述中窥见一二。

先秦时期儒道两家对言意关系的不同解答在魏晋时期再次引起学者的关注。《周易・系辞传》云：“子曰：书不尽言，言不尽意。然则圣人之意，其不可见乎？子曰：圣人立象以尽意，设卦以尽情伪；系辞焉，以尽其言。”而《庄子・天道篇》云：“语之所贵者意也，意有所随。意之所随者，不可以言传也。”否定了语言在传达思想上的功用，认为“意不可言传”。汉末魏初，时人在品评人物和鉴识才情时，再次引发了对言意关系的思考。随后，这种思辨扩展到经学诠释领域。魏太和初年，荀粲“常以为子贡称夫子之言性与天道，不可得闻，然而六籍虽存，固圣人之糠秕。粲兄俣难曰：‘《易》亦云圣人立象以尽意，系辞焉以尽言，则微言胡为不可得而闻见哉?’粲答曰：‘盖理之微者，非物象之所举也。今称立象以尽意，此非通于意外者也，系辞焉以尽言，此非言乎系表者也；斯则象外之意，系表之言，固蕴而不出矣。’及当时能言者不能屈也。又论父彧不如从兄攸。彧立德高整，轨仪以训物，而攸不治外形，慎密自居而已。粲以此言善攸，诸兄怒而不能回也”。[①]荀粲好道，是本着道家“言不尽意”的思路来诠释儒家经典的，认为“象”“言”未达《易》理，《易》理实蕴而不出，是以否认六经的文本作用，进而质疑儒家名教的纲常礼仪。但“荀粲的‘言不尽意’论，显然是取先秦老庄道家的观念以解释儒家的经典，开创了综合儒道的学术倾向”。[②] 时至王弼，先肯定了“圣人之意”是可以通过诠释经典而获知的，即“尽意莫若象，尽象莫若言”[③]。又化用庄子“得意而忘言”之说，以“得意在忘象，得象在忘言”的方法诠释《周易》，解决了荀粲“象外之意，系表之言，蕴而不出”的问题，并将这种释经方法用之于《论语》等经典的训释中。这种新的注经方法实是从认知事理的方法论上借道释儒，融合儒道。

然而“忘象”“忘言”之论随着玄风的兴盛和“贵无”思想的风靡，却为时人夸大言意矛盾、口谈浮虚、以“不言”“裸逞”为尚的行止提供了理论依据。针对此，欧阳建起而著《言尽意论》，指出“而古今务于正名，圣贤不能去言，其故何

---

① 陈寿：《三国志》卷一〇《魏书・荀彧传》注引何劭《王粲传》，中华书局，1964 年，第 319 页。

② 高晨阳：《儒道会通与正始玄学》，齐鲁书社，2000 年，第 132 页。

③ 王弼著，楼宇烈校释：《王弼集校释》，中华书局，1980 年，第 609 页。

也？诚以理得于心，非言不畅；物定于彼，非言不辩。言不畅志，则无以相接；名不辩物，则鉴识不显。鉴识显而名殊，言称接而情志畅。原其所以，本其所由，非物有自然之名，理有必定之称也。欲辩其实，则殊其名；欲宣其志，则立其称；名逐物而迁，言因理而变，此犹声发响应，形存影附，不得相与为二。苟其不二，则言无不尽"。欧阳建的论著从认识论的高度阐述了"言"在识理辨物上的功用，使圣人之说不至流于虚妄。他的这次总结，"不仅差不多结束了中国思想史上'言意'之辩的讨论，而且更重要的是基本抽空了清谈玄风在认识论领域的基石，捍卫了儒家经典的权威性，为儒学在魏晋儒道纷争的过程中重振河山助了一臂之力"。[①]

儒家崇有，重礼教；道家尚无，贵自然，相互对立。魏晋时期在有无、自然名教的辩论中，学者通过注释《周易》《论语》等经建立以"无"为本的认识论体系，调和名教与自然的矛盾，融合儒道。曹魏正始四年（243），王弼与裴徽初见，所讨论的就是关于孔圣与老子的有无之学。裴徽时为吏部郎，"弼未弱冠，往造焉。徽一见而异之，问弼曰：'夫无者诚万物之所资也，然圣人莫肯致言，而老子申之无已者何？'弼曰：'圣人体无，无又不可以训，故不说也。老子是有者也，故恒言无所不足。'"[②] 这里裴徽的设问前提"无者诚万物之所资"应该是当时裴徽、何晏及王弼等学者关于本体论认识的共识。而为何圣人对这一万物之本却不言不说呢。王弼认为圣人也是体无主义者，只是"无"无法加以训说，实与老子意旨相同。随后他又通过注释《周易》《论语》，阐述儒家名教出于道家自

① 庞朴主编：《中国儒学》第一卷，东方出版中心，1997年，第173页。
② 陈寿：《三国志》卷二八《钟会传》，中华书局，1964年，第795页。

然，并以道为本、儒为末，进而崇本举末。魏末晋初，嵇康、阮籍等人针对儒家名教弊端，言薄汤武，形越礼仪，摒弃儒家纲常礼仪，大倡“越名教而任自然”，将儒家名教与道家自然对立起来。至西晋末年，学者对名教与自然的关系又有了进一步的认识。阮瞻在与王戎讨论名教与自然意旨异同时说：“将毋同”①。郭象注《庄子》《论语》在理论上将儒家名教同道家自然有机融合，认为名教即自然，合儒道为一。东晋李充著《学箴》言“圣教救其末，老庄明其本，本末之殊途而为教一也”。②

玄谈名士立身行事对时风的影响和有识之士对时风流弊的匡正则是儒道思想在社会生活领域纷争的表现。《老》《庄》之学兴盛，时人口谈浮虚，不务事务，进而“贱经尚道，以玄虚宏放为夷达，以儒术清俭为鄙俗”。③ 这种社会风气不仅冲击了儒家的礼仪教化，更阻碍了经学的发展。有识之士一方面著述立说，抨击时俗，另一方面身体力行倡导儒家教化。裴頠著《崇有论》抨击时风流弊。江惇著《通道崇检论》倡君子立行，无论隐显，均应遵守礼法。又李充注《学箴》以抑放荡时俗。傅玄、荀崧等通过不断上疏建言兴学崇儒，范宣、范宁等在郡立学，以讲经为务，抵制时人玄谈虚无。

（二）儒、佛间的关系

佛教在两汉之际传入中国，魏晋时期，逐渐流行。随着佛教的广泛传播，以及名僧和名士频繁交往，这一异域文明与本

① 房玄龄等，《晋书》卷四九《阮瞻传》，中华书局，1974年，第1363页。
② 房玄龄等：《晋书》卷九二《李充传》，中华书局，1974年，第2389页。
③ 房玄龄等：《晋书》卷七〇《应詹传》，中华书局，1974年，第1857页。

土儒家学说随即展开了碰撞交汇。

三国时期，时人对佛教学说尚处于了解阶段，并在认知过程中将其与儒家学说作对比。三国吴主孙权曾问尚书令阚泽："孔丘、李老得与佛相比何如?"阚泽对曰："臣闻鲁孔君者，英才诞秀，圣德不群，世号素王。制述经典，训奖周道，教化来叶，师儒之风，泽润今古；亦有逸民知许成子、原阳子、庄子、老子等百家子书，皆修身自玩，放畅山谷，纵佚其心，学归澹泊，事乖人伦长幼之节，亦非安俗化民之风。……若以孔老二教比方佛法，远则远矣。所以然者，孔老二教，法天制用，不敢违天；诸佛设教，天法奉行，不敢违佛。以此言之，实非比对。"① 又孙晧曾问康僧会："既有周孔，何用佛教?"康僧会则以佛教理论备极幽微，略胜儒家学说为对，即"周、孔所言，略示近迹，至于释氏，则备极幽微。故行恶则有地狱长苦，修善则有天宫永乐。举兹以明劝沮，不亦大哉"。② 康僧会来自西域康国，他除了明解三藏，还博览六经，在传播佛法过程中经常用儒家学说来解释佛教教义，曾以《易》之"积善余庆"和《诗》之"求福不回"阐述佛教的善恶报应之说。佛教传播初期，僧人和学者以佛教教义比附儒家学说，便于时人理解接受，由此产生的格义之学又对儒家注疏之学产生了影响。

西晋时期，名僧与名士的交往增多，佛教的影响逐渐达到社会上层。至东晋，帝王开始崇佛，晋哀帝多次征请名僧支遁。太元六年（381），孝武帝立精舍于皇宫内，并引沙门居

---

① 释道宣：《广弘明集》卷一《吴主叙佛道三宗》注引《吴书》，上海古籍出版社，1991年。

② 释智昇：《开元释教录》卷二上，文渊阁四库全书本。

之。中土出家的部分僧人在出家前已经具备了很好的儒学素养，他们参与到名士们的清谈辩论中，以佛法作释，并有酬唱之作。名僧慧远出身于世家，不仅精通佛法，还博综六经，善《老》《庄》，在与名士的交往中，能同殷仲堪论《易》，又授宗炳、雷次宗《丧服经》，将佛家学说渗透到儒家经学研究中。通过编年来看，东晋很多学者都是儒、释、道兼修，如孙盛、孙绰、殷浩、戴逵等，此种情况延续至刘宋时期的宗炳、周续之、雷次宗等。他们在自觉或不自觉地传播佛教学说，并将佛教理论融入自己的经学著述中，在一定程度上融合了两种文明。

此一时期，儒、佛二家碰撞的焦点集中在礼仪之争上。佛教徒剃发易服、出家居寺的行为，与儒家传统尊君孝亲的礼法产生冲突。通过编年可以看出，东晋时期有过三次这样的争论。一是东晋咸康六年（340），庾冰为加强皇权，上奏称“沙门应尽敬王者”，遭到何充等人的反对，此议遂停。第二次是隆安二年（398），出现了大量因避役而出家的僧人，桓玄上疏要求沙汰僧尼，慧远上书力辩，方才避免。第三次是元兴二年（403），桓玄再次要求沙门礼敬王者，慧远就此著《沙门不敬王者论》五篇，阐释“如来与尧孔，发致虽殊，潜相影响；出处诚异，终期则同”。[①] 在辩论中，时人增加了对佛教理论的理解和吸收。

不同思想与文化之间的冲突与论争，客观上利于二者互相吸收，取长补短。儒与道佛间的论争，实际上也是反思不足和吸纳新学的一个过程。

综上所述，儒学在此期传承并未失序，研究自有创新，与

① 释僧祐：《弘明集》卷五，上海古籍出版社，1991年。

其他学说交流碰撞又多能容纳有益之处。为了更好地反映魏晋时期儒学发展演变的历史进程，下面将按时间顺序，作《魏晋儒学编年》。遇有疑难问题，适当加以考证。不当之处，请专家批评指正。

目　录

东汉末

（公元190年—公元219年）

汉献帝[①]

（公元190年—公元219年）

初平元年 庚午 公元190年

1. 公卿举郑玄为赵相，道断不至。

《后汉书》卷三五《郑玄传》："郑玄字康成，北海高密人也。……遂造太学受业，师事京兆第五元先，始通《京氏易》《公羊春秋》《三统历》《九章算术》，又从东郡张恭祖受《周官》《礼记》《左氏春秋》《韩诗》《古文尚书》。以山东无足问者，乃西入关，因涿郡卢植，事扶风马融。……及党事起，乃与同郡孙嵩等四十余人俱被禁锢，遂隐修经业，杜门不出。……董卓迁都长安，公卿举玄为赵相，道断不至。会黄巾寇青部，乃避地徐州，徐州牧陶谦接以师友之礼。"

---

① 学术传承及发展不能仅以朝代为断限，魏晋儒学之新发展及新学风之形成，非一朝一夕之变化，实酝酿于汉末。故本编年始于东汉献帝。

案：据《后汉书·献帝纪》，是年二月，迁都长安。

2. 孔融为北海相，在郡立学校、举儒生，彰显儒术。

《后汉书》卷七〇《孔融传》："孔融字文举，鲁国人，孔子二十世孙也。……会董卓废立，融每因对答辄有匡正之言。……卓乃讽三府同举融为北海相。融到郡，……更置城邑，立学校，表显儒术，荐举贤良郑玄、彭璆、邴原等。"

《三国志》卷一二《崔琰传》裴注引《续汉书》："司徒大将军辟举高第，累迁北军中侯、虎贲中郎将、北海相，时年三十八。承黄巾残破之后，修复城邑，崇学校，设庠序，举贤才，显儒士。以彭璆为方正，邴原为有道，王修为孝廉。告高密县为郑玄特立一乡，名为郑公乡。"

案：孔融卒于建安十三年（208），时年五十六岁。逆推之，其为北海相时年三十八岁，即为初平元年（190），故系年于此。

3. 孔融举邴原为北海有道。

《三国志》卷一一《邴原传》："邴原字根矩，北海朱虚人也。少与管宁俱以操尚称，州府辟命皆不就。黄巾起，原将家属入海，住郁洲山中。时孔融为北海相，举原有道。"裴注引《邴原别传》："原十一而丧父，家贫，早孤。邻有书舍，原过其旁而泣。……于是遂就书。一冬之间，诵《孝经》《论语》。……及长，金玉其行。欲远游学，诣安丘孙崧。……原心以为求师启学，志高者通，非若交游待分而成也。……单步负笈，苦身持力，至陈留则师韩子助，颍川则宗陈仲弓，汝南则交范孟博，涿郡则亲卢子干。"

4. 郑玄避难不其山。

《三国志》卷一二《崔琰传》："崔琰字季珪，清河东武城人也。……年二十三，乡移为正，始感激，读《论语》《韩诗》。至年二十九，乃结公孙方等，就郑玄受学。学未期，徐州黄巾贼攻破北海，玄与门人到不其山避难。时谷粜悬乏，玄罢谢诸生。"

5. 邴原在青州授学，青州有郑、邴之学。

《三国志》卷一一《邴原传》裴注引《邴原别传》："自反国土，原于是讲述《礼》《乐》，吟咏《诗》《书》，门徒数百，服道数十。时郑玄博学洽闻，注解典籍，故儒雅之士集焉。原亦自以为高远清白，颐志淡泊，口无择言，身无择行，故英伟之士向焉。是时海内清议，云青州有邴、郑之学。"

案：《郑君年谱》[①] 系郑玄青州授学于是年，今姑附此事于此。

6. 荀爽卒。

《后汉书》卷九《献帝纪》："（初平元年）夏五月，司空荀爽卒。"

《后汉书》卷六二《荀爽传》："爽字慈明，一名谞。幼而好学，年十二能通《春秋》《论语》。……因从迁都长安。爽见董卓忍暴滋甚，必危社稷，其所辟举皆取才略之士，将共图之，亦与司徒王允及卓长史何颙等为内谋。会病薨，年六

① 李冬梅：《龚编〈郑君年谱〉校正》，《儒藏论坛》第三辑，四川大学出版社，2009年，第57页。

十三。”

儒学著述情况：

《诗传》《春秋条例》《尚书正经》《辩谶》，见本传。

《周易注》十一卷，见《隋书·经籍志》（以下简称《隋志》）；《经典释文·叙录》云十卷。

《周易荀氏注》三卷，马国翰《玉函山房辑佚书》[①] 辑录。

《周易荀爽九家注》，不知何人所撰，见《经典释文·叙录》，又见《隋志》。

《春秋公羊答问》五卷，荀爽问，徐钦答，见《旧唐书·经籍志》（以下简称《旧唐志》）。

《礼传》，见《通典》卷九九引。马国翰辑有《礼传》一卷。

《女诫》，见《艺文类聚》卷二三引。

附：荀氏家族其他儒学人物。

（1）荀融：《三国志》卷一〇《荀彧传》裴注引《荀氏家传》：“（荀）绍子融，字伯雅，与王弼、钟会俱知名，为洛阳令，参大将军军事，与弼、会论《易》《老》义，传于世。”有易学著作《难王弼〈大衍义〉》一种。

（2）荀闳：上引同卷：“（闳）字仲茂，为太子文学掾。时有甲乙疑论，闳与钟繇、王朗、袁涣议各不同。”

（3）荀辉：上引同卷：“（辉）字景文……太子中庶子，亦知名。与贾充共定音律，又作《易集解》。”

《周易注》十卷，见《隋志》。

又《经典释文·叙录》载张璠《周易集解》中，辉说为其中一种。

---

① 为简省文字，以下皆称“马国翰辑”。

（4）荀顗：《三国志》卷一〇《荀彧传》："（顗）字景倩，幼为姐夫陈群所异。博学洽闻，意思缜密。……尝难钟会'《易》无互体'，见称于世。"

7. 蔡邕赠书王粲。

《后汉书》卷六〇《蔡邕传》："蔡邕，字伯喈，陈留圉人也。……邕性笃孝，母常滞病三年，邕自非寒暑节变未尝解襟带，不寝寐者七旬。母卒，庐于冢侧，动静以礼。……少博学，师事太傅胡广。好辞章、数术、天文，妙操音律。……初平元年，拜左中郎将，从献帝迁都长安，封高阳乡侯。"

《三国志》卷二一《王粲传》："王粲字仲宣，山阳高平人也。……献帝西迁，粲徙长安，左中郎将蔡邕见而奇之。……邕曰：'此王公孙也，有异才，吾不如也。吾家书籍文章，尽当与之。'"

初平二年 辛未 公元191年

1. 郑玄居徐州，相传注《孝经》。

《后汉书》卷三五《郑玄传》："会黄巾寇青部，乃避地徐州，徐州牧陶谦接以师友之礼。"

《后汉书》卷九《献帝纪》："初平二年十一月，青州黄巾寇太山，太山太守应劭击破之。黄巾转寇渤海，公孙瓒与战于东光，复大破之。"

《太平御览》卷四二"南城山"条引郑玄《孝经序》云："仆避难于南城之山，栖迟岩石之下，念昔先人，余暇述夫子之志，而注《孝经》。"

案：关于郑玄注《孝经》，史有争论。东晋穆帝和孝武帝两次集群臣论经义，荀昶等撰集《孝经集议》，均称以郑氏为宗。《南齐书》卷三九《陆澄传》云陆澄与王俭书论郑注《孝经》之虚实，澄曰："世有一《孝经》，题为郑玄注，观其用辞，不与注书相类。案玄自序所注众书，亦无《孝经》。"同卷又载王俭书曰："疑《孝经》非郑所注，仆以此书明百行之首，实人伦所先，《七略》《艺文》并陈之六艺，不与《仓颉》《凡将》之流也。郑注虚实，前代不嫌，意谓可安，仍旧立置。"又《唐会要》卷七七俱载刘知几论《孝经》非郑玄所注十二条证据。朱彝尊《经义考》卷二二二详记前人所议，末又辑有郑注所存者。今据龚道耕《郑君年谱》系此事于是年。又《补三国艺文志》作郑小同注《孝经》。

2. 邴原、管宁、国渊、王烈避难辽东，授学不绝。

《三国志》卷一一《邴原传》："原以黄巾方盛，遂至辽东……原在辽东，一年中往归原居者数百家，游学之士教授之声不绝。"

《三国志》卷一一《管宁传》："管宁，字幼安，北海朱虚人也。……与平原华歆、同郡邴原相友，俱游学于异国，并敬善陈仲弓。天下大乱，闻公孙度令行于海外，遂与原及平原王烈等至于辽东。"裴注引《傅子》："宁往见度，语惟经典，不及世事。还乃因山为庐，凿环为室，越海避难者皆来就之而居，旬月而成邑。遂讲《诗》《书》，陈俎豆，饰威仪，明礼让，非学者无见也。"

《三国志》卷一一《国渊传》："国渊，字子尼，乐安盖人也。师事郑玄。后与邴原、管宁等避难辽东。"裴注引《郑玄别传》曰："渊始未知名，玄称之曰：'国子尼，美才也，吾观其人必为国器。"裴注又引《魏书》云："渊笃学好古，在辽东，常讲学于山岩，士人多推慕之，由此知名。”

《三国志》卷一一《王烈传》：“王烈者，字彦方，于时名闻在原、宁之右。辞公孙度长史，商贾自秽。”

3. 蔡邕欲避地山东，未成行。

《后汉书》卷六〇《蔡邕传》：“（初平二年）卓重邕才学，厚相遇待，每集宴辄令邕鼓琴赞事，邕亦每存匡益。然卓多自愎用，邕恨其言少从，谓从弟谷曰：‘董公性刚而遂非，终难济也。吾欲东奔兖州，若道远难达，且遁逃山东以待之，何如?’谷曰：‘君状异常人，每行，观者盈集，以此自匿，不亦难乎?’邕乃止。”

4. 隗禧避乱荆州。

《三国志》卷一三《王肃传》裴注引《魏略》：“隗禧，字子牙，京兆人也。世单家，少好学。初平中，三辅乱，禧南客荆州，不以荒扰，担负经书，每以采稆余日，则诵习之。”

5. 颍容避乱荆州。

《后汉书》卷七九《颍容传》：“颍容字子严，陈国长平人也。博学多通，善《春秋左氏》，师事太尉杨赐。郡举孝廉，州辟，公车征，皆不就。初平中，避乱荆州，聚徒千余人。刘表以为武陵太守，不肯起。著《春秋左氏条例》五万余言，建安中卒。”

著有《春秋释例》十卷，见《隋志》。马国翰辑有《春秋释例》一卷。

初平三年 壬申 公元192年

1. 董卓被诛。

《后汉书》卷九《献帝纪》:“(初平三年)夏四月辛巳,诛董卓,夷三族。”

2. 蔡邕被杀。

《后汉书》卷六〇《蔡邕传》:“及卓被诛,邕在司徒王允坐,殊不意言之而叹,有动于色。允勃然叱之……邕遂死狱中。允悔,欲止而不及。时年六十一。……其撰集汉事未见录以继后史,适作《灵纪》及十意,又补诸列传四十二篇,因李傕之乱湮没多不存。所著诗、赋、碑、诔、铭、赞、连珠、箴、吊、论议、《独断》《劝学》《释诲》《叙乐》《女训》《篆執》、祝文、章表、书记,凡百四篇,传于世。”

又据本传云:“邕以经籍去圣久远,文字多谬,俗儒穿凿,疑误后学,熹平四年,乃与五官中郎将堂谿典,光禄大夫杨赐,谏议大夫马日磾,议郎张驯、韩说,太史令单飏等,奏求正定《六经》文字。灵帝许之,邕乃自书于碑,使工镌刻,立于太学门外。于是后儒晚学,咸取正焉。”

儒学著述情况:

《月令章句》十二卷,见《隋志》。马国翰辑有《月令章句》一卷、《月令问答》一卷。

《劝学》一卷,见《隋志》。马国翰辑有《劝学篇》一卷。

《今字石经论语注》二卷,见《旧唐志》。

《圣皇篇》,见《隋志》;两《唐志》作《圣草章》一卷。

《明堂论》见《三国志·高贵乡公纪》引;又见《经义考》引。

《独断》《释诲》《叙乐》《女训》等见本传。唐代《日本国见在书目》杂家类著录《独断》一卷。注云："今案蔡邕撰。"《郡斋读书志》《直斋书录解题》均著录《独断》二卷。

《琴操》三卷，《隋志》云"晋广陵相孔衍撰"，《旧唐志》亦如此著录，唐宋及今学者多有考辨①，认为是蔡邕加工整理之作。

3. 卢植卒。

《后汉书》卷六四《卢植传》："卢植字子干，涿郡涿人也。……少与郑玄俱事马融，能通古今学，好研精而不守章句。……初平三年卒，临困，敕其子俭葬于土穴，不用棺椁，附体单帛而已。所著碑、诔、表、记凡六篇。"

儒学著述情况：

《仪礼解诂》《周官礼注》，见本传。

《尚书章句》，见《三国志·卢毓传》。

《礼记注》二十卷，见《经典释文·叙录》。

案：据本传载："建安中，曹操北讨柳城，过涿郡，告守令曰：'故北中郎将卢植，名著海内，学为儒宗，士之楷模，国之桢干也。昔武王入殷，封商容之闾；郑丧子产，仲尼陨涕。孤到此州，嘉其余风。《春秋》之义，贤者之后，宜有殊礼。亟遣丞掾除其坟墓，存其子孙，并致薄醊，以彰厥德。'"

4. 赵岐为太仆，持节抚慰天下。

《后汉书》卷六四《赵岐传》："赵岐，字邠卿，京兆长陵

---

① 李祥霆：《〈琴操〉撰者辨证》，《中央音乐学院学报》1983年第3期，第83～82页。

人也。……岐少明经，有才艺……及献帝西都，复拜议郎，稍迁太仆。及李傕专政，使太傅马日磾抚慰天下，以岐为副。”

《后汉书》卷九《献帝纪》：“（初平三年）八月，遣日磾及太仆赵岐，持节抚慰天下。”

初平四年 癸酉 公元193年

1. 王粲不就黄门侍郎，奔荆州依刘表。

《三国志》卷二一《王粲传》：“（粲）年十七，司徒辟，诏除黄门侍郎，以西京扰乱，皆不就。乃之荆州依刘表。表以粲貌寝而体弱通侻，不甚重也。”

案：据本传，王粲卒于建安二十二年，时年四十一；故逆推其年十七之事系于此年。缪钺《王粲行年考》据本传认为当为初平四年。① 据俞绍初校点《王粲集》附《王粲年谱》考证王粲《赠士孙文始》推断，王粲与友人士孙萌同时离长安往荆州襄阳避乱；又据李善注《文选》引《三辅决录》赵岐注文，认为士孙萌离开长安当在初平三年六月王允被杀之前。故粲等离长安赴荆州当在初平三年，可备一说。此处仍据本传，系于此年。

2. 张昭不应徐州刺史陶谦之辟。

《三国志》卷五二《张昭传》：“张昭字子布，彭城人也。少好学，善隶书，从白侯子安受《左氏春秋》，博览众书，与琅琊赵昱、东海王朗俱发名友善。……刺史陶谦举茂才，不应。”

---

① 缪钺：《读史存稿》，生活·读书·新知三联书店，1963年，第117页。

3. 汉献帝试策儒生。

《后汉书》卷九《献帝纪》："（初平四年）九月甲午，试儒生四十余人，上第赐位郎中，次太子舍人，下第者罢之。诏曰：'孔子叹学之不讲，不讲则所识日忘。今耆儒年逾六十，去离本土，营求粮资，不得专业。结童入学，白首空归，长委农野，永绝荣望，朕甚愍焉。其依科罢者，听为太子舍人。'"

4. 汉献帝观太学行礼，赏赐太学博士。

《后汉书》卷九《献帝纪》："（初平四年）冬十月，太学行礼，车驾幸永福城门，临观其仪，赐博士以下各有差。"

5. 邯郸淳避乱荆州。

《三国志》卷二一《王粲传》裴注引《魏略》："淳一名竺，字子叔。博学有才章，又善《苍》《雅》、蟲、篆、《许氏字指》。初平时，从三辅客荆州。"

案：初平时，不知具体何年，故系于初平末。

兴平元年 甲戌 公元194年

赵岐至荆州督租粮，留荆州。

《后汉书》卷六四《赵岐传》："兴平元年，诏书征岐……（董）承即表遣岐使荆州，督租粮。……岐以老病，遂留荆州。"

兴平二年 乙亥 公元195年

1. 汉末兵乱，书籍散亡殆尽。

《后汉书》卷九《献帝纪》：“（兴平二年）秋七月甲子，车驾东归。”

《后汉书》卷七九《儒林传序》：“初，光武迁还洛阳，其经牒秘书载之二千余两，自此以后，参倍于前。及董卓移都之际，吏民扰乱，自辟雍、东观、兰台、石室、宣明、鸿都诸藏典策文章，竞共剖散，其缣帛图书，大则连为帷盖，小乃制为縢囊。及王允所收而西者，裁七十余乘，道路艰远，复弃其半矣。后长安之乱，一时焚荡，莫不泯尽焉。”

2. 孔融请郑玄返北海。

《太平广记》卷一六四引《殷芸小说》：“郑玄在徐州，孔文举时为北海相，欲其返郡，敦请恳恻，使人续踵。又教曰：‘郑公久游南夏，今艰难稍平，倘有归来之思，无寓人于室，毁伤其藩垣林木，必缮治墙宇以俟还。’及归，融告僚属：‘昔周人称师谓之尚父，今可咸曰郑君，不得称名也。’”

3. 王肃生

《三国志》卷一三《王肃传》：“肃字子雍。”

案：王肃乃王朗之子，今据其卒年逆推生于是年。

建安元年 丙子 公元196年

1. 郑玄自徐州还高密。

《后汉书》卷三五《郑玄传》：“建安元年，自徐州还高密，道遇黄巾贼数万人，见玄皆拜，相约不敢入县境。”

又见《北堂书钞》卷八五、《太平御览》卷五四二。

2. 曹操征管宁，公孙康拒令。

《三国志》卷一一《管宁传》：“天下大乱，（宁）闻公孙度令行于海外，遂与原及平原王烈等至于辽东。度虚馆以候之。既往见度，乃庐于山谷。时避难者多居郡南，而宁居北，示无迁志，后渐来从之。太祖为司空，辟宁，度子康绝命不宣。”

案：据《后汉书·献帝纪》，是年十一月，曹操自为司空，故系年于此。

3. 曹操署邴原为东阁祭酒。

《三国志》卷一一《邴原传》裴注引《邴原别传》：“魏太祖为司空，辟原署东阁祭酒。”

4. 国渊为司空掾属。

《三国志》卷一一《国渊传》：“既还旧土，太祖辟为司空掾属，每于公朝论议，常直言正色，退无私焉。”

5. 孔融至许都。

《后汉书》卷一一《孔融传》：“建安元年，为袁谭所攻，自春至夏，战士所余裁数百人，流矢雨集，戈矛内接。融隐几读书，谈笑自若。城夜陷，乃奔东山，妻子为谭所虏。及献帝都许，征融为将作大匠，迁少府。每朝会访对，融辄引正定议，公卿大夫皆隶名而已。”

案：据《后汉书·献帝纪》，是年八月，献帝都许。

6. 孔融上书荐留谢该，召拜谢该为议郎。

《后汉书》卷七九《谢该传》："谢该字文仪，南阳章陵人也。善明《春秋左氏》，为世名儒，门徒数百千人。建安中，河东人乐祥条《左氏》疑滞数十事以问，该皆为通解之，名为《谢氏释》，行于世。……仕为公车司马令，以父母老，托疾去官。欲归乡里，会荆州道断，不得去。少府孔融上书荐之……书奏，诏即征还，拜议郎。以寿终。"

案：谢该善左氏学，著有《春秋左传谢氏释》，见《本传》。

7. 何晏生。

《三国志》卷九《曹爽传》："晏，何进孙也。母尹氏，为太祖夫人。晏长与宫省，又尚公主，少以才秀知名，好老庄言，作《道德论》及诸文赋著述凡数十篇。"裴注引《魏略》曰："太祖为司空时，纳晏母并收养晏，其时秦宜禄儿阿苏亦随母在公家，并见宠如公子。苏即朗也。苏性谨慎，而晏无所顾惮，服饰拟于太子，故文帝特憎之，每不呼其姓字，尝谓之为'假子'。晏尚主，又好色，故黄初时无所事任。"

《太平御览》卷三八〇引《何晏别传》有："晏小养于魏宫，至七八岁惠心天悟，形貌绝美。"

案：前人关于何晏生年多有研究，《中古文学系年》于建安五年（200）下系"何晏随母尹氏归曹操"，又曰："操纳尹氏，年月无考，惟当在下列三事之后：一、一八九年何进被害；二、一九六年操为司空；三、一九八年操纳秦宜禄妻杜氏及子朗，又当在二零八年操为丞相及晏年七八岁之前。晏于二四九年被害，年寿不详。姑假定生于一九〇年左右”[1]，王仲荦《魏晋南北朝史》也持190年说；《中国哲学史著名哲学家评传》和余敦康《何晏、王弼的生平与著作》[2] 都认为曹操建安三年（198）纳杜夫人，若建安三年底或建安四年纳晏母尹氏，是时晏七岁，则何晏的生年193年左右；侯外庐《中国思想通史》则认为晏生于195年前后。《何晏生年考辨》[3]，从何晏与金乡公主结婚的年龄及晏被杀时其有子年五六岁来推断，其生年最大可能当在196年，今从。

8. 石德林客长安，从栾文博学。

《三国志》卷一一《管宁传》裴注引《魏略》：“寒贫者，本姓石，字德林，安定人也。建安初，客三辅。是时长安有宿儒栾文博者，门徒数千，德林亦就学，始精《诗》《书》。后好内事，于众辈中最玄默。”

案：史云建安初，不详几年，故系于初年。

9. 赵岐拜太常。

《后汉书》卷六四《赵岐传》：“曹操时为司空，举以自代。光禄勋桓典、少府孔融上书荐之，于是就拜岐为太常。”

---

① 陆侃如：《中古文学系年》，人民文学出版社，1985年，第342页。

② 余敦康：《魏晋玄学史》，北京大学出版社，2004年，第57页。

③ 郑欣：《何晏生年考辨》，《文史哲》1998年第3期。

建安二年 丁丑 公元197年

郑玄至邺见袁绍。

《后汉书》卷三五《郑玄传》："时大将军袁绍总兵冀州，遣使要玄，大会宾客，玄最后至，乃延升上坐。身长八尺，饮酒一斛，秀眉明目，容仪温伟。绍客多豪俊，并有才说，见玄儒者，未以通人许之，竞设异端，百家互起。玄依方辨对，咸出问表，皆得所未闻，莫不嗟服。时汝南应劭亦归于绍，因故自赞曰：'故太山太守应仲远，北面称弟子何如?'玄笑曰：'仲尼之门考以四科，回、赐之徒不称官阀。'劭有惭色。绍乃举玄茂才，表为左中郎将，皆不就。"

又见《太平广记》卷一九四引《殷芸小说》，《北堂书钞》卷一八四引《郑玄别传》。

建安三年 戊寅 公元198年

1. 征郑玄为大司农，不至。

《后汉书》卷三五《郑玄传》："公车征为大司农，给安车一乘，所过长吏送迎。玄乃以病自乞还家。"

《后汉纪》卷二九："（建安）三年……征郑玄为大司农，不至。"

2. 征王朗至许都。

《三国志》卷一三《王朗传》："王朗字景兴，东海郯人也。以通经，拜郎中，除（淄）丘长。师太尉杨赐……太祖表征之，朗自曲阿展转江海，积年乃至。拜谏议大夫，参司空军事。"同卷裴注曰："朗被征未至。孔融与朗书曰：'世路隔塞，情问断绝，感怀增思。前见章表，知寻汤武罪己之迹，自投东裔同鲧之罚，览省未周，涕陨潸然。主上宽仁，贵德宥过。曹公辅政，思贤并立。策画屡下，殷勤款至。知棹舟浮海，息驾广陵，不意黄熊突出羽渊也。谈笑有期，勉行自爱！'”

案：王朗初为会稽太守，孙策略地江东，朗败绩。本传裴注引《汉晋春秋》曰：“孙策之始得朗也，谴让之。使张昭私问朗，朗誓不屈，策忿而不敢害也，留置曲阿。建安三年，太祖表征朗，策遣之。”故系年于此。

建安四年 己卯 公元199年

1. 荆州牧刘表立学宫。

《后汉书》卷七四《刘表传》：“刘表字景升，山阳高平人，鲁恭王之后也。……初平元年，长沙太守孙坚杀荆州刺史王叡，诏书以表为荆州刺史。（建安）三年，长沙太守张羡率零陵、桂阳三郡叛表，表遣兵功围，破羡，平之。于是开土遂广，南接五岭，北据汉川，地方数千里，带甲十余万。初，荆州人情好扰，加四方骇震，寇贼相扇，处处麋沸。表招诱有方，威怀兼洽，其奸猾宿贼更为效用，万里肃清，大小咸悦而服之。关西、兖、豫学士归者盖有千数，表安慰赈赡，皆得资全。遂起立学校，博求儒术，綦毋闿、宋忠等撰立《五经》章句，谓之后定。”

案：《汉晋学术编年》据《后汉书·刘表传》认为刘表起立学校，兴学弘儒当在平定张羡之乱后，故而系年于建安四年。王晓毅《荆州官学与三国思想文化》[①] 一文也认为刘表立学当在平定张羡之乱后，所不同者是据《资治通鉴》，建安五年，张羡之乱才最后平息。并据《荆州文学记官志》的“五载之间，道化大行”，认为大概是建安五年立官学；《宋衷略考（一）》[②] 一文据《荆州文学记官志》和《搜神记》所引荆州童谣认为立学时间当是建安元年。本文暂从建安四年说，系年于此。

2. 宋忠为荆州五业从事。

宋忠，一作宋衷，《经典释文·叙录》云：“字仲子，南阳章陵人。后汉荆州五等从事。”

3. 张纮出使许都，留为侍御史。

《三国志》卷五三《张纮传》：“张纮字子纲，广陵人。游学京都，还本郡，举茂才，公府辟，皆不就，避难江东。……建安四年，策遣纮奉章至许宫，留为侍御史。少府孔融等皆与亲善。”裴注引《吴书》：“纮入太学，事博士韩宗，治京氏《易》、欧阳《尚书》，又于外黄从濮阳闿受《韩诗》及《礼记》《左氏春秋》。”

① 王晓毅：《荆州官学与三国思想文化》，《孔子研究》1994 年第 1 期，第 44～45 页。

② 王奎、瞿安全：《宁衷略考（一）》，《襄樊学院报》2001 年第 1 期，第 14～15 页。

建安五年 庚辰 公元200年

1. 六月，郑玄卒。

《后汉书》卷三五《郑玄传》："(建安）五年春……时袁绍与曹操相拒于官渡，令其子谭遣使逼玄随军。不得已，载病到元城县，疾笃不进，其年六月卒，年七十四。遗令薄葬。自郡守以下尝受业者，缞绖赴会千余人。门人相与撰玄答弟子问《五经》，依论语作《郑志》八篇。凡玄所注《周易》《尚书》《毛诗》《仪礼》《礼记》《论语》《孝经》《尚书大传》《中侯》《乾象历》，又著《天文七政论》《鲁礼禘祫义》《六艺论》《毛诗谱》《驳许慎五经异义》《答临孝存周礼难》，凡百余万言。玄质于辞训，通人颇讥其繁。至于经传洽孰，称为纯儒，齐鲁间宗之。"

《唐会要》卷七七云："据郑自序……为袁谭所逼，来至元城，乃注《周易》。"

《后汉书》卷七九《儒林传》："而陈元、郑众皆传《费氏易》，其后马融亦为其传。融授郑玄，玄作《易注》，荀爽又作《易传》，自是费氏兴，而《京氏》遂衰。"

上引同卷："扶风杜林传《古文尚书》，林同郡贾逵为之作训，马融作传，郑玄注解，由是《古文尚书》遂显于世。"

上引同卷："中兴后，郑众、贾逵传《毛诗》，后马融作《毛诗传》，郑玄作《毛诗笺》。"

上引同卷："中兴，郑众传《周官经》，后马融作《周官传》，授郑玄，玄作《周官注》。玄本习《小戴礼》，后以古经校之，取其义长者，故为郑氏学。玄又注小戴所传《礼记》四十九篇，通为'三礼'焉。"

儒学著述情况：

《周易注》十卷，录一卷，见《经典释文·叙录》。《隋志》云九卷。《经义考》卷九云：佚。

《尚书注》九卷，见《经典释文·叙录》及《隋志》。

《尚书音》五卷，见《隋志》。

《尚书大传注》三卷，见《隋志》。

《毛诗故训传笺》二十卷，见《经典释文·叙录》。

《毛诗谱》二卷、《毛诗音》，见《经典释文·叙录》。

《周官注》十二卷，见《经典释文·叙录》。

《周礼音》一卷，见《经典释文·叙录》。马国翰辑有《周礼郑氏音》一卷。

《答临孝存周礼难》，见本传。

《仪礼注》十七卷，见《经典释文·叙录》。

《礼议》二十卷，见《隋志》。

《仪礼音》一卷，见《经典释文·叙录》。

《礼记注》二十卷，见《经典释文·叙录》。

《礼记音》一卷，见《经典释文·叙录》。

《丧服经传注》一卷，见《隋志》。

《丧服纪注》一卷，见《旧唐志》。

《丧服变除》一卷，见《新唐书·艺文志》(以下简称《新唐志》)；《隋志》无此而有《丧服谱》一卷。马国翰辑有《郑氏丧服变除》一卷。

《三礼目录》一卷，见《隋志》，今存三《礼》疏中。

《三礼图》九卷，见《隋志》。马国翰辑有《三礼图》一卷。

《春秋驳何氏汉议》二卷，见《隋志》；《旧唐志》云十一卷，郑玄驳，麋信注。

《春秋驳何氏汉议叙》一卷，见《隋志》。

《春秋公羊发墨守》二卷，见《旧唐志》。

《春秋左氏箴膏肓》十卷。《旧唐志》云：何休撰，郑玄箴。

《春秋谷梁起废疾》三卷，见《隋志》。

《春秋十二公名》一卷。《隋志》云：亡。

《春秋左氏分野》一卷。《隋志》云：亡。

《孝经注》一卷，见《隋志》。

《论语注》十卷，见《经典释文·叙录》。

《论语释义》十卷，见《旧唐志》;《新唐志》云一卷。

《论语孔子弟子目录》一卷，见《隋志》。

《六艺论》一卷，见《隋志》。

《答甄子然》，见《玉海》卷四二引。

《驳许慎五经异义》十卷，见《隋志》。

《鲁礼禘祫义》，见本传。马国翰辑有《鲁礼禘祫志》一卷。

《孟子注》七卷，见《隋志》。马国翰辑有《孟子郑氏注》一卷。

《易纬注》八卷，见《隋志》。

《易乾鉴度注》三卷，见《宋史·艺文志》(以下简称《宋志》)。

《易通卦验注》二卷，见《宋志》。

《易纬稽览图》一卷，见《宋志》。

《易是类谋》一卷，见《经义考》卷二六三引。

《尚书纬注》六卷，梁有六卷。《隋志》云：三卷。

《尚书中侯注》八卷，梁有八卷。《隋志》云：五卷。

《诗纬注》二卷，见《旧唐志》。

《礼纬注》二卷，见《隋志》。

《礼记默房注》三卷。《隋志》云：亡。

《春秋纬注》，见《周官·大宗伯》疏引。

《孝经纬注》，见《 文选·东京赋注》引郑玄《孝经钩命诀注》。

《洛书灵准听注》，见《初学记》卷九引。

《九宫经注》三卷，见《隋志》。

《九宫行棊经注》三卷，见《隋志》。

《九旗飞变》一卷，见《旧唐志》。

《乐纬动声仪》，见《太平御览》卷一引。

《乾象历注》，见本传、《晋书·律历志》引。

《天文七政论》，见本传、《宋书·历志》引。

《汉律章句》，见《晋书·刑法志》引。

《汉宫香方法注》，见晁公武《郡斋读书志》引。

《日月交会图注》一卷，见《隋志》。

《郑志》六卷，郑玄弟子撰，见《隋志》。

又《郑玄集》二卷、录一卷，见《隋志》。

郑玄弟子甚众，据《后汉书》卷三五本传载："其门人山阳郗虑至御史大夫，东莱王基、清河崔琰著名于世。又乐安国渊、任嘏，时并童幼，玄称渊为国器，嘏有道德，其余亦多所鉴拔，皆如其言。"又《三国志·程秉传》："逮事郑玄，后避乱交州"，龚道耕《郑君年谱》和刘汝霖《汉晋学术编年》[①]，均收录有赵商、郗虑、王基、崔琰、国渊、任嘏、张逸、孙颢、炅模、田琼、刘炎、冷刚、王瓒、焦乔、汜阁、崇精、崇翱、王权、鲍遗、任厥、刘德、陈铄、桓翱、公孙方、程秉、

① 刘汝霖：《汉晋学术编年》，中华书局，1986年。

宋均、王经。《郑君年谱》尚有刘熙、韩益、陈铿三人刘书未收，而刘书尚有一徐整，龚氏年谱未收。

2. 召举至孝

《后汉书》卷九《献帝纪》："（建安五年）九月庚午朔，日有食之。诏三公举至孝二人，九卿、校尉、郡国守相各一人。"

3. 华歆离江东，拜议郎，参司空军事。

《三国志》卷一三《华歆传》："华歆字子鱼，平原高唐人也。……东至徐州，诏即拜歆豫章太守，以为政清静不烦，吏民感而爱之。孙策略地江东，歆知策善用兵，乃幅巾奉迎。策以其长者，待以上宾之礼。后策死。太祖在官渡，表天子征歆。……歆至，拜议郎，参司空军事，入为尚书，转侍中，代荀彧为尚书令。"裴注引《魏略》云："歆与北海邴原、管宁俱游学，三人相善，时人号三人为'一龙'，歆为龙头，原为龙腹，宁为龙尾。"

案：建安五年（200），孙策薨，曹操与袁绍相拒于官渡，故系年于此。

4. 吴张纮为会稽东部都尉。

《三国志》卷五三《张纮传》："曹公欲令纮辅权内附，出纮为会稽东部都尉。"

《建康实录》卷二："桓王薨而帝统事，操欲纮辅帝内附，拜纮为会稽东部尉。"

案：孙策薨于此年，张纮东归在此年或之后不久，暂系于此。

5. 蜀谯周生。

《三国志》卷四二《谯周传》:“谯周字允南,巴西西充国人也。父并,字荣始,治《尚书》,兼通诸经及图纬。……周幼孤,与母兄同居。既长,耽古笃学,家贫未尝问产业,诵读典籍,欣然独笑,以忘寝食,研精六经,尤善《书》《礼》[①]。”

建安六年 辛巳 公元201年

1. 赵岐卒。

《后汉书》卷六四《赵岐传》:“年九十余,建安六年卒。先自为寿藏,图季札、子产、晏婴、叔向四像居宾位,又自画其像居主位,皆为赞颂。敕其子曰:‘我死之日,墓中聚沙为床,布簟白衣,散发其上,覆以单被,即日便下,下讫便掩。’岐多所述作,著《孟子章句》《三辅决录》传于时。”

儒学著述情况:

《孟子注》十四卷,见《隋志》。

又《三辅决录》,见本传。

案:赵岐《孟子注》,《四库全书总目》卷三五作《孟子正义》十四卷,并曰:“汉儒注经,多明训诂名物,惟此注笺释文句,乃似后世之口,义与古学稍殊。”

2. 虞翻上《易传》。

《三国志》卷五七《虞翻传》:“虞翻字仲翔,会稽余姚人也……后翻州举茂才,汉召为侍御史,曹公为司空辟,皆不

---

① 原书作“札”。

就。翻与少府孔融书，并示以所著《易注》。融答书曰：‘闻延陵之理《乐》，睹吾子之治《易》，乃知东南之美者，非徒会稽之竹箭也。又观象云物，察应寒温，原其祸福，与神合契，可谓探赜穷通者也。’会稽东部都尉张纮又与融书曰：‘虞仲翔前颇为论者所侵，美宝为质，彫摩益光，不足以损。’”裴注引《翻别传》曰：“翻初立《易》注，奏上曰：‘臣闻六经之始，莫大阴阳，是以伏羲仰天悬象，而建八卦，观变动六爻为六十四，以通神明，以类万物。臣高祖父故零陵太守光，少治孟氏《易》，曾祖父故平舆令成，缵述其业，至臣祖父凤为之最密。臣亡考故日南太守歆，受本于凤，最有旧书，世传其业，至臣五世。前人通讲，多玩章句，虽有秘说，于经疏阔。臣生遇世乱，长于军旅，习经于枹鼓之间，讲论于戎马之上，蒙先师之说，依经立注。又臣郡吏陈桃梦臣与道士相遇，放发被鹿裘，布《易》六爻，挠其三以饮臣，臣乞尽吞之。道士言《易》道在天，三爻足矣。岂臣受命，应当知经！所览诸家解不离流俗，义有不当实，辄悉改定，以就其正。孔子曰：‘乾元用九而天下治’，圣人南面，盖取诸离，斯诚天子所宜协阴阳致麟凤之道矣。谨正书副上，惟不罪 。”翻又奏曰：‘经之大者，莫过于《易》。自汉初以来，海内英才，其读《易》者，解之率少。至孝灵之际，颍川荀谞号为知《易》，臣得其注，有愈俗儒，至所说西南得朋，东北丧朋，颠倒反逆，了不可知。孔子叹《易》曰：“知变化之道者，其知神之所为乎！”以美大衍四象之作，而上为章首，尤可怪笑。又南郡太守马融，名有俊才，其所解释，复不及谞。孔子曰：“可与共学，未可与适道”，岂不其然！若乃北海郑玄，南阳宋忠，虽各立注，忠小差玄而皆未得其门，难以示世。’……翻放弃南方……以典籍自慰，依《易》设象，以占吉凶。又以宋氏解《玄》颇有谬错，更为立法，并著《明杨》《释宋》以理其滞。”

又举郑玄《尚书》注违错，见同卷裴注：“又奏《郑玄解〈尚书〉违失事目》：‘……又玄所注五经，违义尤甚者百六十七事，不可不正。’”

建安七年 壬午 公元202年

任安卒。

《后汉书》卷七九《任安传》：“任安字定祖，广汉绵竹人也。少游太学，受《孟氏易》，兼通数经。又从同郡杨厚学图谶，穷极其术。……学终，还家教授，诸生自远而至。……州牧刘焉表荐之，时王途隔塞，诏命竟不至。年七十九，建安七年，卒于家。”

又《三国志·秦宓传》注引《益部耆旧传》同。

《周易注疏》之《周易注解传述人》云：“后汉洼丹、觟阳鸿、任安皆传《孟氏易》。”

建安八年 癸未 公元203年

1. 曹操下令兴学。

《三国志》卷一《武帝纪》：“（建安八年）秋七月，令曰：‘丧乱已来，十有五年，后生者不见仁义礼让之风，吾甚伤之。其令郡国各修文学，县满五百户置校官，选其乡之俊造而教学之，庶几先王之道不废，而有以益于天下。’”

《通典》卷五三：“献帝建安中，侍中鲍衡奏：‘按《王制》立大学、小学，自王太子以下皆教以诗书而升之司马，谓之贤者，任之以官，故能致刑措之盛，立太平之化也。今学博士，并设表章而无所教授。兵戎未戢，人并在公，而学者少。可听公卿二千石、六百石子弟在家及将校子弟见为郎舍人，皆可听诣博士受业，其高才秀达，学通一艺，太常为作品式。’从之。”

2. 董遇为黄门侍郎

《三国志》卷一三《王肃传》裴注引《魏略》：“遇字季直，性质讷而好学。兴平中，关中扰乱，与兄季中依将军段煨。采梠负贩，而常挟持经书，投闲习读。其兄笑之，而遇不改。及建安初，王纲小设，郡举孝廉，稍迁黄门侍郎。是时，汉帝委政太祖，遇旦夕侍讲，为天子所爱信。”

《后汉书》卷九《献帝纪》：“（建安）八年冬十月己巳，公卿初迎冬于北郊，总章始复备八佾舞。”

建安九年 甲申 公元204年

1. 仲长统至并州。

《后汉书》卷四九《仲长统传》：“仲长统字公理，山阳高平人也。少好学，博涉书记，赡于文辞。年二十余，游学青、徐、并、冀之间，与交友者多异之。并州刺史高干，袁绍甥也。素贵有名，招致四方游士，士多归附。统过干，干善待遇之。访以当时之事。统谓干曰：‘君有雄志而无雄才，好士而不能择人，所以为君深戒也。’干雅自多，不纳统言，统遂去之。无几，干以并州叛，卒至于败。并冀之士皆以是异统。”

案：据《后汉书·袁绍传》及《三国志》卷一《武帝纪》载：建安九年九月，曹操领冀州牧，攻占邺城，高干降，为并州刺史；建安十年，高干以并州复叛；建安十一年，曹操亲征高干，上洛都尉王琰获杀高干。故将仲长统过并州与高干言之事系年于此。

2. 崔琰为曹操别驾从事。

《三国志》卷一二《崔琰传》："崔琰字季珪，清河东武城人也。年二十三，乡移为正，始感激，读《论语》《韩诗》。至年二十九，乃结公孙方等就郑玄受学。学未期，徐州黄巾贼攻破北海，玄与门人到不其山避难。时谷籴悬乏，玄罢谢诸生。……太祖破袁氏，领冀州牧，辟琰为别驾从事。"

案：《后汉书·献帝纪》："（建安）九年秋八月戊寅，曹操大破袁尚，平冀州，自领冀州牧。"

3. 吴韦昭生。

《三国志》卷六五《韦曜传》："韦曜字弘嗣，吴郡云阳人也。少好学，能属文，从丞相掾，除西安令，还为尚书郎，迁太子中庶子。"

建安十一年 丙戌 公元206年

乐详为河东文学祭酒。

《三国志》卷一六《杜畿传》裴注引《魏略》曰："博士乐详，由畿而升。至今河东特多儒者，则畿之由矣。"

《三国志》卷一六《杜恕传》裴注引《魏略》："乐详字文载。少好学，建安初，详闻公车司马令南郡谢该善《左氏传》，乃从南阳涉许从该问疑难诸要，今《左氏乐氏问七十二事》，详所撰也。所问既了而归乡里，时杜畿为太守，亦甚好学，署详文学祭酒，使教后进，于是河东学业大兴。”

案：建安十一年（206），曹操平定高干之叛，以杜畿为河东太守。《三国志·杜畿传》：“太祖既定河北，而高干举并州反。……太祖谓荀彧曰：‘河东被山带河，四邻多变，当今天下之要地也。君为我举萧何、寇恂以镇之。’彧曰：‘杜畿其人也。’于是追拜畿为河东太守。……于是冬月修戎武，又开学宫，亲自执经教授，郡中化之。”故系乐详为杜畿所聘时间于此。

建安十三年 戊子 公元208年

1. 崔琰为曹操东西曹掾属征事。

《三国志》卷一二《崔琰传》：“太祖为丞相，琰复为东西曹掾属征事。”

2. 八月，孔融被杀。

《后汉书》卷九《献帝纪》：“（建安十三年八月）壬子，曹操杀太中大夫孔融，夷其族。”

《后汉书》卷七〇《孔融传》：“岁余，（融）复拜太中大夫。……曹操既积嫌忌，而郗虑复构成其罪，遂令丞相军谋祭酒路粹枉状奏融曰：‘少府孔融，昔在北海，见王室不静，而招合徒众，欲规不轨，云“我大圣之后，而见灭于宋，有天者，何必卯金刀”。及与孙权使语，谤讪朝廷。又融为九列，不尊朝仪，秃巾微行，唐突宫掖。又前与白衣祢衡跌荡放言，云“父之于子，当有何亲？论其本意，实为情欲发耳。子之于母，亦复奚为？譬如寄物瓶中，出则离矣”。既而与衡更相赞扬。衡谓融曰：“仲尼不死。”融答曰：“颜回复生。”大逆不道，宜极重诛。’书奏，下狱弃市。时年五十六。妻子皆被诛。”

《三国志》卷一二《崔琰传》：“初，太祖性忌，有所不堪者，鲁国孔融、南阳许攸、娄圭，皆以侍旧不虔见诛。而琰最为世所痛惜，至今冤之。”裴注引《魏氏春秋》：“（建安）十三年，融对孙权使，有讪谤之言，坐弃市。”

著有《春秋杂议难》五卷，见《隋志》。

3. 八月，刘表卒。

《后汉书》卷七四《刘表传》：“（建安十三年）八月，表疽发背，卒。”

儒学著述情况：

《周易章句》五卷，见《隋志》。马国翰辑有《周易刘氏章句》一卷。

《新定礼》一卷，见《隋志》。马国翰辑有《新定礼》一卷。

《丧服后定》一卷[1]，见《通典》卷九七引。

《荆州占》二卷，见《隋志》。

案：汉末刘表治下的荆州，极少遭历战争，政局尚安定，经济较发达，故一大批士人学者来此避乱。刘表赈济儒生，起立学官，改定五经章句，搜集图书，大兴学术文化事业。《刘镇南碑》曰：“选才任良，式序贤能，简将命卒，棋布星陈，备要塞之处，戍八方之边，劝穑务农，以田以渔，余粟红腐，年谷丰夥。江湖之中，无劫掠之寇，沅湘之间，无攘窃之民。郡守令长，冠带章服，府寺亭乡，崇栋高门，皆如其旧；当世

---

① 马国翰认为此书与《新定礼》实是一本书，“新定即后定，题小异耳……此书浑以礼名，其实专明丧服也”。见《玉函山房辑佚书》。

知名，辐辏而到，四方褓负，自远若归；穷山幽谷，于是为邦。百工集趣，机巧万端，器械通变，利民无穷。邻邦怀慕，交扬益州，尽遣驿使，冠盖相望。”又曰：“武功既亢，广开雍泮，设俎豆，陈垒彝，亲行乡射，跻彼公堂，笃志好学，吏子弟受禄之徒，盖以千计。洪生巨儒，朝夕讲诲，訚訚如也。虽洙泗之间，学者所集，方之蔑如也。深愍末学远本离质，乃令诸儒改定五经章句，删划浮辞，芟除烦重，赞之者用力少，而探微知机者多。又求遗书，写还新者，留其故本，于是古典坟集，充满州间。及延见武将文吏，教令温雅，礼接优隆，言不及军旅之事，辞不迁官曹之文。上论三坟八索之典，下陈辅世忠义之方。内刚如秋霜，外柔如春阳，不伐其善，不有其庸，如彼川流，每往兹通，可谓道理丕才，命世稀有者已。”唐长孺先生评曰：“荆州学校的规模和制度远远逸出郡国学的范畴，不妨说是洛阳太学的南迁。”① 可见汉末刘表荆州兴学之功。

4. 刘琮以荆州降曹操，邯郸淳、隗禧、王粲、宋忠等部分荆州文人北归。

《后汉书》卷九《献帝纪》：“(建安十三年) 是月 (八月)，刘表卒，少子琮立，琮以荆州降操。”

邯郸淳：《三国志・王粲传》注引《魏略》云：“荆州内附，太祖素闻其名，召与相见，甚敬异之。”曹操任其为曹植官属。

隗禧：《三国志・王朗传》注云：“太祖定荆州，召署军谋掾。黄初中，为谯王郎中。”

王粲：《三国志・王粲传》：“太祖辟为丞相掾，赐爵关内侯。”

① 唐长孺：《汉末学术中心的南移与荆州学派》，见《唐长孺社会文化史论丛》，武汉大学出版社，2001 年，第 3 页。

宋忠：《三国志·尹默传》裴注曰："宋仲子后在魏。"

聚集在荆州的文人学士随着刘表荆州政权的灭亡而星散，一部分此时随曹操北迁，一部分后来随刘备入蜀，还有一小部分转迁东吴。

荆州之学：汉末，天下大乱，荆州暂宁，避难学者云集；刘表爱人乐士，起立学官，撰定《五经章句》，教以后学。据《后汉书·刘表传》云："关西、豫、兖学士，归者盖有千数。"又王粲《荆州文学记官志》曰："有汉荆州牧刘君，稽古若时，将绍厥绩。乃曰先王之为世也，则象天地，轨仪宪极，设教导化，叙经志业，用建雍泮焉，立师保焉，作为礼乐，以作其性，表陈载籍，以持其德。上知所以临下，下知所以事上，官不失守，民听无悖，然后三阶平焉。夫文学也者，人伦之守，大教之本也。乃命五业从事宋衷所作文学，延朋徒焉。宣德音以赞之，降嘉礼以劝之，五载之间，道化大行，耆德故老綦母闿等负书荷器，自远而至者三百有余人，于是童幼猛进，武人革面，总角佩觿，委介免胄，比肩继踵，川逝泉涌，亹亹如也，兢兢如也。遂训六经，讲礼物，谐八音，协律吕，修纪历，理刑法，六路咸秩，百氏备矣。"①

荆州大儒中，既有善古文《易》《太玄》的宋忠，又有长于《左氏春秋》的颖容、谢该，又有精于人物鉴赏的司马徽等。如前系年中，即有避乱而来的王粲、邯郸淳、隗喜等，还有携书远道而来的綦毋闿等，大批学者聚集此地，讲经授学，荆州文化学术繁盛一时。荆州之学对当时及后世儒学发展影响颇深，后学中有魏人王肃、刘廙、王弼等，蜀人尹默、李仁等，吴人虞翻、陆绩、潘濬等。正如唐长孺先生描绘的那样：

① ［汉］王粲著、俞绍初校点：《王粲集》，中华书局，1980年，第44页。

“荆州的学术广泛传播，西至益州，东达吴会，北及中原，在不同程度上都受荆州学术的影响。荆州盛行的古文经学与盛行于北方的郑玄之学相抗衡，还在益州形成支流。”[①] 汤用彤先生评为：“守故之习薄，创新之意厚。”[②]

建安十五年 庚寅 公元210年

1. 阮籍生。

《三国志》卷二一《王粲传》：“瑀子籍，才藻丰逸，而倜傥放荡，行己寡欲，以庄周为模则。官至步兵校尉。”

《晋书》卷四九《阮籍传》：“阮籍字嗣宗，陈留尉氏人也。父瑀，魏丞相掾，知名于世。籍容貌环杰，志气宏放，傲然独得，任性不羁，而喜怒不形于色。或闭户视书，累月不出；或登临山水，经日忘归。博览群籍，尤好《庄》《老》。”

案：据《晋书》本传，其卒于景元四年（263），时年五十四岁，逆推知其生于是年。

2. 邴原、王烈选为丞相徵事。

《三国志》卷一一《邴原传》裴注引《献帝起居注》曰：“建安十五年，初置徵事二人，原与平原王烈俱以选补。”

---

① 唐长孺：《汉末学术中心的南移与荆州学派》，见《唐长孺社会文化史论丛》，武汉大学出版社，2001年，第10页。

② 汤用彤：《王弼之周易论语新义》，见《汤用彤选集》，吉林人民出版社，2005年，第439页。

建安十六年 辛卯 公元211年

苏林为五官将文学。

《三国志》卷二一《刘劭传》注引《魏略》："林字孝友，博学，多通古今字指，凡诸书传文间危疑，林皆释之。建安中，为五官将文学，甚见礼待。"

案：是年，曹丕为五官中郎将，故系年于此。

建安十七年 壬辰 公元212年

1. 阮瑀卒。

《三国志》卷二一《王粲传》："陈留阮瑀字元瑜……瑀少受学于蔡邕。建安中都护曹洪欲使掌书籍，瑀终不为屈。太祖并以（陈）琳、以瑀为司空军谋祭酒，管记室，军国书檄，多琳、瑀所作也。琳徙门下督，瑀为仓曹掾属。……以十七年卒。"

2. 王肃从宋忠读《太玄》。

《三国志》卷一三《王肃传》："肃字子雍。年十八，从宋忠读《太玄》，而更为之解。"

案：王肃卒于甘露元年（256），姜亮夫《历代名人年里碑传综表》系其时年六十二岁，逆推之，故系年于此。

建安十八年 癸巳 公元213年

1. 高堂隆为丞相军议掾。

《三国志》卷二五《高堂隆传》："高堂隆字升平，泰山平阳人，鲁高堂生后也。……建安十八年，太祖召为丞相军议掾，后为历城侯徽文学，转为相。”

2. 袁涣向曹操谏言大收篇籍，明圣人之教。

《三国志》卷一一《袁涣传》：“袁涣字曜卿，陈郡扶乐人也。……当时诸公子多越法度，而涣清静，举动必以礼。……魏国初建，为郎中令，行御史大夫事。涣言于太祖曰：‘今天下大难已除，文武并用，长久之道也。以为可大收篇籍，明先圣之教，以易民视听，使海内斐然向风，则远人不服可以文德徕之。’太祖善其言。”

案：据《后汉书·献帝纪》：“（建安十八年）夏五月丙申，曹操自立为魏公，加九锡。”魏国初建于建安十八年，故系年于此。

3. 刘廙为黄门侍郎。

《三国志》卷二一《刘廙传》：“刘廙字恭嗣，南阳安众人也。年十余岁，戏于讲堂上，颍川司马德操附其头曰：‘孺子，孺子，“黄中通理”，宁自知不?’……廙惧，奔扬州，遂归太祖。太祖辟为丞相掾属，转五官将文学。……魏国初建，为黄门侍郎。”

建安十九年 甲午 公元214年

1. 刘备定蜀，许慈、胡潜、孟光、来敏、尹默等典掌教育。

《三国志》卷三二《先主备传》：“（建安）十九年夏，雒城破，进围成都数十日，璋出降。……先主复领益州牧。”

《三国志》卷四二《许慈传》："许慈字仁笃，南阳人也。师事刘熙，善郑氏学，治《易》《尚书》、"三礼"、《毛诗》《论语》。建安中，与许靖等俱自交州入蜀。时又有魏郡胡潜，字公兴，不知其所以在益土。潜虽学不沾洽，然卓荦强识，祖宗制度之仪，丧纪五服之数，皆指掌画地，举手可采。先主定蜀，承丧乱历纪，学业衰废，乃鸠合典籍，沙汰众学，慈、潜并为学士，与孟光、来敏等典掌旧文。值庶事草创，动多疑议，慈、潜更相克伐，谤讟忿争，形于声色；书籍有无，不相通借，时寻楚挞，以相震宪。其矜己妒彼，乃至于此。……潜先没，慈后主世稍迁至大长秋，卒。子勋传其业，复为博士。"

《三国志》卷四二《孟光传》："孟光字孝裕，河南洛阳人，汉太尉孟郁之族。……献帝迁都长安，遂逃入蜀，刘焉父子待以客礼。博物识古，无书不览，尤锐意三史，长于汉家旧典。好《公羊春秋》，讥呵《左氏》，每与来敏争此二义，光常譊譊讙咋。先主定益州，拜为议郎，与许慈等并掌制度。……光坐事免官，年九十余卒。"

《三国志》卷四二《来敏传》："来敏字敬达，义阳新野人，来歙之后也。……汉末大乱，敏随姐夫奔荆州，……（敏）涉猎书籍，善《左氏春秋》，尤精于《仓》《雅》训诂，好是正文字。先主定益州，署敏典学校尉，及立太子，以为家令。……年九十七，景耀中卒。子忠，亦博览经学，有敏风，与尚书向充等并能协赞大将军姜维。"

《三国志》卷四二《尹默传》："尹默字思潜，梓潼涪人也。益部多贵今文而不崇章句，默知其不博，乃远游荆州，从司马德操、宋仲子等受古学。皆通诸经史，又专精于《左氏春秋》，自刘歆《条例》，郑众、贾逵父子、陈元方、服虔注说，咸略通述，不复按本。先主定益州，领牧，以为劝学从事。"

2. 蜀以周群为儒林校尉。

《三国志》卷四二《周群传》："周群字仲直，巴西阆中人也。父舒，字叔布，少学术于广汉杨厚，名亚董扶、任安。……群少受学于舒，专心候业。……州牧刘璋，辟以为师友从事。先主定蜀，署儒林校尉。"

又：周群卒，其子周巨传承其学术。"群卒，子巨颇传其术。"

案：周群、周巨学术渊源于汉杨厚，为蜀本地今文经学家。

3. 蜀以杜琼为议曹从事。

《三国志》卷四二《杜琼传》："杜琼字伯瑜，蜀郡成都人也。少受学于任安，精究安术。……先主定益州，领牧，以琼为议曹从事。"

建安二十年 乙未 公元215年

1. 皇甫谧生。

《晋书》卷五一《皇甫谧传》："皇甫谧字士安，……年二十……就乡人席坦受书，勤力不怠。居贫，躬自稼穑，带经而农，遂博综典籍百家之言。……著《礼乐》《圣真》之论。后得风痹疾，犹手不辍卷。……时魏郡召上计掾，举孝廉；景元初，相国辟，皆不行。"

案：据《晋书》本传，其卒于西晋太康三年（282），时年六十八，逆推知其生于是年。

2. 吴孙瑜卒。其在丹阳郡立学，以马普为师。

《三国志》卷五一《孙瑜传》："建安九年，（瑜）领丹阳太守……济阴人马普笃学好古，瑜厚礼之，使二府将吏子弟数百人就受业，遂立学官，临飨讲肄。是时诸将皆以军务为事，而瑜好乐坟典，虽在戎旅，诵声不绝。年三十九，建安二十年卒。"

又同卷《孙奂传》："孙奂字季明。……以扬武中郎将领江夏太守。……奂亦爱乐儒生，复命部曲子弟就业，后仕进朝廷者数十人。年四十，嘉禾三年卒。"

建安二十一年 丙申 公元216年

1. 邴原为魏五官将长史。

《三国志》卷一一《邴原传》："代凉茂为五官将长史，闭门自守，非公事不出。太祖征吴，卒。"

案：据《三国志·武帝纪》，建安二十一年夏五月，汉献帝进操为魏王；《三国志·凉茂传》云："文帝为五官将，茂以选为长史，迁左军师。魏国初建，迁尚书仆射，后为中尉奉常。"又建安二十二年冬十月，五官将曹丕立为魏太子。如此，邴原代凉茂为五官将长史可能在是年或之前。

又《三国志·武帝纪》云："（建安二十一年）冬十月，治兵，遂征孙权。"邴原可能卒于是年。

2. 崔琰卒。

《三国志》卷一二《崔琰传》："后太祖为魏王，训发表称赞功……遂赐琰死。……初，太祖性忌，有所不堪者，鲁国孔融、南阳许攸、娄圭，皆以恃旧不虔见诛。而琰最为世所痛惜，至今冤之。”

案：崔琰曾从郑玄学。据姜亮夫《历代人物年里碑传综表》系其卒年于此。

3. 钟繇为魏大理，迁相国。

《三国志》卷一三《钟繇传》：“钟繇字元常，颍川长社人也。……魏国初建，为大理，迁相国。”

《三国志》卷一《武帝纪》：“（建安二十一年）夏五月，天子进公爵为魏王。……八月，以大理钟繇为相国。”

建安二十二年 丁酉 公元217年

1. 郑冲为魏太子文学，累迁尚书郎。

《晋书》卷三三《郑冲传》：“郑冲字文和，荥阳开封人也。起自寒微，卓尔立操，清恬寡欲，耽玩经史，遂博究儒术及百家之言。……及魏文帝为太子，搜扬侧陋，命冲为文学，累迁尚书郎，出补陈留太守。”

案：据《三国志·武帝纪》，是年冬十月，曹丕为魏太子。

2. 刘劭为魏太子舍人。

《三国志》卷二一《刘劭传》：“刘劭字孔才，广平邯郸人也。建安中，为计吏，诣许。御史大夫郗虑辟劭，会虑免，拜太子舍人，迁秘书郎。”

案：是年，魏立曹丕为魏太子，故系年于此。

3. 王粲卒。

《三国志》卷二一《王粲传》："建安二十一年，从征吴。二十二年春，道病卒，时年四十一。粲二子，为魏讽所引，诛。后绝。"

儒学著述情况：

《尚书释问》四卷，见《隋志》。

又《去伐论集》三卷，见《隋志》。

4. 徐干、刘桢卒。

《三国志》卷二一《王粲传》："干、琳、瑒、桢二十二年卒。"

徐干，字伟长，北海人。《三国志·王粲传》云："干为司空军谋祭酒掾属，五官将文学。"裴注引《先贤行状》云："干清玄体道，六行修备，聪识洽闻，操翰成章，轻官忽禄，不耽世荣。建安中，太祖特加旌命，以疾休息。后除上艾长，又以疾不行。"

刘桢，字公干，东平人。《三国志·王粲传》云："瑒、桢各被太祖辟，为丞相掾属。……桢以不敬被刑，刑竟署吏。"

《三国志》卷二一《王粲传》载魏文帝曹丕与吴质书曰："而伟长独怀文抱质，恬淡寡欲，有箕山之志，可谓彬彬君子矣。著《中论》二十余篇，辞义典雅，足传于后。"

徐干著有《中论》六卷，见《隋志》。

刘桢著有《毛诗义问》十卷，见《隋志》。马国翰辑有《毛诗义问》一卷。

5. 董遇因事累转为冗官。

《三国志》卷一三《王肃传》裴注引《魏略》："至二十二

年，许中百官矫制，遇虽不与谋，犹被录诣邺，转为冗散。常从太祖西征，道由孟津，过弘农王冢。太祖疑欲谒，顾问左右，左右莫对，遇乃越第进曰：'《春秋》之义，国君即位未逾年而卒，未成为君。弘农王即阼既浅，又为暴君所制，降在藩国，不应谒。'太祖乃过。"

6. 傅玄生。

《晋书》卷四七《傅玄传》："傅玄字休奕，北地泥阳人也。……玄少孤贫，博学善属文，解钟律。性刚劲亮直，不能容人之短。郡上计吏再举孝廉，太尉辟，皆不就。州举秀才，除郎中，与东海缪施俱以时誉选入著作，撰集《魏书》。"

案：据本传，傅玄卒于西晋咸宁四年（278），时年六十二，逆推知其生于是年。

建安二十三年 戊戌 公元218年

王烈卒。

《三国志》卷一一《王烈传》："太祖命为丞相掾，征事未至，卒于海表。"同卷裴注引《先贤行状》："烈通识达道，秉义不回。以颍川陈太丘为师，二子为友。时颍川荀慈明、贾伟节、李元礼、韩元长皆就陈君学，见烈器业过人，叹服所履，亦与相亲。……以典籍娱心，育人为务，遂建学校，敦崇庠序。其诱人也，皆不因其性气，诲之以道，使之从善远恶。益者不自觉，而大化隆行，自避世在东国者，多为人所害，烈居之历年，未尝有患。使辽东强不凌弱，众不暴寡，商贾之人，市不二价。太祖累征召，辽东为解而不遣。以建安二十三年寝疾，年七十八而终。"

建安二十四年 己亥 公元219年

1. 曹丕治魏讽之狱，宋忠受株连死。

《三国志》卷一《武帝纪》："（建安二十四年）九月，相国钟繇坐西曹掾魏讽反，免。"裴注引《世说新语》："讽字子京，沛人，有惑众才，倾动邺都，钟繇由是辟焉。"

《三国志》卷四二《尹默传》裴注曰："宋仲子后在魏。《魏略》曰：其子与魏讽谋反，伏诛。魏太子答王朗书曰：'昔石厚与州吁游，父碏知其与乱；韩子昵田苏，穆子知其好仁；故君子游必有方，居必就士，诚有以也。嗟乎！宋忠无石子先识之明，老罹此祸。今虽欲愿行灭亲之诛，立纯臣之节，尚可得邪！'"

卢弼《三国志集解》引姚振宗说："萧常《续后汉书》云：'宋忠子与魏讽谋诛曹操，不克，父子俱遇害。'"①

儒学著述情况：

《周易注》十卷，见《隋志》《经典释文·叙录》。马国翰辑有《周易宋氏注》一卷。

《扬子太玄经注》九卷，见《隋志》。

《扬子法言注》十三卷，见《隋志》。

《扬子太玄经》十卷。《隋志》云：陆绩、宋衷注。而《宋志》云：《玄测》一卷，汉宋衷解，吴陆绩释之。

案：宋忠，又作宋衷，据《经典释文·叙录》云："字仲子，南阳章陵人。后汉荆州五等从事。"《汉晋学术编年》据李善《文选》注认为宋忠作有《易纬注》《乐纬注》《春秋纬注》《孝经纬注》。姚振宗《隋书经籍志考证》认为宋忠有《七经纬注》。但《隋志》、两《唐志》俱不载。据《隋志》有《诗纬》

---

① 卢弼：《三国志集解》，中华书局，1982年，第227页。

十八卷、《春秋纬》三十卷、《礼记默房》二卷、《乐纬》三卷、《孝经杂纬》十卷、《孝经钩命诀》六卷、《孝经援神契》七卷、《论语谶》八卷，题魏博士宋均注。东汉初年亦有一宋均，但《隋志》所载之宋均，当为郑玄弟子宋均，可见《唐会要》卷七七引刘知几议，及《文苑英华》卷七六六引宋均《诗纬》序。唐长孺认为宋忠未注七纬，误者为宋均。[①] 故今从《隋志》所载和唐先生说。

2. 陆绩卒于郁林。

《三国志》卷五七《陆绩传》："陆绩字公纪，吴郡吴人也。……绩年六岁，于九江见袁术。……绩容貌雄壮，博学多识，星历算数无不该览。虞翻旧齿名盛，庞统荆州令士，年亦差长，皆与绩友善。孙权统事，辟为奏曹掾，以直道见惮，出为郁林太守，加偏将军，给兵二千人。……虽有军事，著述不废，作《浑天图》，注《易》释《玄》，皆传于世。……年三十二卒。"

儒学著述情况：

《周易述》十三卷、录一卷，见《经典释文·叙录》。又《隋志》云十五卷。马国翰辑有，《周易陆氏述》三卷。

《周易日月变例》六卷，虞翻、陆绩撰，见《隋志》。

《扬子太玄经注》十卷，陆绩、宋忠撰，见《隋志》。

《浑天图》一卷，见本传。

《京房易传注》三卷，《积真杂占条例》一卷，见陈振孙《直斋书录解题》卷一。

案：《汉晋学术编年》据《后汉书·袁术传》载袁术于初平

---

① 唐长孺：《汉末学术中心的南移与荆州学派》，见《唐长孺社会文化史论丛》，武汉大学出版社，2001年，第12页。

四年（193）奔九江，时年陆绩六岁，则其三十二岁当在此年。

3. 刘熙事迹。

《三国志》卷四二《许慈传》云：许慈“师事刘熙”。

《三国志》卷五三《程秉传》云：程秉“后避乱交州，与刘熙考论大义”。

《三国志》卷五五《韦曜传》载韦曜狱中上书云：“又见刘熙所作《释名》，信多佳者！然物类众多，难得详究，故时有得失，而爵位之事，又有非是。……囚自忘至，又作《官职训》及《辨释名》各一卷，欲表上之。”

《三国志》卷五三《薛综传》：“（综）少依族人避地交州，从刘熙学。”

著有《释名》八卷、《谥法》三卷、《孟子注》七卷，见《隋志》。

案：刘熙，正史无传，世传《释名》题刘熙成国撰，又《世说新语·言语篇》刘孝标注引东晋伏滔论有“青土有才德者”，后汉有郑康成、祢正平、刘成国等，可以推断，刘熙字成国，北海人，是汉末与郑玄齐名的学者。其生卒年不详，此系于东汉末年。明人欧大任作《百越先贤志》云：“刘熙，字成国，交州人，先北海人也。博览多识，名重一时。荐辟不就，避地交州，人谓之徵士。往来苍梧、南海，客授生徒数百人。乃即名物以释义，惟揆事源，致意精微，作《释名》二十七篇，自为之序。又著《谥法》三卷，皆行于世。建安末，卒于交州，崇山下有刘熙墓云。”

关于《释名》，清毕沅著有《释名疏证》、丁山提《释名释》和《释名释说明书》等。刘熙《孟子注》，马国翰、叶德辉均有辑本。

三　国

（公元 220 年—公元 264 年）

魏文帝

（公元 220—公元 226 年）

黄初元年（十月前为汉延康元年）庚子 公元 220 年

1. 仲长统卒。

《后汉书》卷四九《仲长统传》："尚书令荀彧闻统名，奇之，举为尚书郎。后参丞相曹操军事。每论说古今及时俗行事，常发愤叹息。因著论名曰《昌言》，凡三十四篇，十余万言。献帝逊位之岁，统卒，时年四十一。友人东海缪袭常称统才章足继西京董、贾、刘、杨。"

《三国志》卷二一《刘劭传》裴注："（缪）袭撰统《昌言》表，称统字公理，少好学，博涉书记，赡于文辞。……延康元年卒，时年四十余。统每论说古今世俗行事，发愤叹息，辄以为论，名曰《昌言》，凡二十四篇。"

著有《昌言》十二卷，录一卷，见《隋志》。马国翰辑有

《仲长子昌言》二卷。

2. 魏立九品官人之法。

《通典》卷一四："延康元年，吏部尚书陈群以天朝选用不尽人才，乃立九品官人之法。州郡皆置中正以定其选，择州郡之贤有识鉴者为之，区别人物，第其高下。又制：郡口十万以上，岁察一人，其有秀异不拘户口。"

3. 魏以贾洪为白马王相。

《三国志》卷一三《王肃传》裴注引《魏略》："贾洪字叔业，京兆新丰人也。好学有才，而特精于《春秋左传》。建安初，仕郡，举计掾，应州辟。时州中自参军事以下百余人，唯洪与冯翊严苞、文通才学最高。洪历守三县令，所在辄开除厩舍，亲授诸生。……延康中，转为白马王相。……数岁病亡，亡时年五十余，时人为之恨仕不至二千石。"

4. 郑称为曹睿之傅。

《三国志》卷二《文帝纪》："（延康元年）五月戊寅……封王子睿为武德侯。"裴注引《魏略》："以侍中郑称为武德侯傅，令曰：'龙渊、太阿出昆吾之今，和氏之璧出井里之田；砻之以砥砺，错之以他山，故能致连城之价，为命世之宝。学亦人之砥砺也。称笃学大儒，勉以经学辅侯，宜旦夕入侍，曜明其志。'"

案：郑称著有《孝经注》，见《补三国艺文志》。

5. 魏令王象、刘劭、桓范等撰《皇览》。

《三国志》卷二三《杨俊传》："本郡王象，少孤特，为人仆隶，年十七八，见使牧羊而私读书，因被箠楚。俊嘉其才质，即赎象著家，聘娶立屋，然后与别。”裴注引《魏略》：“王象字羲伯。即为（杨）俊所知拔，果有才志。建安中，与同郡荀纬等俱为魏太子所礼待。及王粲、陈琳、阮瑀、路粹等亡后，新出之中，惟象才最高。魏有天下，拜象散骑侍郎，迁为常侍，封列侯。受诏撰《皇览》，使象领秘书监。象从延康元年始撰集，数岁成，藏于秘府，合四十余部，部有数十篇，通合八百余万字。象既性器和厚，又文采温雅，用是京师归美，称为儒宗。”

《三国志》卷二一《刘劭传》：“黄初中，为尚书郎、散骑侍郎。受诏集五经群书，以类相从，作《皇览》。”

《三国志》卷一三《曹爽传》裴注引《魏略》云：“桓范字元则，世为冠族。建安末，入丞相府。延康中，为羽林左监。以有文学，与王象等典集《皇览》。”

6. 修复太学。

《三国志》卷一三《王肃传》裴注引《魏略》：“至黄初元年之后，新主乃复始扫除太学之灰炭，补旧石碑之缺坏，备博士之员录，依汉甲乙以考课。申告州郡，有欲学者，皆遣诣太学。”

7. 魏以邯郸淳为博士。

《三国志》卷二一《王粲传》裴注引《魏略》：“及黄初初，以淳为博士给事中。淳作《投壶赋》千余言奏之，文帝以为工，赐帛千匹。”

案：《汉晋学术编年》据《古文苑》卷一二引邯郸淳之《魏受命述》，定其为博士给事中当在此年，又《中古文学系年》也以是年邯郸淳上《受命述》。今从前人之说。

案：邯郸淳著有《孝女曹娥碑》，表彰孝义。现存有《邯郸淳集》。

8. 王朗为司空。

《三国志》卷一三《王朗传》："及文帝践阼，改为司空，进封乐平乡侯。"

9. 钟繇为廷尉。

《三国志》卷一三《钟繇传》："文帝即王位，复为大理。及践阼，改为廷尉，进封崇高乡侯。迁太尉，转封平阳乡侯。"

10. 蒋济为东中郎将，作《万机论》。

《三国志》卷一四《蒋济传》："蒋济字子通，楚国平阿人也。……文帝即王位，转为相国长史。及践阼，出为东中郎将。济请留，诏曰……济上《万机论》，帝善之。入为散骑常侍。"

11. 华歆议举孝廉当以试经。

《三国志》卷一三《华歆传》："文帝即王位，拜相国，封安乐乡侯。及践祚，改为司徒。……三府议：'举孝廉，本以德行，不复限以试经。'歆以为'丧乱以来，六籍堕废，当务存立，以崇王道。夫制法者，所以经盛衰。今听孝廉不以经试，恐学业遂从此而废。若有秀异，可特征用。患于无其人，何患不得哉?'帝从其言。"

12. 刘寔生。

《晋书》卷四一《刘寔传》:“刘寔字子真,平原高唐人也。汉济北惠王寿之后也。父广,斥丘令。寔少贫苦,卖牛衣以自给。然好学,手约绳,口诵书,博通古今。清身洁己,行无瑕玷。郡察孝廉,州举秀才,皆不行。以计吏入洛,调为河南尹丞,迁尚书郎、廷尉正。”

案:据本传,其卒于永嘉四年(310),时年九十一,逆推知其生于是年。

黄初二年 辛丑 公元221年(蜀昭烈帝章武元年)

1. 魏选孝廉。

《三国志》卷二《文帝纪》:“(黄初)二年春正月……初令郡国口满十万者,岁察孝廉一人;其有秀异,无拘户口。”

2. 王基察孝廉,除郎中。

《三国志》卷二七《王基传》:“王基字伯舆,东莱曲城人也。少孤,与叔父翁居。翁抚养甚笃,基亦以孝称。年十七,郡召为吏,非其好也,遂去,入琅琊界游学。黄初中,察孝廉,除郎中。”

3. 二月魏文帝诏祀孔子,封孔子后人孔羡为宗圣侯。

《三国志》卷二《文帝纪》:“(黄初二年二月)诏曰:‘昔仲尼资大圣之才,怀帝王之器,当衰周之末,无受命之运,在鲁、卫之朝,教化乎洙、泗之上,凄凄焉,遑遑焉,欲屈己以存道,贬身以救世。于时王公终莫能用之,乃退考五代之礼,修素王之事，因鲁史而制《春秋》，就太师而正雅颂，俾千载之后，莫不宗其文以述作，仰其圣以成谋，咨！可谓命世之大圣，亿载之师表者也。遭天下大乱，百祀堕坏，旧居之庙，毁而不休，褒成之后，绝而莫继，阙里不闻讲颂之声，四时不睹蒸尝之位，斯岂所谓崇礼报功，盛德百世必祀者哉！其以议郎孔羡为宗圣侯，邑百户，奉孔子祀。'令鲁郡修起旧庙，置百户吏卒以守卫之，又于其外广为室屋以居学者。"

4．吴沈珩使魏。

《三国志》卷四七《孙权传》："(魏）帝欲封权子登，权以登年幼，上书辞封，重遣西曹掾沈珩陈谢，并献方物。"裴注引《吴书》："珩字仲山，吴郡人，少综经艺，尤善《春秋》内、外传。权以珩有智谋，能专对，乃使至魏。"

《三国志》卷二《文帝纪》："(黄初二年）秋八月，孙权遣使奉章，并遣于禁等还。"

5．吴孙权使张昭等撰定朝仪。

《三国志》卷五二《张昭传》："魏黄初二年，遣使者邢贞拜权为吴王。……拜昭为绥远将军，封由拳侯。"裴注引《吴录》曰："昭与孙绍、滕胤、郑礼等，采周、汉，撰定朝仪。"

6．吴以唐固为议郎。

唐固，字子正。

《三国志》卷五三《阚泽传》："泽州里先辈丹阳唐固亦修身积学，称为儒者，著《国语》《公羊》《谷梁传》注，讲授常数十人。权为吴王，拜固议郎，自陆逊、张温、骆统等皆拜之。"

7. 尹默为蜀仆射，授后主《左氏传》。

《三国志》卷四二《尹默传》：“及立太子，以默为仆射，以《左氏传》授后主。后主践祚，拜谏议大夫。”

《三国志》卷三二《先主传》：“章武元年夏四月，大赦，改年。……五月，立皇后吴氏，子禅为皇太子。”

8. 刘廙卒。

《三国志》卷二一《刘廙传》：“廙著书数十篇，及与丁仪共论刑礼，皆传于世。……黄初二年卒。无子。帝以弟子阜嗣。”裴注引《刘廙别传》曰其卒年四十二。

案：刘廙曾在荆州，从司马徽问学。

黄初三年 壬寅 公元222年（吴大帝黄武元年）

1. 魏通经选士。

《三国志》卷二《文帝纪》卷二：“（三年春正月庚午）诏曰：‘今之计、（考）［孝］，古之贡士也；十室之邑，必有忠信，若限年然后取士，是吕尚、周晋不显于前世也。其令郡国所选，勿拘老幼；儒通经术，吏达文法，到皆试用。’”

2. 杜预生。

《晋书》卷三四《杜预传》：“杜预字元凯，京兆杜陵人也。祖畿，魏尚书仆射。父恕，幽州刺史。预博学多通，明于兴废之道，常言‘德不可以企及，立功立言可庶几也’。”

案：据本传，杜预卒于太康五年（284），时年六十三，逆推知其生于是年。

3．吴严畯使蜀。

《三国志》卷五三《严畯传》："严畯字曼才，彭城人也。少耽学，善《诗》《书》、'三礼'，又好《说文》。避乱江东，与诸葛瑾、步骘齐名友善。性质直纯厚，其于人物，忠告善道，志存补益。……权为吴王，及称尊号，畯尝为卫尉，使至蜀，蜀相诸葛亮深善之。……久之，以畯为尚书令，后卒。……畯著《孝经传》《潮水论》，又与裴玄、张承论管仲、季路，皆传于世。"裴注引《吴书》曰："畯（卒）时年七十八，二子凯、爽。"

著有《孝经传》《潮水论》，见本传。

黄初四年 癸卯 公元223年（蜀后主建兴元年 吴大帝黄武二年）

1．魏以隗禧为谯王郎中。

《三国志》卷一三《王肃传》裴注引《魏略》："黄初中，为谯王郎中。王宿闻其儒者，常虚心从学。禧亦敬恭以授王，由是大得赐遗。以病还，拜郎中。年八十余，以老处家，就之学者甚多。禧既明经，又善星官，常仰瞻天文，叹息谓鱼豢曰：'天下兵戈尚犹未息，如之何？'豢又常从问《左氏传》，禧答曰：'欲知幽微莫若《易》，人伦之纪莫若《礼》，多识山川草木之名莫若《诗》，《左氏》直相其笔书耳，不足精意也。'豢因从问《诗》，禧讲明齐、韩、鲁、毛四家义，不复执文，有如讽诵。又撰作《诸经解》数十万言，未及缮写而得聋，后数岁病亡也。"

案：此时，隗禧说《诗》仍能说齐、韩、鲁、毛四家义，说明四家诗尤其齐诗在三国时仍有流传。

2. 蜀以尹默为谏议大夫。

《三国志》卷四二《尹默传》："后主践祚，拜谏议大夫。"《华阳国志》卷一〇下同。

3. 蜀以杜琼为谏议大夫。

《三国志》卷四二《杜琼传》："后主践阼，拜谏议大夫，迁左中郎将、大鸿胪、太常。"

4. 吴徙虞翻于交州。

《三国志》卷五七《虞翻传》："翻性疏直，数有酒失。权与张昭论及神仙，翻指昭曰：'彼皆死人，而语神仙，世岂仙人也！'权积怒非一，遂徙翻交州。虽处罪放，而讲学不倦，门徒常数百人。又为《老子》《论语》《国语》训注，皆传于世。"

5. 华歆荐管宁。

《三国志》卷一一《管宁传》："黄初四年，诏公卿举独行君子，司徒华歆荐宁。文帝即位，征宁，遂将家属浮海还郡，公孙恭送之南郊，加赠服物。……诏以宁为太中大夫，固辞不受。"

黄初五年 甲辰 公元224年（蜀后主建兴二年 吴大帝黄武三年）

1. 魏立太学，制五经课试法、置《春秋谷梁》博士。

《三国志》卷二《文帝纪》："（五年）夏四月，立太学，制五经课试之法，置《春秋谷梁》博士。"

《通典》卷五三："魏文帝黄初五年，立大学于洛阳，时慕学者，始诣大学为门人，满二岁试通一经者称弟子，不通一经者罢遣。弟子满二岁试通二经者，补文学掌故。不通经者，听须后辈试，试通二经，亦得补掌故。掌故满二岁，试通三经者，擢高第为太子舍人，不第者，随后辈复试，试通亦为太子舍人。舍人满二岁，试通四经者，擢其高第为郎中，不通者，随后辈复试，复试通亦为郎中。郎中满二岁，能通五经者，擢高第随才叙用，不通者，随后辈复试，试通亦叙用。"

案：曹魏立太学之事又见《三国志·高柔传》《三国志·王肃传》裴注引《魏略·儒宗传》。又杨晨《三国会要》卷一五《学校篇》："公卿大夫子弟在学者，以年齿长幼相次，不得以父兄位也。"

前人关于曹魏博士人数及各家学说立于学官之情形已做了大量研究工作，在此一并叙述。

王国维《汉魏博士考》[①] 一文认为魏太学博士为十九人，《易》，郑玄、王肃；《书》，贾逵、马融、郑玄、王肃；《诗》，郑玄、王肃；"三礼"，郑玄、王肃；《春秋左传》，服虔、王肃；《公羊传》，颜安乐、何休；《谷梁传》，尹更始等。唯《礼记》和《公羊传》《谷梁传》为今文经学，余皆古文经学，古

① 王国维：《观堂集林》第一册卷四，中华书局，1984年，第190页。

文经逐渐代替今文经学。

刘汝霖认为东晋荀崧上书所述“贾、马、郑、杜、服、孔、王、何、颜、尹之徒”均是指师说而非定指某学之博士，又东晋时《论语》《孝经》共立一博士，魏时亦有可能立有《论语》《孝经》博士。故列魏十九博士为[①]：

《易》，郑玄、王肃；《书》，郑玄、王肃；《毛诗》，郑玄、王肃；《周官》，郑玄、王肃；《仪礼》，郑玄、王肃；《礼记》，郑玄、王肃；《左传》，服虔、王肃；《公羊》，颜安乐、何休；《谷梁》，尹更始；《论语》，王肃；《孝经》，郑玄。

又王志平等在《中国学术史》中首先推测曹魏十九博士之数是累积发展而来，非某一时期有整整齐齐的十九位博士，并以甘露年间《书》郑学博士虚设为证。随后又认为王肃《孝经传》立于魏学官，而且何晏的《论语集解》亦可能短暂立于学官。贾、马、孔三家在魏只有师说而未立博士。其列魏十九博士为[②]：

《易》，郑玄、王朗；《书》，郑玄、王肃；《诗》，郑玄、王肃；《仪礼》，郑玄、王肃；《周礼》，郑玄、王肃；《礼记》，郑玄、王肃；《左传》，服虔、王肃；《公羊传》，何休、颜安乐；《谷梁传》，尹更始；《论语》，何晏（此后改为王肃）；《孝经》，王肃。

列表如下：

经学门类	王国维	刘汝霖	王志平
易学	郑玄、王肃	郑玄、王肃	郑玄、王朗

① 刘汝霖：《汉晋学术编年》卷六，中华书局，1986年，第108～109页

② 王志平：《中国学术史：三国两晋南北朝卷》，江西教育出版社，2001年，第133页。

续表

经学门类	王国维	刘汝霖	王志平
书学	贾逵、马融、郑玄、王肃	郑玄、王肃	郑玄、王肃
诗学	郑玄、王肃	郑玄、王肃	郑玄、王肃
礼学	郑玄、王肃	郑玄、王肃	郑玄、王肃
左氏学	服虔、王肃	服虔、王肃	服虔、王肃
公羊学	颜安乐、何休	颜安乐、何休	颜安乐、何休
谷梁学	尹更始	尹更始	尹更始
论语学	无	王肃	先何晏后王肃
孝经学	无	郑玄	王肃

2. 魏征乐详为博士。

《通志》卷一七二："至黄初中，徵拜博士。于时太学初立，有博士十余人，学多褊狭，又不熟悉，略不亲教，备员而已。惟详五业并投，其或难解，质而不解，详无愠色，以杖画地，牵譬引类，至忘寝食，以是独擅名于远近。"

案：曹魏于此年立太学，故系年于此。

3. 魏以苏林为博士给事中。

《三国志》卷二一《刘劭传》裴注引《魏略》："黄初中，

为博士给事中。文帝作《典论》所称苏林是也。以老归第，国家每遣人就问之，数加赐遗。年八十余卒。”

著有《孝经注》一卷，见《隋志》及《经典释文·叙录》。

4. 嵇康生。

《三国志》卷二一《王粲传》：“时又有谯郡嵇康，文辞壮丽，好言老、庄，而尚奇任侠。至景元中，坐事诛。”

《晋书》卷四九《嵇康传》：“嵇康字叔夜，谯国铚人也。……康早孤，有奇才，远迈不群。……学不师受，博览无不该通，长好《老》《庄》。”

案：本文从前人研究，以嵇康卒于景元四年（263），时年四十，逆推知其生于是年。

5. 蜀秦宓为益州别驾。

《三国志》卷三八《秦宓传》：“秦宓字子敕，广汉绵竹人也。少有才学，州郡辟命，辄称疾不往。……建兴二年，丞相亮领益州牧，选宓迎为别驾，寻拜左中郎将、长水校尉。”

6. 蜀杜微为益州主簿。

《三国志》卷四二《杜微传》卷四十二：“杜微字国辅，梓潼涪人也。少受学于广汉任安。……建兴二年，丞相亮领益州牧，选迎皆妙简旧德，以秦宓为别驾，五梁为功曹，微为主簿。”

7. 谯周为益州劝学从事。

《三国志》卷四二《谯周传》：“建兴中，丞相亮领益州牧，命周为劝学从事。”

黄初六年 乙巳 公元225**年**（蜀后主建兴三年 吴大帝黄武四年）

1．魏阮籍至东郡。

《晋书》卷四九《阮籍传》："籍尝随叔父至东郡，兖州刺史王昶请与相见，终日不开一言，自以为不能测。"

《三国志》卷二一《王粲传》："瑀子籍，才藻丰逸，而倜傥放荡，行己寡欲，以庄周为模则。官至步兵校尉。"裴注引《魏氏春秋》："籍旷达不羁，不拘礼俗。性至孝，居丧虽不率常检，而毁几至灭性。兖州刺史王昶请与相见，终日不得与言，昶叹赏之，自以为不能测也。"

案：《三国志·王昶传》："文帝践祚，徙散骑侍郎，为洛阳典农。……迁兖州刺史。明帝即位，加扬烈将军，赐爵关内侯。"可知，王昶至迟是年已为兖州刺史，《汉晋学术编年》系年于此，今从。

2．吴以程秉守太常。

《三国志》卷五三《程秉传》："程秉字德枢，汝南南顿人也。逮事郑玄，后避乱交州，与刘熙考论大义，遂博通五经。士燮命为长史。权闻其名儒，以礼征秉，即到，拜太子太傅。黄武四年，权为太子登聘周瑜女，秉为守太常，迎妃于吴，权亲幸秉船，深见优礼。……病卒官。著《周易摘》《尚书驳》《论语弼》，凡三万余言。"

著有《周易摘》《尚书驳》《论语弼》，见本传。

又《三国志·程秉传》云："秉为傅时，率更令河南征崇亦笃学立行云。"裴注引《吴录》："崇字子和，治《易》《春秋左氏传》，遭乱更姓，遂隐于会稽，躬耕以求其志。好尚者从学，所教不过数人辄止，欲令其业必有成也。所交结如丞相步骘等，咸亲焉。严畯荐崇行足以厉俗，学足以为师。初见太子登，以疾赐不拜。东宫官僚皆从咨询。太子数访以异闻。年七十而卒。”

案：征崇行年无考，姑附于此。

3. 钟会生。

《三国志》卷二八《钟会传》：“钟会字士季，颍川长社人，太傅繇小子也。少敏惠夙成。……会年五岁，繇遣见（蒋）济，济甚异之，曰：‘非常人也。’及壮，有才数技艺，而博学精练名理，以夜续昼，由是获声誉。”裴注引钟会母传：“夫人性矜严，明于教训，会虽童稚，勤见规诲。年四岁授《孝经》，七岁诵《论语》，八岁诵《诗》，十岁诵《尚书》，十一诵《易》，十二诵《春秋左氏传》《国语》，十三诵《周礼》《礼记》，十四诵成侯《易记》，十五使入太学问四方奇文异训。”

案：据本传裴注引钟会母传有云：“黄初六年，生会，恩宠愈隆。”故系年于此。

4. 吴唐固卒。

《三国志》卷五三《唐固传》：“黄武四年为尚书仆射，卒。”同卷注引《吴录》：“固字子正，卒时年七十余矣。”

儒学著述情况：

《公羊注》，见本传。

《春秋谷梁传注》十二卷，见《经典释文·叙录》；《隋志》云十三卷。

《春秋外传国语注》二十二卷，见《隋志》。

黄初七年 丙午 公元226年（蜀后主建兴四年 吴大帝黄武五年）

1. 魏王弼生。

《三国志》卷二八《钟会传》裴注云：弼字辅嗣。引何劭《王弼传》："弼幼而察慧，年十余，好《老氏》，通辨能言。父业，为尚书郎。"

《世说新语·文学》引《王弼别传》："弼字辅嗣，山阳高平人。"

案：据何劭《王弼传》载，王弼于正始十年秋卒，时年二十四岁。逆推其生年系于此。关于王弼的籍贯，前人多有研究，说法不一，今据王晓毅在《儒释道与魏晋玄学形成》一书中考证，以王弼与王粲祖籍一致，王粲卒后归葬等思路，考证出王弼祖籍为山阳高平，即今济宁市郊区喻屯乡①。

2. 吴士燮卒。

《三国志》卷四九《士燮传》："士燮字威彦，苍梧广信人也。……燮少游学京师，事颍川刘子奇，治《左氏春秋》。察孝廉，补尚书郎，公事免官。父赐丧阕后，举茂才，除巫令，迁交阯太守。……燮体器宽厚，谦虚下士，中国士人往依避难者以百数。耽玩《春秋》，为之注解。陈国袁徽与尚书令荀彧书曰：'交趾士府君既学问优博，又达于从政，处大乱之中，保全一郡……官事小阕，辄玩习书传，《春秋左氏传》尤简练精微，吾数以咨问传中诸疑，皆有师说，意思甚密。又《尚书》兼通古今，大义详备。闻京师古今之学，是非忿争，今欲

① 王晓毅：《儒释道与魏晋玄学形成》，中华书局，2003年，第75页。

条《左氏》《尚书》长义上之。’其见称如此。……建安十五年，孙权遣步骘为交州刺史。骘到，燮率兄弟奉承节度。……燮在郡四十余年，黄武五年，年九十卒。”

著有《春秋经注》十一卷，见《经典释文·叙录》。

3. 蜀秦宓卒。

《三国志》卷三八《秦宓传》：“先是，李权从宓借《战国策》，宓曰：‘……今《战国策》反复仪、秦之术，杀人自生，亡人自存，经之所疾。故孔子发愤作《春秋》，大乎居正，复制《孝经》，广陈德行。’……迁大司农，（建兴）四年卒。初宓见《帝系》之文，五帝皆同一族，宓辨其不然之本。又论皇帝王霸养豢龙之说，甚有通理。谯允南少时数往谘访，记录其言于《春秋然否论》，文多故不载。”

案：秦宓所习当为蜀地今文经学，谯周曾从其问学。

4. 魏以薛夏为秘书丞。

《三国志》卷一三《王肃传》裴注引《魏略》：“薛夏字宣声，天水人也。博学有才。天水旧有姜、阎、任、赵四姓，常推于郡中，而夏为单家，不为降屈。四姓欲共治之，夏乃游逸，东诣京师。太祖宿闻其名，甚礼遇之。后四姓又使囚遥引夏，关移颍川，收捕系狱。时太祖已在冀州，闻夏为本郡所质，抚掌曰：‘夏无罪也。汉阳儿辈直欲杀之耳！’乃告颍川使理出之，召署军谋掾。文帝又嘉其才，黄初中为秘书丞，帝每与夏推论书传，未尝不终日也。每呼之不名，而谓之薛君。夏居甚贫，帝又顾其衣薄，解所御服袍赐之。其后征东将军曹休来朝，时帝方与夏有所咨询，而外启休到，帝引入。坐定，帝顾夏言之于休曰：‘此君，秘书丞天水薛宣声也，宜共谈。’其见遇如此。寻欲用之，会文帝崩。至太和中，尝以公事移兰台。兰台自以台也，而秘书署耳，谓夏为不得仪也。推使当有坐者，夏报之曰：'兰台为外台，秘书为内阁，台阁一也，何不相移之有?'兰台屈无以折。自是之后，遂以为常。后数岁，病亡，敕其子无还天水。"

案：黄初中，不知为何年，姑系于末年。

5. 王肃为散骑黄门侍郎。

《三国志》卷一三《王肃传》："黄初中，为散骑黄门侍郎。"

案：不知具体何年，故系年于黄初末。

魏明帝

（公元227年—公元239年）

太和元年 丁未 公元227年（蜀后主建兴五年 吴大帝黄武六年）

1. 高堂隆为魏给事中、博士、驸马都尉。

《三国志》卷二五《高堂隆传》："王即尊位，是为明帝。以隆为给事中、博士、驸马都尉。"

2. 魏高柔请以学行优劣用博士。

《三国志》卷二四《高柔传》："高柔字文惠，陈留圉人也。……明帝即位，封柔延寿亭侯。时博士执经，柔上疏曰：'臣闻遵道重学，圣人洪训；褒文崇儒，帝者明义。昔汉末陵迟，礼乐崩坏，雄战虎争，以战陈为务，遂使儒林之群，幽隐而不显。太祖初兴，愍其如此，在于拨乱之际，并使郡县立教学之官。高祖即位，遂阐其业，兴复辟雍，州立课试，于是天下之士，复闻庠序之教，亲俎豆之礼焉。陛下临政，允迪睿哲，敷弘大猷，光济先轨，虽夏启之承基，周成之继业，诚无以加也。然令博士皆经明行修，一国清选，而使迁除年限不过长，惧非所以崇显儒术，帅励怠惰也。孔子称“举善而教不能则劝”，故楚礼申公，学士锐精，汉隆卓茂，搢绅竞慕。臣以为博士者，道之渊薮，六艺所宗，宜随学行优劣，待以不次之位。敦崇道教，以劝学者，于化为弘。’帝纳之。”

《三国志》卷一六《杜恕传》裴注：“（黄初中）于时太学初立，有博士十余人，学多褊狭，又不熟悉，略不亲教，备员而已。”

3. 魏华歆荐郑小同。

《后汉书》卷三五《郑玄传》：“玄唯有一子益恩，孔融在北海，举为孝廉；及融为黄巾所围，益恩赴难殒身。有遗腹子，玄以其手文似己，名之曰小同。”

《三国志》卷四《高贵乡公纪》引《郑玄别传》：“玄有子，为孔融吏，举孝廉。融之被围，往赴，为贼所害。有遗腹子，以丁卯日生，而玄乙卯岁生，故名曰小同。”裴注引《魏名臣奏》载太尉华歆表曰：“臣闻励俗宣化，莫先于表善，班禄叙爵，莫美于显能，是以楚人思子文之治，复命其胤，汉室嘉江公之德，用显其世。伏见故汉大司农北海郑玄，当时之学，名冠华夏，为世儒宗。文皇帝旌录先贤，拜玄嫡孙小同以为郎中，长假在家。小同年逾三十，少有令质，学综六经，行著乡邑。海、岱之人莫不嘉其自然，美其气量。迹其所履，有质直不渝之性，然而恪恭静默，色养其亲，不治可见之美，不竞人间之名，斯诚清时所宜式叙，前后明诏所斟酌而求也。”

案：建安元年（196）孔融失北海，故可定郑玄子益恩死于是年。益恩遗腹子不生于建安元年即生于建安二年，故至此年方为三十二三岁。如此推断，方不违史载，故系年于此。

4. 向秀约生于此年。

《晋书》卷四九《向秀传》：“向秀字子期，河内怀人也。清悟有远识，少为山涛所知，雅好老庄之学。”

5. 荀粲论《易》言不尽意，及与傅嘏论。

《三国志》卷一〇《荀彧传》裴注引何劭《荀粲传》：“粲字奉倩。粲诸兄并以儒术论议，而粲独好言道，常以为子贡称夫子之言性与天道，不可得闻，然而六籍虽存，固圣人之糠秕。粲兄俣难曰：‘《易》亦云圣人立象以尽意，系辞焉以尽言，则微言胡为不可得而闻见哉?’粲答曰：‘盖理之微者，非物象之所举也。今称立象以尽意，此非通于意外者也，系辞焉以尽言，此非言乎系表者也；斯则象外之意，系表之言，固蕴而不出矣。’及当时能言者不能屈也。又论父彧不如从兄攸。彧立德高整，轨仪以训物，而攸不治外形，慎密自居而已。粲以此言善攸，诸兄怒而不能回也。太和初，到京邑与傅嘏谈。嘏善名理而粲尚玄远，宗致难同，仓卒时或有格而不相得意。裴徽通彼我之怀，为二家骑驿，顷之，粲与嘏善。夏侯玄亦亲。常谓嘏、玄曰：‘子等在仕途间，功名必胜我，但识劣我耳!’嘏难曰：‘能盛功名者，识也。天下孰有本不足而末有余者耶?’粲曰：‘功名者，志局之所奖也。然则志局自一物耳，固非识之所独济也。我以能使子等为贵，然未必齐子等所为也。'"

《三国志》卷二一《傅嘏传》："傅嘏字兰石，北地泥阳人，傅介子之后也。伯父巽，黄初中为侍中尚书。嘏弱冠知名……嘏常论才性同异，钟会集而论之。"裴注引《傅子》："嘏友人荀粲，有清识远心，然犹怪之。谓嘏曰：'夏侯泰初一时之杰，虚心交子，合则好成，不合则怨至。二贤不睦，非国之利，此蔺相如所以下廉颇也。'嘏答之曰：'泰初志大其量，能合虚声而无实才。何平叔言远而情近，好辩而无诚，所谓利口覆邦国之人也。邓玄茂有为而无终，外要名利，内无关钥，贵同恶异，多言而妒前；多言多衅，妒前无亲。以吾观此三人者，皆败德也。远之犹恐祸及，况昵之乎？'"

太和二年 戊申 公元228年（蜀后主建兴六年 吴大帝黄武七年）

1. 六月，魏诏郡国贡士以经学为先。

《三国志》卷三《明帝纪》："（二年）六月，诏曰：'尊儒贵学，王教之本也。自顷儒官或非其人，将何以宣明圣道？其高选博士，才任侍中常侍者。申敕郡国，贡士以经学为先。'"

案：《汉晋学术编年》系此事于太和元年，今据《明帝纪》改。

2. 王朗卒。

《三国志》卷三《明帝纪》："（太和二年）十一月，司徒王朗薨。"

《三国志》卷一三《王朗传》："朗著《易》《春秋》《孝经》《周官传》，奏议论记，咸传于世。太和二年薨，谥曰成侯。"

儒学著述情况：

《易传》《孝经传》《周官传》，见《本传》。

《春秋左氏释驳》一卷，见《隋志》。

《春秋左氏传注》十二卷，见《隋志》。

案：王朗《易传》后立于魏学官；王肃《易注》也是在整理王朗《易传》的基础上形成的。

马国翰辑有《论语王氏说》一卷。

太和三年 己酉 公元229**年**（蜀后主建兴七年 吴大帝黄龙元年）

1. 王肃为魏散骑常侍。

《三国志》卷一三《王肃传》："太和三年，拜散骑常侍。"

2. 卫觊卒。

《三国志》卷二一《卫觊传》："卫觊字伯儒，河东安邑人也。少夙成，以才学称。太祖辟为司空掾属，除茂陵令、尚书郎。……明帝即位，进封阌乡侯，三百户。……受诏典著作，又为《魏官仪》，凡所撰述数十篇。好古文、鸟篆、隶草，无所不善。……觊薨，谥曰敬侯。"

儒学著述情况：

《孝经故》，见《经义考》卷二百二十二引。

《魏官仪》，见本传。

案：据《晋书·卫瓘传》："瓘年十岁丧父，至孝过人。"瓘被害于晋元康元年（291），时年七十二，逆推则其十岁时，当在是年，故系年于此。

3. 吴张昭著《春秋左氏传解》及《论语注》。

《三国志》卷五二《张昭传》："权既称尊号，昭以老病，上还官位及所统领。更拜辅吴将军，班亚三司，改封娄侯，食邑万户。在里宅无事，乃著《春秋左氏传解》及《论语注》。"

案：此年吴孙权称帝。

4. 吴张纮卒。

《三国志》卷五三《张纮传》："纮建计宜出都秣陵，权从之。令还吴迎家，道病卒。……时年六十卒。"

《建康实录》卷二："（黄龙元年）十一月，右长史张纮卒，遗令戒子孙无为不善。……及帝都秣陵，辞还东迎家，道病卒，年六十一。"

太和四年 庚戌 公元230**年**（蜀后主建兴八年 吴大帝黄龙二年）

1. 魏以董遇为大司农。

《三国志》卷一三《王肃传》裴注引《魏略》："黄初中，出为郡守。明帝时，入为侍中、大司农。数年，病亡。初，遇善治《老子》，为《老子》作训注。又善《左氏传》，更为作朱墨别传。人有从学者，遇不肯教，而云'必当先读百遍'。言'读书百遍而义自见'。从学者云'苦渴无日'，遇言'当以三余'。或问'三余'之意，遇言'冬者岁之余，夜者日之余，阴雨若时之余也'。由是诸生少从遇学，无传其朱墨者。"

案：据《汉晋学术编年》考证，常林于文帝时为大司农。明帝即位，进封高阳乡侯，徙光禄勋太常。太和二年梁习为大司农，四年薨。则明帝初相继为大司农者，即林与习也。又赵俨，齐王即位，始由大司农转征西将军。裴潜，明帝即位，入为尚书，出为河南尹，转太尉军师大司农，则非短时之事，故知明帝晚年相继为大司农者，裴潜、赵俨也。则梁习、裴潜当中之年，当即董遇为大司农之年，故置其事于此。今从其说。

儒学著述情况：

《周易章句》十二卷，见《经典释文·叙录》，《隋志》云十卷。马国翰辑有《周易董氏章句》一卷。

《春秋左氏传章句》三十卷，见《经典释文·叙录》及《隋志》。马国翰辑有《春秋左氏经传章句》一卷。

案：《魏略》称董遇为魏时儒宗。遇又为《老子》作注，可见其时学者，已是儒道兼修。

又时人周生烈，姓周生，名烈。《三国志》卷一三《王肃传》："自魏初徵士敦煌周生烈，明帝时大司农弘农董遇等，亦历注经传，颇传于世。"裴注："臣松之案：此人姓周生，名烈。何晏《论语集解》有烈《义例》，余所著述，见晋武帝《中经簿》。"又《隋书经籍志考证》云："字文逸，本姓唐，魏博士侍中。"

儒学著述情况：

《春秋左氏传注》《论语注》，见《经典释文·叙录》。马国翰辑有《论语周生氏义说》一卷。

《周生子要论》一卷，录一卷，见《隋志》。

2. 吴立都讲祭酒以教学诸子。

《三国志》卷四七《吴主权传》："（黄龙）二年春正月……诏立都讲祭酒，以教学诸子。"

3. 魏下诏以经试郎吏，罢黜浮华之士。

《三国志》卷三《明帝纪》："（太和）四年春二月壬午，诏曰：'世之质文，随教而变。兵乱以来，经学废绝，后生进取，不由典谟。岂训导未洽，将进用者不以德显乎？其郎吏学通一经，才任牧民，博士课试，擢其高第者，亟用；其浮华不务道本者，皆罢退之。'"

4. 钟繇卒。

《三国志》卷一三《钟繇传》："明帝即位，进封定陵侯，增邑五百，并前千八百户，迁太傅。…太和四年，繇薨。帝素服临吊，谥曰成侯。"

《三国志》卷三《明帝纪》卷三："（太和四年）夏四月，太傅钟繇薨。"

案：钟繇喜《春秋左氏传》而斥《公羊传》。据《三国志·裴潜传》裴注引《魏略列传》："（严）干从破乱之后，更折节学问，特善《春秋公羊》。司隶钟繇不好《公羊》而好《左氏》，谓《左氏》为太官，而谓《公羊》为卖饼家，故数与干共辩析长短。繇为人机捷，善持论，而干讷口，临时屈无以应。繇谓干曰：'公羊高竟为左丘明服矣。'干曰：'直故吏为明使君服耳，公羊未肯也。'"

《三国志·钟会传》云：钟会"十四诵成侯《易记》"。《世说新语》卷一刘孝标注引《魏志》曰："繇家贫好学，为《周易》《老子》训。"可见钟繇有易学著作一部，且其为《老子》作训，是儒道兼修。

又：钟繇两子钟毓、钟会均有易学著作。钟毓字稚叔，有《难管辂易义》，见《管辂传》；钟会有《周易尽神论》《〈周易〉

无互体论》。

5. 蜀张裔卒。

《三国志》卷四一《张裔传》："张裔字君嗣，蜀郡成都人也。治《公羊春秋》，博涉《史》《汉》。汝南许文休入蜀，谓裔干理敏捷，是中夏钟元常之伦也。……建兴八年卒。"

太和五年 辛亥 公元231**年**（蜀后主建兴九年 吴大帝黄龙三年）

魏华歆薨。

《三国志》卷一三《华歆传》："太和五年，歆薨，谥曰敬侯。"

太和六年 壬子 公元232**年**（蜀后主建兴十年 吴大帝嘉禾元年）

1. 魏张揖作《古今字诂》。

《太平御览》卷六五〇注引王隐《晋书》云："魏太和六年，博士河间张揖上《古今字诂》。"

张揖又著有《广雅》，《全三国文》收录张揖《上广雅表》云："夫《尔雅》之为书也，文约而义固；其陈道也，精研而无误。真七经之检度，学问之阶路，儒林之楷素也。若其包罗天地，纲纪人事，权揆制度，发百家之训诂，未能悉备也。臣揖体质蒙蔽，学浅词顽，言无足取；窃以所识，择撢群艺，文同义异，音转失读，八方殊语，庶物易名，不在《尔雅》者，详录品核，以著于篇。凡万八千一百五十文，分为上、中、下，以须方徕俊哲、洪秀伟彦之伦，扣其两端，摘其过谬，今得用谞，亦所企想也。”①

案：唐颜师古《前汉书·叙例》云：“张揖字稚让，清河人，一云河间人。魏太和中为博士。”清段玉裁为王念孙《广雅疏证》所作序有云：“稚让为魏博士，作《广雅》，盖魏以前经传谣俗之形音义，荟萃于是。不孰于古形、古音、古义，则其说之存者，无由甑综，其说之已亡者，无由比例推测。形失则谓《说文》之外，字皆可废，音失则惑于字母七音。犹治丝棼之，义失，则梏于《说文》所说之本义，而废其假借，又或言假借而昧其古音。是皆无与于小学者也。”

儒学著述情况：

《广雅》三卷、《埤仓》三卷、《古今字诂》三卷，见《隋志》。

《三仓训诂》三卷、《难字》一卷、《古文字训》二卷，见《新唐志》。

《错误字》一卷，见《隋志》，又见《册府元龟》卷六〇八。

《集古文》，见《通志·艺文略》卷六四。

2. 魏王肃议禘祫之礼。

《通典》卷四九：“魏明帝太和六年，尚书难王肃……武宣皇后于四年六月崩，至是年三月，有司以今年四月禘告。王肃议曰：‘今宜以崩年数。按《春秋》：鲁闵公二年夏，禘于庄

① 严可均：《全上古三代秦汉三国六朝文全》第二册，中华书局，1958年，第1276页。

公。是时缞绖之中，至二十五月大祥，便禘不复禫，故讥其速也。去四年六月，武宣皇后崩，二十六日晚葬除服即吉。四时之祭，皆亲行事。今当计始除服日数，当如礼，须到禫月乃禘。'赵怡等以为皇帝崩二十七月之后乃得祫禘。王肃又奏：如'郑玄言，各于其庙，则无以异四时常祀，不得谓之殷祭。以粢盛百物丰衍备具为殷之者，夫孝子尽心事亲，致敬于四时，比时具物，不可以不备。无缘俭于其亲，累年而后，一丰其馔。夫谓殷者，因以祖宗并陈昭穆皆列故也。设以为毁庙之主皆祭谓殷祭者，夫毁庙祭于太祖，而六庙独在其前，所不合宜，非事之理。近尚书难臣以《曾子问》'唯祫于太祖，群主皆从'，而不言禘，知禘不合食。臣答以为禘祫殷祭，群主皆合，举祫则禘可知。《论语》：'孔子曰：禘自既灌而往者，吾不欲观之矣。'所以特禘者，以禘大祭，故欲观其成礼也。禘祫大祭独举禘，则祫亦可知也。于《礼记》则以祫为大，于《论语》则以禘为盛，进退未知其可也。汉光武时言祭礼：以禘者，毁庙之主皆合于太祖，祫者，唯未毁之主合而已矣。郑玄以为：禘者，各于其庙，原其所以夏商。夏祭曰禘，然其殷祭亦名大禘，《商颂·长发》是大禘之歌也。至周改夏祭曰礿，以禘唯为殷祭之名。周公以圣德用殷之礼，故鲁人亦遂以禘为夏祭之名。是以《左传》所谓禘于武宫，又曰蒸尝禘于庙，是四时祀，非祭之禘也。郑斯失矣！至于经所谓禘者，则殷祭之谓。郑据《春秋》，与大义乖。"

3. 魏明帝下诏罢黜浮华之士。

《三国志》卷三《明帝纪》："（太和六年）秋七月，以卫尉董昭为司徒。"

《三国志》卷一四《董昭传》："太和四年，行司徒事，六年，拜真。昭上疏陈末流之弊曰：‘凡有天下者，莫不贵尚敦朴忠信之士，深疾虚伪不真之人者，以其毁教乱治，败俗伤化也。近魏讽则伏诛建安之末，曹伟则斩戮黄初之始。伏惟前后圣诏，深疾浮伪，欲以破散邪党，常用切齿；而执法之吏皆畏其权势，莫能纠擿，毁坏风俗，侵欲滋甚。窃见当今年少，不复以学问为本，专更以交游为业；国士不以孝悌清修为首，乃以趋势游利为先。合党连群，互相褒叹，以毁訾为罚戮，用党誉为爵赏，附己者则叹之盈言，不附者则为作暇衅。至乃相谓‘今世何忧不度邪，但求人道不勤，罗之不博耳；又何患其不知己矣，但当吞之以药而柔调耳’。又闻或有使奴客名作在职家人，冒之出入，往来禁奥，交通书疏，有所探问。凡此诸事，皆法之所不取，刑之所不赦，虽讽、伟之罪，无以加也。’帝于是发切诏，斥免诸葛诞、邓飏等。”

《三国志》卷九《曹爽传》：“南阳何晏、邓飏、李胜、沛国丁谧、东平毕轨咸有声名，进取于时，明帝以其浮华，皆抑黜之……”

案：魏明帝太和四年（230）和本年两番下诏罢黜浮华之士，可见其时学风之一斑。

4. 张华生。

《晋书》卷三五《张华传》：“张华字茂先，范阳方城人也。……华学业优博，辞藻温丽，朗赡多通，图纬方技之书莫不详览。少自修谨，造次必以礼度。勇于赴义，笃于周急。……郡守鲜于嗣荐华为太常博士。卢钦言之于文帝，转河南尹丞，未拜，除佐著作郎。”

案：据《晋书》本传，张华于晋惠帝永康元年（300）被害，时年六十九，逆推生于是年。

青龙元年 癸丑 公元233**年**（蜀后主建兴十一年 吴大帝嘉禾二年）

1. 虞翻卒。

《三国志》卷五七《虞翻传》："在南十余年，年七十卒。归葬旧墓，妻子得还。"

儒学著述情况：

《周易注》十卷，见《经典释文·叙录》。

《周易日月变例》六卷，虞翻、陆绩同撰，见《隋志》。

《京氏易律历注》一卷、《周易集林律历》一卷，见《隋志》。

《扬子太玄经注》十四卷，见《隋志》。

《孝经注》，见唐玄宗《孝经序注》，又见《经义考》卷二二二。

《论语注》十卷，见《经典释文·叙录》。

《郑注五经违失事因》，见本传。

《春秋外传国语注》二十一卷，见《隋志》。

案：据钱大昕《疑年录》，虞翻卒于是年。虞翻有《老子注》二卷，可见虞翻也是儒道并修。

2. 蜀陈寿生。

《晋书》卷八二《陈寿传》："陈寿字承祚，巴西安汉人也。少好学，师事同郡周，仕蜀为观阁令史。"

《华阳国志》卷一一《后贤志》："陈寿，字承祚，巴西安汉人也。少受学于散骑常侍谯周，治《尚书》、'三传'，锐精《史》《汉》。"

案：据《晋书》本传云其卒于元康七年（297），时年六十五岁，逆推其生年，系于此。

青龙二年 甲寅 公元234**年**（蜀后主建兴十二年 吴大帝嘉禾三年）

1. 王戎生。

《晋书》卷四三《王戎传》：“王戎字濬冲，琅琊临沂人也。……戎幼而颖悟，神彩秀彻。”

案：据《晋书》本传：“永兴二年，薨于郏县，时年七十二，谥曰元。”逆推知其生于是年。

2. 魏王肃上疏请山阳公称皇配谥。

《三国志》卷一三《王肃传》：“青龙中，山阳公薨，汉主也。肃上疏曰：‘昔唐禅虞，虞禅夏，皆终三年之丧，然后践天子之尊。是以帝号无亏，君礼犹存。今山阳公承顺天命，允答民望，进禅大魏，退处宾位。公之奉魏，不敢不尽节。魏之待公，优崇而不臣。既至其薨，榇敛之制，舆徒之节，皆同之于王者，是故远近归仁，以为盛美。且汉总帝皇之号，号曰皇帝。有别称帝，无别称皇，则皇是其差轻者也。故当高祖之时，士无二王，其父见在而使称皇，明非二王之嫌也。况今以赠终，可使称皇以配其谥。’明帝不从使称皇，乃追谥曰汉孝献皇帝。”

《后汉书》卷九《献帝纪》：“魏青龙二年三月庚寅，山阳公薨。自逊位至薨，十有四年，年五十四，谥孝献皇帝。”

3. 诸葛亮卒。

《三国志》卷三五《诸葛亮传》：“诸葛亮字孔明，琅琊阳都人也。……（建兴十二年八月）亮疾病，卒于军，时年五十四。”

4. 蜀尹默为太中大夫。

《三国志》卷四二《尹默传》：“丞相亮住汉中，请为军祭酒。亮卒，还成都，拜太中大夫，卒。子宗传其业，为博士。”

案：尹默曾游学荆州，精于《左氏春秋》，

5. 蜀蒋琬以谯周为益州典学从事。

《三国志》卷四二《谯周传》：“大将军蒋琬领刺史，徙为典学从事，总州之学者。”

案：据《三国志·蒋琬传》，是年，诸葛亮卒，蒋琬为尚书令，俄而加行都护，假节，领益州刺史，故系年于此。

青龙三年 乙卯 235 **年**（蜀后主建兴十三年 吴大帝嘉禾四年）

唐彬生。

《晋书》卷四二《唐彬传》：“唐彬字儒宗，鲁国邹人也。……晚乃敦悦经史，尤明《易经》，随师受业，还家教授，恒数百人。……彬初受学于东海阎德，门徒甚多，独目彬有廊庙才。”

案：据本传，唐彬元康四年（294）卒于官，时年六十，逆推知其生于本年。

青龙四年 丙辰 236 **年**（蜀后主建兴十四年 吴大帝嘉禾五年）

1. 魏置崇文观，王肃为祭酒。

《三国志》卷一三《王肃传》："后肃以常侍领秘书监，兼崇文观祭酒。"

《三国志》卷三《明帝纪》："（青龙四年），夏四月，置崇文观，征善属文者以充之。"

又《太平御览》卷二三三："青龙之末，主者诏选秘书监，诏秘书驺吏以上三百余人，非但学问义理，当用有威严能检下者，诏肃以常侍领焉。又肃论秘书不应属少府，表曰：'魏之秘书，即汉之东观，郡国称敢言之上东观。且自大魏分秘书而为中书以来，传续相继，于今三监，未有隶名于少府者也。今欲使臣编名驺隶，言事于外府，不亦瘝朝章而辱国典乎？太和之中，兰台秘书争议三府奏议，秘书司先王之载籍，掌制书之典谟，与中书相亚，宜与中书为官联。'"

2. 魏以高堂隆为侍中。

《三国志》卷二五《高堂隆传》："青龙中，大治殿舍，西取长安大钟。隆上疏曰：……帝称善。迁侍中，犹领太史令。"

《三国志》卷三《明帝纪》："是时（青龙三年），大治洛阳宫，起昭阳、太极殿、筑总章观。百姓失农时，直臣杨阜、高堂隆等各数切谏，虽不能听，常优容之。"

3. 吴张昭卒。

《三国志》卷五二《张昭传》："年八十一，嘉禾五年卒。遗令幅巾素棺，敛以时服。权素服临吊，谥曰文侯。"

著有《论语注》《春秋左氏传解》，见本传。

案：据《建康实录》卷二："（昭）在宅无事，尝著《春秋左氏传解》及《论语》《孝经注》。"可见张昭尚有《孝经注》。

景初元年 丁巳 公元237年（蜀后主建兴十五年 吴大帝嘉禾六年）

魏王肃议司徒陈矫服。

《通典》卷六九："司徒广陵陈矫，字季弼，本刘氏养于陈氏，及其薨，刘氏弟子疑所服，以问王肃。肃答曰：'昔陈司徒丧母，诸儒陈其子无服，甚失礼矣。为外祖父母小功，此以异姓而有服者，岂不以母之所生反重于父之所生，不亦左乎！为人后者，其妇为舅姑大功。妇他人也，犹为夫故，父母降一等。祖至亲也，而可以无服乎？推父降一等，则子孙宜依本亲而降一等。'"

案：《三国志》卷二二《陈矫传》："景初元年薨，谥曰贞侯。"又裴注引《魏氏春秋》曰："矫本刘氏子，出嗣舅氏而婚于本族。"故王肃议礼当于此年。

景初二年 戊午 238年（蜀后主延熙元年 吴大帝赤乌元年）

1. 魏选新学从老儒受业，高堂隆卒。

《三国志》卷二五《高堂隆传》："始，景初中，帝以苏林、秦静等并老，恐无能传业者。乃诏曰：'昔先圣既没，而其遗言余教，著于六艺。六艺之文，礼又为急，弗可斯须离者也。

末俗背本，所由来九。故闵子讥原伯之不学，荀卿丑秦世之坑儒，儒学既废，则风化曷由兴哉？方今宿生巨儒，并各年高，教训之道，孰为其继？昔伏生将老，汉文帝嗣以晁错；《谷梁》寡畴，宣帝承以十郎。其科郎吏高才解经义者三十人，从光禄勋隆、散骑常侍林、博士静，分受四经三礼，主者具为设课试之法。夏侯胜有言：'士病不明经术，经术苟明，其取青紫如俯拾地芥耳'。今学者有能究极经道，则爵禄荣宠，不期而至。可不勉哉！"

《三国志》卷二五《高堂隆传》："隆卒，遗令薄葬，敛以时服。初，太和中，中护军蒋济上疏曰'宜遵古封禅'。诏曰：'闻济斯言，使吾汗出流足。'事寝历岁，后遂议修之，使隆撰其礼仪。帝闻隆没，叹息曰：'天不欲成吾事，高堂生舍我亡也。'子琛嗣爵。"

2. 魏以嵇康为浔阳长。

《北堂书钞》卷一〇〇《叹赏二十一》"其人安在，吾欲擢之"条下注引《嵇康集》曰："康著《游山吟》，魏明帝异其文词，问左右曰：'斯人安在，吾欲擢之。'遂起家为浔阳长。"

案：明帝卒于明年，其擢嵇康，至迟当于此年前后，故系年于此。

3. 蜀以李譔为太子庶子。

《三国志》卷四二《李　传》："李譔字钦仲，梓潼涪人也。父仁，字德贤，与同县尹默俱游荆州，从司马徽、宋忠等学。譔具传其业，又从默讲论义理，五经、诸子，无不该览，加博好技艺，算术、卜数、医药、弓弩、机械之巧，皆致思焉。始为州书佐、尚书令史。延熙元年，后主立太子，以譔为庶子，迁为仆射，转中散大夫、右中郎将，犹侍太子。”

4. 蜀以谯周为太子家令。

《三国志》卷四二《谯周传》：“后主立太子，以周为仆，转家令。……后迁光禄大夫，位亚九列。周虽不与政事，以儒行见礼，时访大议，辄据经以对，而后生好事者亦咨问所疑焉。”

景初三年 己未 公元239年（蜀后主延熙二年 吴大帝赤乌二年）

1. 明帝崩，司马懿、曹爽秉政。

《三国志》卷三《明帝纪》：“（景初）三年春正月丁亥……即日，帝崩于嘉福殿，时年三十六。癸丑，葬高平陵。”

《三国志》卷四《齐王纪》：“景初三年正月丁亥朔，帝病甚，乃立为皇太子。是日，即皇帝位，大赦。……大将军曹爽、太尉司马宣王辅政。”

2. 魏刘劭著《乐论》。

《三国志》卷二一《刘劭传》：“又以为宜制礼作乐，以移风俗，著《乐论》十四篇，事成未上。会明帝崩，不施行。”

3. 魏王肃议明帝丧礼。

《通典》卷七九：“景初中，明帝崩于建始殿，殡于九龙殿，尚书访曰：‘当以明皇帝谥告四祖，祝文于高皇，称玄孙之子，云何?’王肃曰：‘礼称曾孙某，谓国家也。荀爽、郑玄说皆云天子诸侯事曾祖以上，皆称曾孙。’又访：‘案汉既葬，容衣还。儒者以为宜如文皇帝故事，以存时所服。’王肃曰：‘礼虽无容衣之制，今须容衣还而后虞祭，宜依尸服卒者上服之制，生时亵服，可随所存。至于制度，则不如礼。孔子曰：“祭之以礼。”亦为此也。诸侯之上服，则今服也。天子不为命服，然亦所以命服之上也。案汉氏西京故事，月游衣冠，则容衣也。言冠以正服不以亵衣也。’尚书又访：‘容衣还，群臣故当在帐中，常填卫见。’王肃曰：‘礼不墓祭，而汉氏正月上陵。神座在西序东向，百辟计吏，前告郡之谷价，人之疾苦，欲先帝魂灵闻知。时蔡邕以为礼有烦而不可去，事亡如存。况今无填卫之禁，而合于如事存之意。可见于门内，拜讫，入帐，临乃除服。’”

4. 荀勖为大将军掾。

《晋书》卷三九《荀勖传》：“荀勖字公曾，颍川颍阴人，汉司空爽曾孙也。……年十余岁能属文。从外祖魏太傅钟繇曰：‘此儿当及曾祖。’既长，遂博学，达于从政。仕魏，辟大将军曹爽掾，迁中书通事郎。爽诛，门生故吏无敢往者，勖独临赴，众乃从之。”

5. 卫瓘为尚书郎。

《晋书》卷三六《卫瓘传》：“卫瓘字伯玉，河东安邑人也。高祖暠，汉明帝时，以儒学自代郡征……父觊，魏尚书。瓘年十岁丧父，至孝过人。性贞静有名理，以明识清允称。……弱冠为魏尚书郎。”

案：据本传载，卫瓘卒于元康元年（291），时年七十二，故其弱冠之岁，当在是年。

齐王芳

（公元240年　公元253年）

正始元年 庚申 公元240**年**（蜀后主延熙三年 吴大帝赤乌三年）

1. 魏王肃出为广平太守。

《三国志》卷一三《王肃传》："正始元年，出为广平太守。"

2. 魏以荀顗为散骑侍郎。

《晋书》卷三九《荀顗传》："荀顗字景倩，颍川人，魏太尉彧之第六子也。幼为姊婿陈群所赏。性至孝，总角知名，博学洽闻，理思周密。魏时以父勋除中郎。宣帝辅政，见觊奇之，曰'荀令君之子也'。擢拜散骑侍郎，累迁侍中。为魏少帝执经，拜骑都尉，赐爵关内侯。难钟会《易》无互体，又与扶风王骏论仁孝孰先，见称于世。"

案：是年，齐王芳即位，以曹爽和司马懿辅政，故系年于此。

3. 吴以薛综为选曹尚书。

《三国志》卷五三《薛综传》："薛综字敬文，沛郡竹邑人也。少依族人避地交州，从刘熙学。……赤乌三年，徙选曹尚书。"裴注引《吴书》云："综少明经，善属文，有秀才。"

正始二年 辛酉 公元241**年**（蜀后主延熙四年 吴大帝赤乌四年）

1. 魏主齐王通《论语》，祭孔。

《三国志》卷四《齐王纪》：“（正始）二年春二月，帝初通《论语》，使太常以太牢祭孔子于辟雍，以颜渊配。”

又《宋书·礼志》：“魏齐王正始中，齐王每讲经遍，辄使太常释奠先圣先师于辟雍，弗躬亲。”

2. 魏立三字石经。

《隋志》：“魏正始中，又立三字石经，相承以为七经正字。”

《水经注·谷水注》云：“魏正始中，又立古、篆、隶三字石经。”

《三字石经尚书》九卷，梁有十三卷，见《隋志》。

《三字石经春秋》三卷，梁有十二卷，见《隋志》。

案：《汉晋学术编年》云：“自汉立石经之后，仅八年而遭董卓之乱，宫阙宗庙，尽为灰烬，碑遂零落不全。至是振兴文教，重开篆科隶三种。”① 但正始六年为记立石经之年。今学者以1957年6月在西安市青年路西段所出魏石经残石有“始二年三”字样②，认为“至迟于正始二年石经已经刊刻上石了”。③ 今从正始二年说。

又《晋书》卷三六《卫恒传》：“魏初传古文者，出于邯郸

① 刘汝霖：《汉晋学术编年》卷六，中华书局，1986年，第168页。

② 《魏三体石经在长安出土》，《文物参考资料》1957年9期，第78~79页。

③ 王志平：《中国学术史：三国两晋南北朝卷》，江西教育出版社，2001年，第91页。

淳。恒祖敬侯写淳《尚书》，后以示淳，而淳不别。至正始中，立三字石经，转失淳法，因科斗之名，遂效其形。”关于魏石经所用典籍版本、文字书写者等，王国维《魏石经考》《魏正始石经残石考》，罗振玉《魏正始石经残石跋》，章太炎《新出三体石经考》，孙海波《魏三字石经集录》，吕振端《魏三体石经残字集证》等做了详细考证。近人王志平等在前人研究的基础上，认为“魏石经古文《尚书》出于邯郸淳一系，而古文《春秋经》及《左传》出自乐详一系”。①

3. 管宁卒。

《三国志》卷一一《管宁传》：“正始二年，太仆陶丘一、永宁卫尉孟观、侍中孙邕、中书侍郎王基荐宁……于是特具安车蒲轮，束帛加璧聘焉。会宁卒，时年八十四。拜子邈郎中，后为博士。”

4. 吴诸葛瑾卒。

《三国志》卷五二《诸葛瑾传》：“诸葛瑾字子瑜，琅琊阳都人也。汉末避难江东。……赤乌四年，年六十八卒，遗命令素棺敛以时服，事从省约。”

案：据本传裴注引《吴书》曰：“瑾少游京师，治《毛诗》《尚书》《左氏春秋》。遭母忧，居丧至孝，事继母恭谨，甚得人子之道。”

---

① 王志平：《中国学术史：三国两晋南北朝卷》，江西教育出版社，2001年，第106页。

正始三年 壬戌 公元 242 **年**（蜀后主延熙五年 吴大帝赤乌五年）

1. 阮籍为太尉府掾属。

《晋书》卷四九《阮籍传》："太尉蒋济闻其有隽才而辟之，籍诣都亭奏记曰：'伏惟明公以含一之德，据上台之位，英豪翘首，俊贤抗足。开府之日，人人自以为掾属；辟书始下，而下走为首。……今籍无邹卜之道，而有其陋，猥见采择，无以称当。方将耕于东皋之阳，输黍稷之余税。负薪疲病，足力不强，补吏之召，非所克堪。乞回谬恩，以光清举。'初，济恐籍不至，得记欣然。遣卒迎之，而籍已去，济大怒。于是乡亲公喻之，乃就吏。后谢病归。"

《三国志》卷四《齐王芳纪》："（正始三年秋七月）乙酉，以领军将军蒋济为太尉。"

案：是年，蒋济为太尉，故系年于此。

2. 吴以阚泽为太子太傅。

《三国志》卷五三《阚泽传》："阚泽字德润，会稽山阴人也。家世农夫，至泽好学，居贫无资，常为人佣书，以供纸笔，所写既毕，诵读亦遍。追师论讲，究览群籍，兼通历数，由是显名。……赤乌五年，拜太子太傅，领中书如故。泽以经传文多，虽得尽用，乃斟酌诸家，刊约《礼》文及诸注说以授二宫，为制行出入及见宾仪，又著《乾象历注》以正时日。"

阚泽曾议佛教诸事：《广弘明集》卷一《吴主叙佛道三宗》（引《吴书》）："（赤乌四年）下敕问尚书令阚泽曰：'汉明已来凡有几年，佛教入汉既久，何缘始至江东？'泽曰：'自汉明永平十年，佛法初来，至今赤乌四年，则一百七十年矣。初，永平十四年，五岳道士与摩滕角力之时，道士不如，南岳道士褚善信、费叔才等在会，自憾而死，门徒弟子归葬南岳，不预出家，无人流布。后遭汉政陵迟，兵戎不息，经今多载，始得兴行。’又曰：‘孔丘、李老得与佛比对不？’泽曰：‘臣闻鲁孔君者，英才诞秀，圣德不群，世号素王。制述经典，训奖周道，教化来叶，师儒之风，泽润今古；亦有逸民知许成子、原阳子、庄子、老子等百家子书，皆休身自玩，放畅山谷，纵佚其心，学归澹泊，事乖人伦长幼之节，亦非安俗化民之风。至汉景帝以黄子、老子义体尤深，改子为经，始立道学，敕令朝野，悉讽诵之。若以孔老二教比方佛法，远则远矣。所以然者，孔老二教，法天制用，不敢违天；诸佛设教，天法奉行，不敢违佛。以此言之，实非比对。’吴主大悦，以泽为太子太傅。”

《佛祖历代通载》卷五同。

3．吴以薛综为太子少傅。

《三国志》卷五三《薛综传》：“五年，为太子少傅，领选职如故。”裴注引《吴书》曰：“后权赐综紫绶囊，综陈让紫色非所宜服，权曰：‘太子年少，涉道日浅，君当博之以文，约之以礼，茅土之封，非君而谁？’是时综以名儒居师傅之位，仍兼选举，甚为优重。”

正始四年 癸亥 公元 243 **年**（蜀后主延熙六年 吴大帝赤乌六年）

1. 魏王弼拜谒裴徽，与之论孔圣与老子关于“无”的学说。

《三国志》卷二八《钟会传》裴注引何劭《王弼传》：“时裴徽为吏部郎，弼未弱冠，往造焉。徽一见而异之，问弼曰：‘夫无者诚万物之所资也。然圣人莫肯致言，而老子申之无已者何？’弼曰：‘圣人体无，无又不可以训，故不说也。老子是有者也，故恒言无所不足。’”

案：据《汉晋学术编年》引《三国志》裴注《管辂别传》以安平赵孔曜荐辂于冀州刺史裴徽时，辂年三十六；管辂卒于甘露二年（257），时年四十八；由此逆推，管辂年三十六被召为裴徽文学从事当在公元 244 年，即正始五年，此年裴徽已去吏部之职为冀州刺史，故王弼见裴徽当在此之前。又王弼未弱冠之时，为其上限。故系年于此，今从。

2. 王肃为太常。

《三国志》卷一三《王肃传》：“公事征还，拜议郎。顷之，为侍中，迁太常。时大将军曹爽专权，任用何晏、邓飏等。肃与太尉蒋济、司农桓范论及时政，肃正色曰：‘此辈即弘恭、石显之属，复称说邪！’”

3. 吴阚泽卒。

《三国志》卷五三《阚泽传》：“（赤乌）六年冬卒，权痛惜感悼，食不进者数日。”裴注引《吴录》曰：“虞翻称泽曰‘阚生矫杰，盖蜀之扬雄。’又曰：‘阚子儒术德行，亦今之仲舒也。'"

著有《乾象历》三卷，见《隋志》。

4. 吴薛综卒。

《三国志》卷五三《薛综传》："（赤乌）六年春，卒。凡所著诗赋难论数万言，名曰《私载》，又定《五宗图述》《二京解》，皆传于世。"

著有《五宗图述》《二京解》，见本传。《五宗图》一卷，马国翰辑。云：汉郑元撰，吴薛综述。

正始五年 甲子 公元244年（蜀后主延熙七年 吴大帝赤乌七年）

1. 齐王通《尚书》，祭孔。

《三国志》卷四《齐王纪》："（正始五年）五月癸巳，讲《尚书》经通，使太常以太牢祀孔子于辟雍，以颜渊配；赐太傅、大将军及侍讲者各有差。"

2. 蜀以文立为州从事。

《晋书》卷九一《文立传》："文立字广休，巴郡临江人也。蜀时游太学，专《毛诗》、"三礼"，师事谯周，门人以立为颜回，陈寿、李虔为游、夏，罗宪为子贡。"

案：《三国志》卷四四《费祎传》："（延熙七年）琬固让州职，祎复领益州刺史。"《华阳国志》卷一一《后贤志》："州刺史费祎命为从事，入为尚书郎。"故录于此年。

3. 王弼与何晏论学。

《三国志》卷二八《钟会传》裴注引何劭《王弼别传》："（弼）寻亦为傅嘏所知。于时何晏为吏部尚书，甚奇弼，叹之曰：'仲尼称后生可畏，若斯人者，可与言天人之际乎！'"

《世说新语·文学》云："何晏为吏部尚书，有位望。时谈客盈坐，王弼未弱冠，往见之。晏闻弼名，因条向者胜理语弼曰：'此理仆以为理极，可得复难不？'弼便作难，一坐人便以为屈；于是弼自为客主数番，皆一坐所不及。"

案：王弼与裴徽相见，即崭露头角，寻亦为傅嘏、何晏等正始名士相知，又时当王弼未满二十岁之前，故系其与何晏相见论学之年于此。

4. 裴徽辟管辂为文学从事。

《三国志》卷二九《管辂传》："管辂字公明，平原人也。……安平赵孔曜荐辂于冀州刺史裴徽曰：……徽于是辟为文学从事，引与相见，大善友之。"裴注引《管辂别传》："（辂）父为琅琊即丘长，时年十五，来至官舍读书。始读《诗》《论语》及《易》本，……利漕民郭恩，字义博，有才学，善《周易》《春秋》，又能仰观。辂就义博读《易》，数十日中，意便开发，言难逾师。"

案：据本传注引《管辂别传》孔曜荐词有："平原管辂字公明，年三十六，雅性宽大，与世无忌，可谓士雄。"则孔曜荐管辂于裴徽当在管辂三十六岁之年，辂卒于甘露元年（256），时年四十八；逆推，故系年于此。

正始六年 乙丑 公元245**年**（蜀后主延熙八年 吴大帝赤乌八年）

1. 魏立王朗《易传》于学官。

《三国志》卷四《齐王纪》："（正始六年）十二月辛亥，诏故司徒王朗所作《易传》，令学者得以课试。"

2. 何晏等上《论语集解》。

《晋书》卷三三《郑冲传》："初，冲与孙邕、曹羲、荀顗、何晏共集《论语》诸家训注之善者，记其姓名，因从其义，有不安者辄改易之，名曰《论语集解》。成，奏之魏朝，于今传焉。"

《经典释文·叙录》云："何晏集孔安国、包咸、周氏、马融、郑玄、陈群、王肃、周生烈之说，并下己意为集解。正始中上之，盛行于世，今以为主。"

《论语集解义疏·叙》载晏自叙云："汉中垒校尉刘向言：《鲁论语》二十篇，皆孔子弟子记诸善言也。太子太傅夏侯胜、前将军萧望之、丞相韦贤及子玄成等传之。《齐论语》二十二篇，其二十篇中，章句颇多于《鲁论》，琅邪王卿及胶东庸生、昌邑中尉王吉皆以教授。故有《鲁论》，有《齐论》。鲁共王时，尝欲以孔子宅为宫，坏，得《古文论语》。《齐论》有《问王》《知道》，多于《鲁论》二篇。《古论》亦无此二篇，分《尧曰》下章《子张问》以为一篇，有两《子张》，凡二十一篇，篇次不与齐、鲁《论》同。安昌侯张禹本受《鲁论》，兼讲齐说，善者从之，号曰《张侯论》，为世所贵。包氏、周氏章句出焉。《古论》唯博士孔安国为之训解，而世不传。至顺帝时，南郡太守马融亦为之训说。汉末，大司农郑玄就《鲁论》篇章，考之齐、古，为之注。近故司空陈群、太常王肃、博士周生烈皆为义说。前世传授，师说虽有异同，不为训解。中间为之训解，至于今多矣。所见不同，互有得失。今集诸家之善说，记其姓名，有不安者，颇为改易，名曰《论语集解》。光禄大夫关内侯臣孔邕、光禄大夫臣郑冲、散骑常侍中领军安乡亭侯臣曹羲、侍中臣荀　、尚书驸马都尉关内侯臣何晏等上。”

案：《汉晋学术编年》以《论语集解·自叙》中诸人官职考之，认为“考肃于正始中为太常，坐宗庙事免，后为光禄勋。其免太常之年虽不见于《魏志》，然《齐王纪》称是年高柔由太常为司空，《高柔传》称柔为太常仅旬日。则太常一职之更动，必在早年。晏上此书，至晚必在此年，故志之于此”。①

由上引史料可见，《论语集解》由何晏、曹羲、孙邕、荀顗、郑冲五人编撰而成。其后，有梁皇侃为之作义疏，即《论语集解义疏》；北宋邢昺为之作正义。南宋后，《论语集解》单行本就已不多见，清修《四库全书》就未收录。今存《论语集解》单行本，一是唐文宗开成二年（837）刻撰的《开成石经论语》十卷，唯刻正文，无注文。民国时期张宗昌曾将其摹刻印行，今存。另一种是叶德辉从日本购得的正平本《论语集解》，正注文齐全。据孙钦善先生研究，“正平本正文注文多同皇疏底本《集解》，而与邢疏底本《集解》多异。正平本与皇疏底本《集解》尽管多同，但两者的同异情况错综复杂……这些情况说明正平本渊源有自，是一个自成系统的单集解本，而

①　刘汝霖：《汉晋学术编年》卷六，中华书局，1986年，第168页。

并非出自皇疏本”。[①]

3. 魏刘靖上疏陈儒训之本。

《三国志》卷一五《刘馥传》：“馥子靖，……母丧去官，后为大司农卫尉，进封广陆亭侯，邑三百户。上疏陈儒训之本曰：‘夫学者，治乱之轨仪，圣人之大教也。自黄初以来，崇立太学二十余年，而寡有成者，盖由博士选轻，诸生避役，高门子弟，耻非其伦，故无学者。虽有其名而无其人，虽设其教而无其功。宜高选博士，取行为人表，经任人师者，掌教国子。依遵古法，使二千石以上子孙，年从十五，皆入太学。明制黜陟荣辱之路；其经明行修者，则进之以崇德；荒教废业者，则退之以惩恶；举善而教不能则劝，浮华交游，不禁自息矣。阐弘大化，以绥未宾；六合承风，远人来格。此圣人之教，致治之本也。’”

案：此处《汉晋学术编年》作刘馥上疏，据史传，应作刘馥之子刘靖上书，刘馥卒于建安十三年，而疏中明言“自黄初以来，崇立太学，二十余年”，故改。

正始七年 丙寅 公元246年（蜀后主延熙九年 吴大帝赤乌九年）

1. 齐王芳通《礼记》，祀孔子，以颜渊配飨。

《三国志》卷四《齐王纪》：“（正始七年）冬十二月，讲《礼记》通，使太常以太牢祀孔子于辟雍，以颜渊配。”

---

① 孙钦善：《〈论语〉的成书流传和整理》，《北京大学古文献研究所集刊》第一册，北京燕山出版社，1999年，第21页。

2. 刘劭执经讲学，赐爵关内侯。

《三国志》卷二一《刘劭传》：“正始中。执经讲学，赐爵关内侯。凡所撰述，《法论》《人物志》之类百余篇。卒，追赠光禄勋。”

儒学著述情况：

《乐论》十四篇，见本传。

《孝经注》一卷，见《经典释文·叙录》。

《尔雅注》，见《初学记·岁时部》卷三引。

《人物志》三卷，见《隋志》。

《法论》，见本传。

案：刘劭生卒年，史书无载。《中国学术思想编年》以其同时代缪袭年六十，卒于正始六年，系其卒年为正始六年前后。[1]《中古文学系年》云：“劭卒年无考，大约在正始末年（二四五年左右）罢?”[2] 今姑系年于此。

又案：钱穆以刘劭《人物志》为“一部将两汉学术思想开辟到另一新方向之书”。并以为“刘劭所用‘平淡’二字，明是老庄思想；但其用‘中庸’二字，则自儒家来。刘劭将此儒、道二家思想配合而自创一新说，此在汉儒中甚少见”。[3] 刘昞著有《人物志注》流传至今。

① 刘学智、徐兴海：《中国学术思想编年：魏晋南北朝卷》，陕西师范大学出版社，2006年，第61页。

② 陆侃如：《中古文学系年》（下），人民文学出版社，1985年，第532页。

③ 钱穆：《略述刘劭〈人物志〉》，见《中国学术思想史论丛》卷三，安徽教育出版社，2004年，第55页。

3. 吴相步骘教诲门生。

《三国志》卷五二《步骘传》："步骘字子山，临淮淮阴人也。世乱，避难江东，单身穷困，与广陵卫旌同年相善，俱以种瓜自给，昼勤四体，夜诵经传。……赤乌九年，代陆逊为丞相，犹诲育门生，手不释书，被服居处有如儒生。"

4. 蜀蒋琬卒。

《三国志》卷四四《蒋琬传》："蒋琬字公琰、零陵湘乡人也。……既转增剧，至九年卒，谥曰恭。"

著有《丧服要记》一卷，见《隋志》。

正始八年 丁卯 公元247**年**（蜀后主延熙十年 吴大帝赤乌十年）

1. 阮籍为魏尚书郎，与王戎为友。

《晋书》卷四九《阮籍传》："复为尚书郎，少时，又以病免。"

《晋书》卷四三《王戎传》："阮籍与（王）浑为友。戎年十五，随（王）浑在郎舍。戎少籍二十岁，而籍与之交。籍每适浑，俄顷辄去，过视戎，良久然后出。谓浑曰：'濬冲清贞，非卿伦也。共卿言，不如共阿戎谈。'"

《世说新语·简傲》篇引《竹林七贤论》曰："初，籍与戎父浑俱为尚书郎，每造浑，未坐安，辄曰：'与卿语不如与阿戎语。'就戎必日夕而返。籍长戎二十岁，相得如时辈。"

案：阮籍为尚书郎当在王戎十五岁左右，与其父王浑同为尚书郎。又据《王戎传》，戎卒于晋永兴二年（305），时年七十二，其十五岁时当为正始九年（248），故《汉晋学术编年》系阮籍为尚书郎于是年，今从。

2. 钟会为魏尚书中书侍郎。

《三国志》卷二八《钟会传》："正始中，以为秘书郎，迁尚书中书侍郎。"

《三国志》卷二八《钟会传》裴注引钟会母传："正始八年，会为尚书郎，夫人执会手而诲之。"

3. 射慈为吴中书郎。

《经典释文·叙录》云："（射慈）字孝宗，彭城人，吴中书侍郎，齐王傅。"

《三国志》卷五九《孙奋传》："傅相谢慈等谏（孙）奋，奋杀之。"裴注云："慈字孝宗，彭城人，见《礼论》，撰《丧服图》及《变除》行于世。"

儒学著述情况：

《礼记音》一卷，见《经典释文·叙录》。

《丧服变除图》五卷，见《隋志》。马国翰辑有《丧服变除图》一卷。

《丧服天子诸侯图》二卷。《旧唐志》云：谢慈。

案：据《三国志》卷四八《孙休传》："（孙休）年十三，从中书郎射慈、郎中盛冲受学。"又孙休本传云其薨于永安七年（264）秋七月，时年三十，故逆推其年十三从射慈受学，当在此年。谢慈此年为中书郎。又孙奋于吴太元二年（252）为齐王，谢慈为齐王傅当在252年之后，后为孙奋所杀。

4. 蜀向朗卒。

《三国志》卷四一《向朗传》:“向朗字巨达，襄阳宜城人也。……初，朗少时虽涉猎文学，然不治素俭，以吏能见称。自去长史，优游无事垂三十年，乃更潜心典籍，孜孜不倦。年逾八十，犹手自校书，刊定谬误，积聚篇卷，于时最多。……延熙十年卒。”

案：本传裴注引《襄阳记》曰：“朗上师事司马德操，与徐元直、韩德高、庞士元皆亲善。”则向朗习古文经。

正始九年 戊辰 公元248年（蜀后主延熙十一年 吴大帝赤乌十一年）

1. 魏王弼为尚书郎。

《三国志》卷二八《钟会传》裴注引何劭《王弼传》:“正始中，黄门侍郎累缺。晏既用贾充、裴秀、朱整，又议用弼。时丁谧与晏争衡，致高邑王黎于曹爽，爽用黎。于是以弼补台郎。”

《三国志》卷二八《钟会传》:“初，会弱冠于山阳王弼并知名。弼好论儒道，辞才逸辩，注《易》及《老子》，为尚书郎。”

案：据《汉晋学术编年》考证，王弼补台郎与裴秀等为黄门侍郎同时。据《三国志·裴潜传》裴注引《文章叙录》曰：（裴秀）“年二十五，迁黄门侍郎。……年四十八，泰始七年薨”，则裴秀为黄门侍郎在此年，即王弼补台郎也在此年。今从。

又案：王弼注《易》，曾答荀融问难《大衍义》。“弼注

《易》，颍川人荀融难弼《大衍义》。弼答其意，白书以戏之曰：'夫明足以寻极幽微，而不能去自然之性。颜子之量，孔父之所预在，然遇之不能无乐，丧之不能无哀。又常狭斯人，以为未能以情从理者也，而今乃知自然之不可革。足下之量，虽已定乎胸怀之内，然而隔逾旬朔，何其相思之多乎？故知尼父之于颜子，可以无大过矣。'" 又太原王济，"病《老》《庄》，常云'见弼《易注》，所悟者多'"。

又王弼曾与何晏论圣人性情有无。何劭《王弼传》云："弼天才卓出，当其所得，莫能夺也。性和理，乐游晏，解音律，善投壶。其论道传会文辞，不如何晏，自然有所拔得多晏也。……弼与钟会善，会论议以校练为家，然每服弼之高致。"又何晏认为圣人无喜怒哀乐，钟会等附之。而"弼与不同，以为圣人茂于人者神明也，同于人者五情也，神明茂故能体冲和以通无，五情同故不能无哀乐以应物，然则圣人之情，应物而无累于物者也。今以其无累，便谓不复应物，失之多矣"。

2. 管辂与何晏论《易》九事。

《三国志》卷二九《管辂传》："（正始九年）十二月二十八日，吏部尚书何晏请之，邓飏在晏许。晏谓辂曰……" 裴注引《辂别传》裴徽使管辂往见何晏，"辂言：'何若巧妙，以攻难之才，游行之表，未入于神。夫入神者，当步天元，推阴阳，探玄虚，极幽明，然后览道无穷，未暇细言，若欲差次老、庄而参爻、象，爱微辩而兴浮藻，可谓射侯之巧，非能破秋毫之妙也。若九事皆至义者，不足劳思也。若阴阳者，精之以久。'

又："辂为何晏所请，果共论《易》九事，九事皆明。晏曰：'君论阴阳，此世无双。'时邓飏与晏共坐，飏言：'君见谓善《易》，而语初不及《易》中辞义，何故？'辂寻声答之曰：‘夫善《易》者不论《易》。’晏含笑而赞之：‘可谓要言不烦也。’”

案：据《南齐书》卷三三《张绪传》：“（张）绪长于《周易》，言精理奥，见宗一时。常云何平叔所不解《易》中七[九]事，诸卦中所有时义，是其一也。”余敦康先生据此推想，“何晏在理论上所感到的困惑并不在于卦义本身，而在于如何用‘以无为本’的命题来统率这许多具体的卦义。从本体论哲学的高度来看，这也就是如何辩证地解决有与无、现象与本体的关系问题”。①

正始十年（四月后为嘉平元年）**己巳 公元**249**年**（蜀后主延熙十二年 吴大帝赤乌十二年）

1. 魏司马懿发动高平陵政变。

《三国志》卷四《齐王纪》：“嘉平元年春正月甲午，车驾谒高平陵。太傅司马宣王奏免大将军曹爽、爽弟中领军羲、武卫将军训、散骑常侍彦官，以侯就第。戊戌，有司奏收黄门张当付廷尉，考实其辞，爽与谋不轨。又尚书丁谧、邓飏、何晏，司隶校尉毕轨，荆州刺史李胜，大司农桓范皆与爽通奸谋，夷三族。”

2. 何晏被杀。

《三国志》卷九《曹爽传》：“（正始）十年正月，车驾朝高平陵，爽兄弟皆从。宣王部勒兵马，先据武库，遂出屯洛水浮桥。……于是收爽、羲、训、晏、飏、谧、轨、胜、范、当

---

① 余敦康：《魏晋玄学史》，北京大学出版社，2004年，第108页。

等，皆伏诛，夷三族。”

儒学著述情况：

《论语集解》十卷，见《隋志》。

《孝经注》一卷，见《隋志》；又《经义考》卷二二二云：何氏晏《孝经注》佚。

《周易何氏解》[1]，见孔颖达《五经正义》引，马国翰《玉函山房辑佚书》中辑录一卷。

《魏明帝谥议》二卷，[2]《隋志》云：《魏晋谥议》十三卷。

《官族志》十四卷，见《隋志》。

《乐悬》一卷，见《隋志》。《隋书经籍志考证》云为“何妥”之误。

《老子道德论》二卷，见《隋志》。

《魏尚书何晏集》十一卷，见《隋志》。

案：严可均《全三国文》中收录有何晏的《景福殿赋》《奏请大臣侍从游幸》《明帝谥让》《与夏侯太初难蒋济叔嫂无服论》《韩白论》《白起论》《冀州论》《九州论》《无名论》《论语集解叙》《瑞颂》等。

2. 桓范被杀。

《三国志》卷九《曹爽传》注引《魏略》：“桓范字元则，世为冠族。建安末，入丞相府。延康中，为羽林左监。以有文

---

① 关于何晏易学著述，《册府元龟·学校部》卷六〇五有《周易私记》二十卷、《周易讲疏》十三卷。《经义考》卷十、《补三国艺文志》均据此引，作何晏著。而《隋志》中《周易私记》不著撰人，《周易讲疏》则云何妥撰。又《隋书经籍志考证》云何晏为误。

② 清人侯康《补三国艺文志》、姚振宗《三国艺文志》均作《魏明帝谥议》二卷，《北堂书钞》有征引。

学，与王象等典集《皇览》。……曹爽辅政，以范乡里老宿，于九卿中特敬之，然不甚亲也。”高平陵政变，被夷三族。

著有《世要论》十二卷，见《隋志》。李中华《中国儒学史》评云：“桓范的《世要论》对儒家的许多重要政治原则都有新的阐发，并吸收了不少法家思想，因此它是魏晋之际一部重要的儒学著作。”[①]

3. 王弼病卒。

《三国志》卷二八《钟会传》：“正始十年，曹爽废，以公事免。其秋遇疠疾亡，时年二十四，无子绝嗣。”

儒学著述情况：

《周易注》六卷、《易略例》一卷，见《经典释文·叙录》及《隋志》。

《周易大衍论》三卷，见《新唐志》；《旧唐志》云一卷。

《周易穷微论》一卷，见《通志·艺文略》卷六三。

《易辨》一卷，见《宋志》。

《论语释疑》三卷，见《经典释文·叙录》及《隋志》。马国翰辑有《论语释疑》一卷。

《戏答荀融书》《难何晏圣人无喜怒哀乐论》两篇，见何绍《王弼传》。严可均《全三国文》有辑录。

又《老子道德经注》二卷，见《隋志》。

《老子指略例》二卷，见《通志》卷六七。

案：王弼《周易注》，《郡斋读书志》引孔颖达等《周易正义序》称“江南义疏有十余家，辞尚虚诞，皆所不取，唯王弼

① 李中华：《中国儒学史：魏晋南北朝卷》，北京大学出版社，2011年，第47页。

之学，独冠古今，以弼为本，采诸说附益之”，后又被清人收入《十三经注疏》中。王弼时并注《老子》，有《老子注》《老子指略》等著述，可谓儒道双修，并在其经学著作中，以老释孔，援道济儒。

4. 王昶陈“治略五事”，建议崇道笃学，抑绝浮华。

《三国志》卷二七《王昶传》：“王昶字文舒，太原晋阳人也。……嘉平初，太傅司马宣王既诛曹爽，乃奏博问大臣得失。昶陈治略五事：其一，欲崇道笃学，抑绝浮华，使国子入太学而修庠序；其二，欲用考试，考试犹准绳也，未有舍准绳而意正曲直，废黜陟而空论能否也；其三，欲令居官者久于其职，有治绩则就增位赐爵；其四，欲约官实录，励以廉耻，不使与百姓争利；其五，欲绝侈靡，务崇节俭，令衣服有章，上下有叙，储谷蓄帛，反民于朴。”

案：此时王昶犹建言“抑绝浮华”，距魏明帝太和四年（230）下诏罢黜浮华之士几近二十年，由此可见其间学风及社会风气概貌。

5. 蒋济卒。

《三国志》卷一四《蒋济传》：“以随太傅司马宣王屯洛水浮桥，诛曹爽等，进封都乡侯，邑七百户。济上疏曰：……固辞，不许。是岁薨，谥曰景侯。”

案：是岁，诛曹爽，故蒋济约卒于是年。

蒋济著有《郊丘议》三卷，《蒋子万机论》八卷，见《隋志》。《万机论》部分佚文保存在《群书治要》《太平御览》《北堂书钞》等书中，清人严可均《全三国文》中有收录。

嘉平二年 庚午 公元250年（蜀后主延熙十三年 吴大帝赤乌十三年）

1. 王肃作《家语解》。

案：《孔子家语》著作年代不详。《汉晋学术编年》据《孔子家语·自序》“郑氏学行五十载矣。自肃成童，始志于学而学郑氏学矣”之言，称郑玄卒于建安五年（200），至此恰为文中所言五十年。又以何晏注《论语》“牢曰”一节，是引郑玄之说，推断何晏未及见王肃《孔子家语》，故王肃之著作必在此前。今从其说。

又案：自王肃生活之世，学人多有疑其伪造群书。后有唐颜师古，宋王柏，清姚际恒、皮锡瑞等人，认为王肃为托古自重，伪造《家语》；而以宋朱熹、清陈士珂等为代表，认为《家语》渊源有自，非为伪造。今之学者，也多有不同意见。刘汝霖认为：“盖王氏欲抨击郑玄，不得不伪托古人以自重也。”蒋善国在《尚书综述》中论到“王肃之所以被疑伪作《孔子家语》，是由于伪《家语后序》《孔安国传》和《孔衍上书》羽翼伪孔安国《古文尚书传》；但这三篇不但不是王肃伪作，并且非王肃所见。”①又李学勤在《竹简〈家语〉与汉魏孔氏家学》一文及王志平《王肃‘多造伪书’考辨》一文中，依托出土文献研究，认为王肃伪作说不成立。

2. 蜀杜琼卒。

《三国志》卷四二《杜琼传》：“琼年八十余，延熙十三年卒。著《韩诗章句》十余万言，不教诸子，内学无传业者。”

---

① 蒋善国：《尚书综述》，上海古籍出版社，1988年，第348页。

著有《韩诗章句》，见本传及《经典释文·叙录》。

嘉平三年 辛未 公元251年（蜀后主延熙十四年 吴大帝太元元年）

1. 阮籍为司马师从事中郎。

《晋书》卷四九《阮籍传》："及（宣）帝崩，复为景帝大司马从事中郎。"

案：据《晋书·宣帝纪》："（嘉平三年）秋八月戊寅，崩于京师，时年七十三。"故系年于此。

2. 郑冲为司空。

《三国志》卷四《齐王纪》："（嘉平三年）十二月，以光禄勋郑冲为司空。"

《晋书·郑冲传》同。

嘉平四年 壬申 公元252年（蜀后主延熙十五年 吴大帝太元二年）

1. 吴大帝孙权卒。

《三国志》卷四七《吴主权传》："（正元二年）夏四月，权薨，时年七十一，谥曰大皇帝。"

《三国志》卷五四《吕蒙传》裴注引《江表传》曰："初，权谓蒙及蒋钦曰：'卿今并当涂掌事，宜学问以自开益。'蒙曰：'在军中常苦多务，恐不容复读书。'权曰：'孤岂欲卿治经为博士邪？但当令涉猎见往事耳。卿言多务孰若孤，孤少时历《诗》《书》《礼记》《左传》《国语》，惟不读《易》。"

2. 郭象生。

《晋书》卷五〇《郭象传》："郭象字子玄，少有才理，好《老》《庄》，能清言。"

3. 魏杜恕卒。

《三国志》卷一六《杜恕传》："恕字务伯，太和中为散骑黄门侍郎。"

同卷曰："明帝以恕大臣子，擢拜散骑侍郎，数月，转补黄门侍郎。……在章武，遂著《体论》八节。又著《兴性论》一篇，盖兴与为己也。四年，卒于徙所。"

杜恕著有《兴性论》一篇，见本传。《杜氏体论》四卷，见《隋志》。

又："（恕）弟宽，字务叔。清虚玄静，敏而好古。以名臣门户，少长京师，而笃志博学，绝于事务，其意欲探际索引，由此显名，当涂之士多交焉。举孝廉，除郎中。年四十二而卒。经传之义，多所论驳，皆草创未就，惟删集《礼记》及《春秋左氏传》解，今存于世。"

又时人麋信，字南山，东海剡人，魏乐平太守。

儒学著述情况：

《春秋谷梁传注》十二卷，见《隋志》。马国翰辑有《春秋谷梁传麋氏注》一卷。

《春秋说要》十卷，见《隋志》。

《理何氏汉议》二卷，见《隋志》

《谷梁音》，见《经典释文·叙录》。

嘉平五年 癸酉 公元253**年**（蜀后主延熙十六年 吴会稽王建兴二年）

1. 魏王肃徙为河南尹。

《三国志》卷一三《王肃传》："（王肃）坐宗庙事免。后为光禄勋。时有二鱼长尺，集于武库之屋，有司以为吉祥。肃曰：'鱼生于渊而亢于屋，介鳞之物失其所也。边将其殆有弃甲之变乎?'其后果有东关之败。徙为河南尹。"

据《三国志·齐王芳纪》："（嘉平）四年春正月癸卯，以抚军大将军司马景王为大将军。……夏五月，鱼二见于武库屋上。……十二月，吴大将诸葛拒战，大破众军于东关。不利而还。"故系年于此。

2. 钟会论集才性四本论。

《三国志》卷二八《钟会传》："会尝论《易》无互体、才性同异。及会死后，于会家得书二十篇，名曰《道论》，而实刑名家也，其文似会。"

《三国志》卷二一《傅嘏传》："曹爽卒，为河南尹，迁尚书。……嘏常论才性同异，钟会集而论之。嘉平末，赐爵关内侯。"注引《傅子》曰："嘏既达治好正，而有清理识要，好论才性，原本精微，鲜能及之。司隶校尉钟会年甚少，嘏以明智交会。"

《世说新语·文学》刘孝标注引《魏志》曰："会论才性同异，传于世。四本者：言才性同，才性异，才性合，才性离也。尚书傅嘏论同，中书令李丰论异，侍郎钟会论合，屯骑校尉王广论离。文多不载。"

又《三国志》卷二一《傅嘏传》裴注引《傅子》曰："初，

李丰与暇同州，少有显名……丰后为中书令，与夏侯玄俱祸，卒如暇言。”

案：据《汉晋学术编年》考证，李丰以嘉平四年（252）为中书令，正元元年被杀，故系年于此。今从。王晓毅等认为钟会等人关于才性的辩论应在正始五年到十年间。“正始元年（240），钟会仅十五岁，还未参加学术清谈，而王广死于嘉平三年，故‘才性四本’的辩论只能发生在正始初至嘉平三年之间。再者，钟会于正始五年前后才步入思想论坛，而正始十年（249）后恐怖的政治气氛，使学术清谈销声匿迹近三十年之久。因此，那场辩论很可能发生在谈风炽烈的正始五年至十年之间。”①

3. 魏嵇康与向秀锻于洛邑，钟会造访。

《三国志》卷二一《王粲传》裴注引《魏氏春秋》：“钟会为大将军所昵，闻康名而造之。……康方箕踞而锻，会至，不为之礼。康问会曰：‘何所闻而来？何所见而去？’会曰：‘有所闻而来，有所见而去。’会深嫌之。”

《晋书》卷四九《嵇康传》：“性绝巧而好锻。宅中有一柳树甚茂，乃激水圜之，每夏月，居其下以锻。……初，康居贫，尝与向秀共锻于大树之下，以自赡给。颍川钟会，贵公子也，精练有才辨，故往造焉。康不为之礼，而锻不辍。良久会去，康谓曰：‘何所闻而来？何所见而去？’会曰：‘闻所闻而来，见所见而去。’会以此憾之。”

《世说新语·简傲》篇：“钟士季，精有才理，先不识康。钟要于时，贤儁之士俱从。寻康，康方大树下锻，向子期为佐

① 王晓毅：《儒释道与魏晋玄学形成》，中华书局，2003年，第156页。

鼓排，康扬锤不辍，旁若无人，移时不交一言，钟起去，康曰：‘何所闻而来？何所见而去？’钟曰：‘闻所闻而来，见所见而去。’”

高贵乡公

（公元254年—公元259年）

正元元年 甲戌 公元254年（蜀后主延熙十七年 吴会稽王五凤元年）

1. 魏司马师杀李丰及夏侯玄。

《三国志》卷九《夏侯玄传》：“玄以爽抑黜，内不得意。中书令李丰虽宿为大将军司马景王所亲待，然私心在玄，遂结皇后父光禄大夫张缉，谋欲以玄辅政。……嘉平六年二月……于是丰、玄、缉、敦、贤等皆夷三族，其余亲属徙乐浪郡。玄格量弘济，临斩东市，颜色不变，举动自若，时年四十六。”

《三国志·齐王芳纪》：“（嘉平六年春二月）庚戌，中书令李丰与皇后父光禄大夫张缉等谋废易大臣，以太常夏侯玄为大将军。事觉，诸所连及者皆伏诛。”

夏侯玄著有《本无肉刑论》，见本传裴注引《魏氏春秋》。又《辨乐论》，见严可均《全三国文》辑录。

2. 魏王肃奉法驾，迎高贵乡公。

《魏书》卷一三《王肃传》：“嘉平六年，持节兼太常，奉法驾，迎高贵乡公于元城。”

3. 魏阮籍为散骑常侍。

《晋书》卷四九《阮籍传》:“高贵乡公即位，封关内侯，徙散骑常侍。”

正元二年 乙亥 公元255**年**（蜀后主延熙十八年 吴会稽王五凤二年）

1. 魏阮籍先为东平相，后为司马昭从事中郎。

《晋书》卷四九《阮籍传》:“及文帝辅政，籍尝从容言于帝曰:‘籍平生曾游东平，乐其风土。’帝大悦，即拜东平相。籍乘驴到郡，坏府舍屏障，使内外相望，法令清简，旬日而还。帝引为大将军从事中郎。”

《晋书》卷二《景帝纪》:“（正元二年正月）闰月疾笃，使文帝总统诸军。辛亥，崩于许昌，时年四十八。”故系年于此。

2. 魏高贵乡公讲《尚书》业终，执经教授者郑冲、郑小同等受赐。

《晋书》卷三三《郑冲传》:“及高贵乡公讲《尚书》，冲执经亲授，与侍中郑小同俱被赏赐。”

《三国志》卷四《高贵乡公纪》:“（正元二年）九月庚子，讲《尚书》业终，赐执经亲授者司空郑冲、侍中郑小同等各有差。”

甘露元年 丙子 公元256 **年**（蜀后主延熙十九年 吴会稽王太平元年）

1. 王肃卒。

《三国志》卷一三《王肃传》："甘露元年薨，门生縗絰者以百数。追赠卫将军，谥曰景侯。初，肃善贾、马之学，而不好郑氏，采会同异，为《尚书》《诗》《论语》《三礼》《左氏》解，及撰定父朗所作《易传》，皆列于学官。其所论驳朝廷典制、郊祀、宗庙、丧纪、轻重，凡百余篇。时乐安孙叔然，受学郑玄之门，人称东州大儒。征为秘书监，不就。肃集《圣证论》以讥短玄，叔然驳而释之，及作《周易》《春秋例》《毛诗》《礼记》《春秋三传》《国语》《尔雅》诸注，又注书十余篇。"

儒学著述情况：

《周易注》十卷、《周易音》，见《经典释文·叙录》。马国翰辑有《周易王氏注》二卷，《周易王氏音》一卷。

《周易马郑二王四家集解》十卷，见《隋志》，不著撰者。

《尚书传》十一卷，见《经典释文·叙录》。马国翰辑有《尚书王氏注》二卷。

《尚书驳议》五卷、《尚书答问》三卷，见《隋志》。

《毛诗注》二十卷、《毛诗音》，见《经典释文·叙录》。马国翰辑有《毛诗王氏注》四卷。

《毛诗义驳》八卷、《毛诗奏事》一卷，见《隋志》。马国翰辑有《毛诗义驳》一卷，《毛诗奏事》一卷。

《毛诗问难》二卷，《隋志》云：亡。马国翰辑有《毛诗问难》一卷。

《周官礼注》十二卷、《礼记》三十卷，见《经典释文·叙录》。马国翰辑有《礼记王氏注》二卷。

《仪礼注》十七卷、《丧服经传注》一卷、《丧服要记》一卷，见《隋志》。马国翰辑有《丧服经传王氏注》一卷，《丧服要记》一卷。

《丧服变除》，见《晋书·礼志》引。

《祭法》五卷、《明堂议》三卷，见《隋志》。

《宗庙诗颂》十二篇，见《宋书·乐志》。

《三礼音》三卷，见《经典释文·叙录》。

《春秋左氏传注》三十卷，见《经典释文·叙录》。马国翰辑有《春秋左氏传王氏注》一卷。

《春秋外传章句》，《隋志》云：梁有二十一卷。

《孝经解》一卷，见《隋志》。马国翰辑有《孝经王氏解》一卷。

《论语注》十卷，见《经典释文·叙录》。马国翰辑有《论语王氏义说》一卷。

《论语释驳》三卷，见《隋志》。

《孔子家语解》二十一卷、《圣证论》十二卷，见《隋志》。马国翰辑有《圣证论》一卷。云王肃撰，晋司马昭，晋孔晁答，南齐张融评。

《扬子太玄经注》七卷，见《隋志》。

又《玄言新记道德》二卷，见《新唐志》；《旧唐志》云王弼撰。

《王子正论》十卷，见《隋志》。马国翰辑有《王子正论》一卷。

2. 孙炎驳议王肃《圣证论》。

《三国志》卷一三《王肃传》："时乐安孙叔然，受学郑玄之门，人称东州大儒。征为秘书监，不就。肃集《圣证论》以讥短玄，叔然驳而释之，及作《周易》《春秋例》《毛诗》《礼记》《春秋三传》《国语》《尔雅》诸注，又注书十余篇。”

儒学著述情况：

《毛诗注》《春秋例》《春秋三传注》《圣证论驳》，见《三国志·王肃传》。

《尔雅注》七卷，见《隋志》。马国翰辑有《尔雅孙氏注》三卷。

《尔雅音义》见《经典释文》引。马国翰辑有《尔雅孙氏音》一卷。

《周易例》，《经义考》卷一〇云：“孙氏炎《周易例》，佚。”

《春秋外传国语注》，《隋志》、两《唐志》均不载，见《补三国艺文志》。

《礼记注》二十九卷，见《经典释文·叙录》；又《隋志》云三十卷。马国翰辑有《礼记孙氏注》一卷。

案：孙炎史书无传，其曾为匈奴刘宣师。推断其生活于曹魏、西晋之世。其曾著论驳斥王肃之说，故系年于此。

又《颜氏家训·音辞》：“孙叔言创《尔雅音义》，是汉末人独知反语。至于魏世，此事大行。高贵乡公不解反语，以为怪异。”

王应麟《玉海·小学》：“世谓仓颉制字，孙炎作音，沈约撰韵，同为椎轮之始。”

3. 二月，管辂卒。

《三国志》卷二九《管辂传》：“正元二年，弟辰谓辂曰：‘大将军待君意厚，冀当富贵乎？’辂长叹曰：‘吾自知有分直耳，然天与我才，明不与我年寿，恐四十七八间，不见女嫁儿取妇也。若得免此，欲作洛阳令，可使路不拾遗，枹鼓不鸣。但恐至太山治鬼，不得治生人，如何！’……是岁八月，为少府丞。明年二月卒，年四十八。”

儒学著述情况：

《周易通灵决》二卷、《周易通灵要决》一卷，见《隋志》

《周易林》四卷，见《旧唐志》。

《周易传》一卷，《玉海》引《中兴书目》云“管辂《易传》一卷，训解名义不尽流于卜筮”，又见《宋志·蓍龟类》著录：“管辂《易传》一卷。”

又管辂所学为两汉象数易学，其曾与钟毓、何晏等人共论易。

曾与钟毓论《易》义：“始辂过魏郡太守钟毓，共论《易》义……”又注引《辂别传》“魏郡太守钟毓，清逸有才，难辂《易》二十余事，自以为难之至精也。辂寻声投飨，言无留滞，分张爻象，义皆殊妙。”

4. 阮籍为步兵校尉。

《晋书》卷四九《阮籍传》：“籍闻步兵厨营人善酿，有贮酒三百斛，乃求为步兵校尉。……性至孝，母终，正与人围棋，对求止，籍留与决赌。既而饮酒二斗，举声一号，吐血数升。及将葬，食一蒸肫，饮二斗酒，然后临决，直言穷矣，举声一号，因又吐血数升。毁脊骨立，殆致灭性。裴楷往弔之，籍既不哭，籍散发箕踞，醉而直视，楷吊唁毕便去。或问楷：‘凡弔者，主哭，客乃为礼。籍既不哭，君何为哭?’楷曰：‘阮籍既方外之士，故不崇礼典。我俗中之士，故以轨仪自居。’时人叹为两得。”

案：刘汝霖根据《晋书·何曾传》和《太平御览》卷五六一引《晋诸公别传》称裴楷弔阮籍母丧之年龄推断，以及阮籍、嵇康初相见之情形考之，当在今年。今从。

5. 高贵乡公与诸臣讨论经书。

《三国志》卷四《高贵乡公纪》：“（甘露元年夏四月）丙辰，帝幸太学，问诸儒曰：‘圣人幽赞神明，仰观俯察，始作八卦，后圣重之为六十四，立爻以极数，凡斯大义，罔有不备，而夏有《连山》，殷有《归藏》，周曰《周易》，《易》之书，其故何也?’《易》博士淳于俊对曰……讲《易》毕，复命讲《尚书》。帝问曰：‘郑玄曰“稽古同天，言尧同于天也”。王肃云“尧顺考古道而行之”。二义不同，何者为是?博士庾峻对曰：……于是复命讲《礼记》。……博士马照对曰……”

甘露二年 丁丑 公元257年（蜀后主延熙二十年 吴会稽王太平二年）

1. 杜预拜尚书郎。

《三国志》卷一六《杜恕传》：“甘露二年，河东乐详年九十余，上书讼畿之遗绩，朝廷感焉。诏封恕子预为丰乐亭侯，邑百户。”

《晋书·杜预传》：“文帝嗣立，预尚帝妹高陆公主，起家拜尚书郎，袭祖爵丰乐亭侯。”

案：乐详曾从谢该问《左氏传》疑难，后撰《左氏乐氏问七十二事》，精通《左氏传》。又乐详曾为杜预祖杜畿所聘，为河东祭酒，后日杜预自称其有《左氏》癖，与其祖父辈及乐详均有关系。

2. 魏阮籍作《大人先生传》。

《晋书》卷四九《阮籍传》："籍尝于苏门山遇孙登，与商略终古及栖神导气之术，登皆不应，籍因长啸而退。至半岭，闻有声若鸾凤之音，响乎岩谷，乃登之啸也。遂归著《大人先生传》，其略曰：'世人所谓君子，惟法是修，惟礼是克。手执圭璧，足履绳墨。……独不见群虱之处裤中，逃乎深缝，匿乎坏絮，自以为吉宅也。行不敢离缝际，动不敢出裤裆，自以为得绳墨也。然炎丘火流，焦邑灭都，群虱处于裤中而不能出也。君子之处域内，何异夫虱之处裤中乎！'"

案：陆侃如在《中古文学系年》据《世说新语·栖逸》言"阮步兵啸闻数百步。苏门山中忽有真人"，系此文于正元二年(255)[①]；《汉晋学术编年》以为"则嗣宗之访孙登当在叔夜之前。叔夜访孙登在甘露三年，故志嗣宗访孙登事于此年"。[②]今从。《大人先生传》对礼法之士提出了诘难和批评。王晓毅《儒释道与魏晋玄学形成》一文认为："从思想史上看，《大人先生传》的学术意义，在于它通过对理想人格的描述，沿着'越名教任自然'的思路，向追求绝对自由方向继续发展。"[③]

3. 高贵乡公幸辟雍。

《三国志》卷四《高贵乡公纪》："（甘露二年）五月辛未，帝幸辟雍，会命群臣赋诗。侍中和逌，尚书陈骞等作诗稽留，有司奏免官，诏曰：'吾以暗昧，爱好文雅，广延诗赋，以知

---

① 陆侃如：《中古文学系年》(下)，人民文学出版社，1985年，第574页。
② 刘汝霖：《汉晋学术编年》卷七，中华书局，1986年，第29页。
③ 王晓毅：《儒释道与魏晋玄学形成》，中华书局，2003年，第203页。

得失，而乃尔纷纭，良用反仄。其原逌等。主者宜敕自今以后，群臣皆当玩习古义，修明经典，称朕意焉。'”

甘露三年 戊寅 公元258**年**（蜀后主景耀元年 吴景帝永安元年）

1. 吴置学官、立五经博士。

《三国志》卷四八《吴孙休传》：“（永安元年十二月己巳）诏曰：‘古者建国，教学为先，所以道世治性，为时养器也。自建兴以来，时事多故，吏民颇以目前趋务，去本就末，不循古道。夫所尚不惇，则伤化败俗。其案古置学官，立五经博士，核取应选，加其宠禄，科见吏之中及将吏子弟有志好者，各令就业。一岁课试，差其品第，加以位赏。使见之者乐其荣，闻之者羡其誉。以敦王化，以隆风俗。'”

2. 吴韦昭为博士祭酒。

《三国志》卷六五《韦曜传》：“孙休践祚，为中书郎、博士祭酒。”

3. 魏以王祥、郑小同为三老五更。

《三国志》卷四《高贵乡公纪》：“（甘露三年秋八月丙寅）诏曰：‘夫养老兴教，三代所以树风化垂不朽也，必有三老、五更以崇至敬，乞言纳诲，著在惇史，然后六合承流，下观而化。宜妙简德行，以充其选。关内侯王祥，履仁秉义，雅志淳固。关内侯郑小同，温恭孝友，师礼不忒。其以祥为三老，小同为五更。’车驾亲率群司，躬行古礼焉。”

又《宋书·礼志》：“魏高贵乡公甘露三年，车驾亲率群司行养老之礼于太学。于是王祥为三老，郑小同为五更。”

4. 魏嵇康避居河东。

《三国志》卷二一《王粲传》裴注引《魏氏春秋》：“大将军尝欲辟康。康既有绝世之言，又从子不善，避之河东，或云避世。”同卷注引《世说新语》曰：“毌丘俭反，康有力，且欲起兵应之，以问山涛，涛曰：‘不可。’俭亦已败。”

案：《汉晋学术编年》以《与山巨源绝交书》作于景元二年（261），据文中“前年自河东还”，故系嵇康避居时间为魏甘露三年（258），今从。而《中古文学系年》以正元二年（255），毌丘俭兵败，嵇康不自安，故正元二年避居。《论嵇康的儒家思想和现实关怀》一文不同，认为“前年”的观念与今不同，即去年的意思，故康还在景元元年（260），又康避居与诸葛诞起兵也有相关，故认为嵇康避居应在甘露二年（257），[1] 可备一说。

---

[1] 吴晶：《论嵇康的儒家思想和现实关怀》，南京师范大学 2006 届硕士学位论文。

陈留王

（公元 260 年—公元 264 年）

景元元年 庚辰 公元 260 **年**（蜀后主景耀三年 吴景帝永安三年）

1. 五月，高贵乡公曹髦被弑。

《三国志》卷四《高贵乡公纪》："五月乙丑，高贵乡公卒，年二十。"

著有《春秋左氏传音》三卷，见《经典释文·叙录》及《隋志》

2. 魏司马昭杀郑小同。

《后汉书》卷三五《郑玄传》裴注引《魏氏春秋》："小同，高贵乡公时为侍中。尝诣司马文王，文王有密疏，未之屏也，如厕还，问之曰：'卿见吾疏乎？'答曰：'不。'文王曰：'宁我负卿，无卿负我。'遂鸩之。"

儒学著述情况：

《礼义》四卷，见《隋志》。

《郑志》十一卷，见《隋志》。

案：是年五月，高贵乡公被弑，六月改元景元；又《通典》卷九九："魏景元元年，傅玄举仆射陈公薨，以咨时贤，光禄郑小同云：'宜准礼而以情义断之，服吊服加麻可也，三月除之。'"《汉晋学术编年》系其卒年于甘露四年（259），不确。又龚道耕《郑君年谱》据《通典》云郑小同"是其官不终于侍中，被鸩杀亦不在高贵乡公时也”。[①] 今暂系于此，俟考。

3. 魏嵇康自河东还山阳。

《世说新语·栖逸》：“嵇康游于汲郡，山中遇道士孙登，遂与之游。康临去，登曰：‘君才则高矣，保身之道不足。’”刘注引《文士传》：“康闻，乃从游三年，问其所图，终不答。然神谋所存良妙，康每荼然叹息。将别，谓曰：‘先生竟无言乎？’登乃曰：‘子识火乎？生而有光而不用其光，果然在于用光；人生有才而不用其才。果然在于用才，故用光在乎得薪，所以保其曜；用才在乎识物，所以全其年。今子才多识寡，难乎免于今之世矣。子无多求。’康不能用。及遭吕安事，在狱为诗，自责云：‘昔惭下惠，今愧孙登。’”

案：从游三年之说，当在今年归。

4. 蜀李譔卒。

《三国志》卷四二《李譔传》：“（譔）著古文《易》《尚书》《毛诗》《三礼》《左氏传》《太玄指归》，皆依准贾、马，异于郑玄。与王氏殊隔，初不见其所述，而意归多同。景耀中卒。”

儒学著述情况：

《古文易注》《尚书注》《毛诗注》《三礼注》《太玄指归》，见本传。

《春秋左氏传指归》，见《经典释文·叙录》。

又同卷载蜀中陈术：“时又有汉中陈术，字申伯，亦博学多闻，著《释问》七篇、《益部耆旧传》及《志》，位历三郡

① 龚道耕：《郑君年谱》，见李冬梅《龚编〈郑君年谱〉校正》，载《儒藏论坛》第三辑，四川大学出版社，2009年，第69页。

太守。”

5. 贺循生。

《晋书》卷六八《贺循传》：“贺循字彦先，会稽山阴人也。其先庆普，汉世传《礼》，世所谓庆氏学。族高祖纯，博学有重名，汉安帝时为侍中，避安帝父讳，改为贺氏。曾祖齐，仕吴为名将。祖景，灭贼校尉。父劭，中书令，为孙皓所杀，徙家属边郡。循少婴家难，流放海隅，吴平，乃还本郡。操尚高厉，童齿不群，言行进止，必以礼让。”

案：据贺循本传，其卒于太兴二年（319），时年六十，逆推知其生于是年。

景元二年 辛巳 公元261**年**（蜀后主景耀四年 吴景帝永安四年）

1. 嵇康撰《与山巨源绝交书》。

《晋书》卷四九《嵇康传》：“山涛将去选官，举康自代。康乃与涛书告绝……此书既行，知其不可羁屈也。”

《晋书》卷四三《山涛传》：“转骠骑将军王昶从事中郎。久之，拜赵国相，迁尚书吏部郎。”

《三国志》卷二一《王粲传》注引《魏氏春秋》：“及山涛为选曹郎，举康自代，康答书拒绝，因自说不堪流俗，而非薄汤、武。”

案：《三国志·王粲传》裴注曰：“案《涛行状》，涛始以景元二年除吏部郎耳。”故系年于此。

2. 魏王基卒。

《三国志》卷二七《王基传》:“(景元二年)是岁基薨,追赠司空,谥曰景侯。”

儒学著述情况:

《毛诗驳》五卷,见《隋志》。马国翰辑有《毛诗驳》一卷。

《春秋左氏传注》,见《经典释文·叙录》。

《新书》五卷,见《隋志》。

《时要论》,见本传。

案:王基为郑玄弟子,曾撰《毛诗驳》与王肃论争,维持其师郑玄经义。又曾与管辂论《易》,见《三国志·管辂传》。

景元三年 壬午 公元262**年**(蜀后主景耀五年 吴景帝永安五年)

1. 蜀司马胜之举孝廉。

《华阳国志·后贤志》:“司马胜之,字兴先,广汉绵竹人也。学通《毛诗》,治‘三礼’。清尚虚素,性澹不事荣利。……州辟从事,进尚书左选郎,徙秘书郎。……景耀末,郡请察孝廉。”

2. 荀崧生。

《晋书》卷七五《荀崧传》:“荀崧字景猷,颍川临颍人,魏太尉彧之玄孙也。……崧志操清纯,雅好文学。龆龀时,族曾祖顗见而奇之,以为必兴顗门。弱冠,太原王济甚相器重,以方其外祖陈郡袁侃,谓侃弟奥曰:‘近见荀监子,清虚名理,当不及父,德性纯粹,是贤兄弟辈人也。’其为名流所赏如此。

泰始中，诏以崧代兄袭父爵，补濮阳王允文学。”

案：据本传，荀崧卒于咸和三年（328），时年六十七，逆推知其生于是年。

景元四年 癸未 公元263**年**（蜀后主炎兴元年 吴景帝永安六年）

1. 嵇康被杀。

《晋书》卷四九《嵇康传》：“康将刑东市，太学生三千人请以为师，弗许。……时年四十。海内之士，莫不痛之。”

《三国志》卷二一《嵇康传》：“时又有谯郡嵇康，文辞壮丽，好言老、庄，而尚奇任侠。至景元中，坐事诛。”

儒学著述情况：

《周易言不尽意论》一卷，见《玉海》卷三六引。

《春秋左氏传音》三篇，见《经典释文·叙录》。马国翰辑有《春秋左氏传嵇氏音》一卷。

《养生论》三卷，《隋志》云：亡。

《声无哀乐论》《太师箴》，见本传。

又《嵇康集》十三卷，见《隋志》。收有《难自然好学论》《释私论》《管蔡论》《家诫》等。

《圣贤高士传赞》三卷，《隋志》云：嵇康撰，周续之注。

案：干宝《晋纪》、孙盛《魏氏春秋》、习凿齿《汉晋春秋》均记嵇康遇害于高贵乡公正元二年。《三国志》裴注不同此说，维持景元中之说。《资治通鉴》记嵇康卒于景元三年。今人也多有从景元三年说，如朱希祖《嵇康年谱》、何启明《嵇康年谱》、侯外庐《中国思想通史》等。也有景元四年说，如陆侃如《中古文学系年》、刘汝霖《汉晋学术编年》、张岂之等《中国学术编年》等。今参考各家之说，并据嵇康作《绝交书》之时间，从景元四年说。

2. 向秀入洛阳。

《晋书》卷四九《向秀传》："（嵇）康善锻，（向）秀为之佐，相对欣然，旁若无人。又共吕安灌园于山阳。康既被诛，秀应本郡计入洛。文帝问曰：'闻有箕山之志，何以在此？'秀曰：'以为巢许狷介之士，未达尧心，岂足多慕。'帝甚悦。……后为散骑侍郎，转黄门侍郎、散骑常侍，在朝不任职，容迹而已。卒于位。"

3. 冬，阮籍卒。

《晋书》卷四九《阮籍传》："景元四年冬卒，时年五十四。"

儒学著述情况：

《通易论》一卷，见《宋志》。

《大人先生传》《达庄论》，见本传。

又《阮籍集》十卷，梁有十三卷，见《隋志》。收有《乐论》《通老论》等。

又其子阮浑，同卷载："字长成，有父风。少慕通达，不饰小节。籍谓曰：'仲容已豫吾此流，汝不得复尔！'太康中，为太子庶子。"著有《周易论》三卷。《隋志》云：晋冯翊太守阮浑撰。

4. 阮咸卒。

《晋书》卷四九《阮咸传》："咸字仲容。父熙，武都太守。咸任达不拘，与叔父籍为竹林之游，当世礼法者讥其所为。……咸妙解音律，善弹琵琶。……荀勖每与咸论音律，自以为远不及也，疾之，出补始平太守。以寿终。”

阮咸治《易》，著有《易义》，张璠《周易集解》收录。《难答论》二卷，《新唐志》云：阮长成、阮仲容著。又《晋书》卷一六《律历志上》：“荀勖造新钟律，与古器谐韵，时人称其精密。惟散骑侍郎陈留阮咸讥其声高，声高则悲，非兴国之音，亡国之音。”可知其又通音律。

案：史书无明载其卒年，《中国学术思想编年》据何启明《阮咸年谱》定为此年，今从。

5. 郑冲为太保。

《三国志》卷四《陈留王纪》：“（景元四年）十二月庚戌，以司徒郑冲为太保。”

6. 蜀常勖为郫令，抵抗邓艾入蜀。

《华阳国志·后贤志》：“常勖，字修业，蜀郡江原人也。……勖少于闳子忌齐名，安贫乐道，志笃坟典。治《毛诗》《尚书》，涉洽群籍，多所通览。州命辟从事，入为光禄郎中、主事，又为尚书左选郎，郡请迎为功曹。……还察孝廉，除郫令，为政简而不烦。魏征西将军邓艾伐蜀，破诸葛瞻于绵竹，威震西土。诸县长吏或望风降下，或委官奔走，勖独率吏民固城拒守。”

又：常勖后为袁邵辟为益州主簿，不久卒。

7. 何随蜀亡去官。

《华阳国志》卷一一《后贤志》：“何随，字季业，蜀郡郫人也，汉司空武后。世有名德，征聘入官。随治《韩诗》《欧阳尚书》，研精文纬，通星历。郡命功曹，州辟从事，光禄郎中、主事，除安汉令。蜀亡，去官。……大同后，台诏，不诣。……著《谭言》十篇，论道德仁让。”

又：何随晋太康中，即家拜其为江阳太守，民思其政。年七十一卒官。

案：何随为蜀地今文经学家。

8. 杜轸蜀亡入晋。

《晋书》卷九〇《杜轸传》：“杜轸字超宗，蜀郡成都人也。……轸师事谯周，博涉经书。州辟不就，为郡功曹史。时邓艾至成都，轸白太守曰：‘……’艾果遣其参军牵弘自之郡，弘问轸前守所在，轸正色对曰：‘前守达去就之机，辄自出官舍以君子’。弘器之，命复为功曹，轸固辞。察孝廉，除建宁令，道以德政，风化大行，夷夏悦服。……又除池阳令，为雍州十一郡最。百姓为立祠，得罪者无怨言。累迁尚书郎。轸博闻广涉，奏议驳论多见施用。时涪人李骧亦为尚书郎，与轸齐名，每有议论，朝廷莫能逾之，号蜀有二郎。轸后拜犍为太守，甚有声誉。当迁，会病卒，年五十一。”

《华阳国志》同。

咸熙元年 甲申 公元264年（吴末帝元兴元年）

1. 正月，钟会被杀。

《三国志》卷二八《钟会传》：“会以（景元）五年正月十五日至，其明日，悉请护军、郡守、牙门骑督以上及蜀之故官，为太后发丧于蜀朝堂。……十八日中，……姜维率会左右战，手杀五六人，众既格斩维，争赴杀会。会时年四十，将士死者数百人。”

《晋书》卷二《文帝纪》：“咸熙元年春正月，……钟会遂反于蜀，监军卫瓘、右将军胡烈攻会，斩之。”

儒学著述情况：

《周易尽神论》一卷，见《隋志》。

《周易无互体论》三卷，见《隋志》。

《周易论》四卷，见《旧唐志》。

《刍荛论》五卷，见《旧唐志》。

《道论》二十篇，见本传。

《四本论》，见本传。

案：《汉晋学术编年》记钟会卒年于263年，今据史书改。钟会生于黄初六年，卒于咸熙元年，时年四十。

2. 魏李登撰《声类》。

唐封演《封氏闻见记》卷二：“魏时有李登者，撰《声类》十卷，凡一万一千五百二十字。以五声铭字，不立诸部。”

又《隋书》卷七六《潘徽传》：“（潘徽）撰集字书，名为《韵纂》。徽为序曰：‘……乃讨论群艺，商略众书，以为小学之家，尤多舛杂，虽复周礼、汉律，务在贯通，而巧说邪辞，递生同异。且文讹篆隶，音谬楚、夏，《三苍》《急就》之流，微存章句，《说文》《字林》之属，唯别体形。至于寻声推韵，良为疑混，酌古会今，未臻功要。末有李登《声类》、吕静《韵集》，始判清浊，才分宫羽，而全无引据，过伤浅局，诗赋所须，卒难为用。’”

著有《声类》十卷，见《隋志》。马国翰辑有《声类》一卷。

案：《隋志》称李登为魏左校令，知其为曹魏时人，故系年于此。《四库全书总目提要·经部》卷四四云“晋李登《声类》以宫、商、角、徵、羽各为一篇，当即其源。”又同卷《声韵源流考》云：“上起魏李登《声类》，下迄国朝顾炎武、毛奇龄、邵长蘅之书，无不采录。”此书是我国文献记载以来最早的韵书，全书收字11520，比《说文解字》多2167字，按五音宫、商、角、徵、羽编排，不立诸部。

3. 荀顗等人受诏撰新礼。

《晋书》卷三九《荀顗传》：“及蜀平，兴复五等，命顗定礼仪。顗上请羊祜、任恺、庾峻、应贞、孔颢共删改旧文，撰定晋礼。”

4. 文立为郎中。

《晋书》卷九一《文立传》：“蜀平，举秀才，除郎中。”

5. 辟蜀学者司马胜之为梁州别驾从事。

《华阳国志·后贤志》：“大同后，梁州辟别驾从事……年六十五，卒于家。”

6. 辟蜀学者王化为州僚属。

《华阳国志·后贤志》：“王化，字伯远，广汉郪人，……化治《毛诗》《三礼》《春秋公羊传》。郡命功曹，州辟从事，光禄郎中、主事，尚书郎，除阆中令。”

案：王化后出任梓潼，复有政绩，年七十二卒于官。

西　晋

（公元 265—公元 316 年）

晋武帝

（公元 265 年—公元 289 年）

泰始元年　乙酉　公元 265 **年**（魏元帝咸熙二年　吴末帝甘露元年）

1. 吴临海太守范平谢病还家，以儒学传家。

《晋书》卷九一《范平传》："范平字子安，吴郡钱塘人也。平研览坟索，遍该百氏，姚信、贺邵之徒皆从受业。吴时举茂才，累迁临海太守，政有异能。孙晧初，谢病还家，敦悦儒学。吴平，太康中，频征不起，年六十九卒。……三子：奭、咸、泉，并以儒学至大官。泉子蔚，关内侯。家世好学，有书七千余卷。远近来读者恒有百余人，蔚为办衣食。蔚子文才，亦幼知名。"

2. 荀勖为中书监。

《晋书》卷三九《荀勖传》："武帝受禅，改封济北郡公。

勖以羊祜让，乃固辞为侯。拜中书监，加侍中，领著作，与贾充共定律令。”

3. 陈邵为燕王师。

《晋书》卷九一《陈邵传》：“陈邵字节良，东海襄贲人也。郡察孝廉，不就。以儒学征陈留内史，累迁燕王师。撰《周礼评》，甚有条贯，行于世。泰始中，诏曰：‘燕王师陈邵清贞洁静，行著邦族，笃志好古，博通六籍，耽悦典诰，老而不倦，宜在左右，以笃儒教。可为给事中。’卒于官。”

案：《晋书·乐安王鉴传》：“武帝践祚，封乐安王。帝为鉴及燕王机高选师友。”又《晋书·清惠亭侯京》：“以文帝子机字太玄为嗣。泰始元年，封燕王，邑六千六百六十三户。”故系年于此。

著有《周官礼异同评》十二卷，见《隋志》；《旧唐志》云陈劭驳，傅玄评。马国翰辑有《周官礼异同评》一卷。

4. 王懋约为燕王师。

《册府元龟·学校部》：“王懋约为燕王师，注《周官宁朔新书》八卷，《礼记宁朔新书》八卷。”又见《经义考》卷一二一。

案：据上条，是年，武帝为燕王高选师友，故系年于此。《旧唐志》云《周官宁朔新书》八卷，司马伷序，王懋约注。《隋志》云：《礼记宁朔新书》八卷，梁有二十卷。又据《晋书·琅邪王伷传》，司马伷起家为宁朔将军，太康四年薨。

5. 伊说为乐安王友。

《册府元龟》卷六〇六：“姜道盛为给事中，注《集释尚书》十一卷，乐安王友撰，伊训说。”

又《经义考》卷七七云：“伊氏说《尚书义疏》《七录》四卷，佚。阮孝绪曰：‘说为晋乐安王友。’”

案：《晋书·乐安王鉴传》：“武帝践祚，封乐安王。帝为鉴及燕王机高选师友。”故系年于此。

儒学著述情况：

《尚书义疏》四卷，见《隋志》。

又《周官礼》十二卷，见《隋志》。《旧唐志》云十卷。

又《经义考》卷一三七著录尹氏失名有《丧服杂记》，并引《七录》作二十卷。而《补晋书艺文志》云作者当为伊说。

6. 武帝崇儒兴学。

《晋书·职官志》：“晋初承魏制，置博士十九人。”

《晋书》卷七五《荀崧传》：“世祖武皇帝应运登禅，崇儒兴学。经始明堂，营建辟雍，告朔班政，乡饮大射。西阁东序，河图秘书禁籍。台省有宗庙太府金墉故事，太学有石经古文先儒典训。贾、马、郑、杜、服、孔、王、何、颜、尹之徒，章句传注众家之学，置博士十九人。九州之中，师徒相传，学士如林，犹选张华、刘寔居太常之官，以重儒教。”

前人关于西晋十九博士所主各家经说，多有研究，现将蒋善国《尚书综述》和王志平《中国学术史》两书中所述情况列表如下：

经学类别	蒋善国	王志平
易　学	郑玄、王弼	郑玄、王肃（后改为王弼）
书　学	郑玄、王肃	郑玄、王肃

续表

经学类别	蒋善国	王志平
诗　学	郑玄、王肃	郑玄、王肃
三　礼	郑玄、王肃	郑玄、王肃
左氏学	服虔、王肃（后改为杜预）	服虔、王肃（后改为杜预）
公羊学	颜安乐、何休	颜安乐、何休
谷梁学	尹更始	尹更始
论语学	孔安国、王肃（后改为郑玄）	王肃（后可能改为郑玄）
孝经学	孔安国、王肃（后改为郑玄）	王肃（后可能改为郑玄）

案：关于孔传《古文尚书》是否立于学官，蒙文通在《与胡朴安论三体石经书》中认为东晋初年减省西晋十九博士为九人，而此九家即西晋旧时立于学官者，故“九人中有孔氏《尚书》，即十九人中亦有孔氏《古文尚书》可知”[①]。认为孔氏《古文尚书》立于西晋十九家博士之中。刘汝霖则认为孔氏为师说，未必立于学官。如上表所列，蒋善国、王志平均认为孔氏《古文尚书》未列于学官。王志平认为西晋时郑学、王学势力太盛，“所以终西晋之世，太学中古文《尚书》孔《传》虽未立于学官，但太学中有其师说还是很有可能的。”[②]

---

① 蒙文通：《经学抉原》，上海人民出版社，2006 年，第 46 页。

② 王志平：《中国学术史：三国两晋南北朝卷》，江西教育出版社，2001 年，第 230 页。

7. 崔游为朗中。

《晋书》卷九一《崔游传》："崔游字子相，上党人也。少好学，儒术甄明，恬靖谦退，自少及长，口未尝语及财利。……泰始初，武帝录叙文帝故府僚属，就家拜郎中。年七十余，犹敦学不倦，撰《丧服图》，行于世。"

泰始二年 丙戌 公元266**年**（吴末帝宝鼎元年）

1. 袁准为给事中。

《三国志》卷一一《袁涣传》裴注引《袁氏世纪》："准字孝尼，忠信公正，不耻下问，唯恐人之不胜己。以世事多险，故常恬退而不敢求进。著书十余万言，论治世之务，为《易》《周官》《诗》传，及论五经滞义，圣人之微言，以传于世。"裴注引荀绰《九州记》云："准有隽才，泰始中为给事中。"《晋书·袁瓌传》附准传云："以儒学知名，注《丧服经》，官至给事中。"

儒学著述情况：

《周易传》，见本传，又见《三国志·裴潜传》裴注引。

《袁氏诗传》《周官传》，见本传。

《丧服经注》一卷，见《隋志》。马国翰辑有《丧服经传袁氏注》一卷

《仪礼音》一卷，见《旧唐志》。

《仪礼注》一卷，见《新唐志》。

《袁子正论》十九卷，见《隋志》。

《袁子正书》二十五卷，见《隋志》。

案：《汉晋学术编年》以袁准之父袁涣卒于曹操之前，则

至此时，袁准必在五十岁以上，故系年于此。今从。

2. 傅玄上书请尊儒兴学。

《晋书》卷四七《傅玄传》："帝初即位，广纳直言，开不讳之路，玄及散骑常侍皇甫陶共掌谏职。……玄复上疏曰：'……夫儒学者，王教之首也。尊其道，贵其业，重其选，犹恐化之不崇；忽而不以为急，臣惧日有陵迟而不觉也。仲尼有言："人能弘道，非道弘人。"然则尊其道者，非惟尊其书而已，尊其人之谓也。贵其业者，不妄教非其人也。重其选者，不妄用非其人也。若此，而学校之纲举矣。'"

案：据《晋书·武帝纪》："（泰始二年）九月乙未，散骑常侍皇甫陶、傅玄领谏官，上书谏诤，"可知傅玄于此年掌谏职，故系年于此。

泰始三年 丁亥 公元267年（吴末帝宝鼎二年）

1. 裴頠生。

《晋书》卷三五《裴頠传》："頠字逸民。弘雅有远识，博学稽古，自少知名。"

案：《晋书·武帝纪》："（永康元年）夏四月辛卯，日有蚀之。癸巳，梁王肜、赵王伦矫诏废贾后为庶人，司空张华、尚书仆射裴頠皆遇害，侍中贾谧及党与数十人皆伏诛。"又据本传，其卒时年三十四，逆推知其生于是年。

2. 十月，始行乡饮酒，乡射礼。

案：此条《晋书·武帝纪》等无载，今据《晋辟雍碑》所记为：“泰始三年十月，始行乡饮酒乡射礼。”[①]

3. 封孔震为奉圣亭侯。

《晋书》卷三《武帝纪》：“（泰始三年）十二月，徙宗圣侯孔震为奉圣亭侯。……禁星气谶纬之学。”

《晋书》卷一九《礼志》：“及武帝泰始三年十一月，改封宗圣侯孔震为奉圣亭侯。又诏太学及鲁国，四时备三牲以祀孔子。”

4. 文立入为太子中庶子。

《晋书》卷九一《文立传》：“泰始初，拜济阴太守，入为太子中庶子。上表请以诸葛亮、蒋琬、费祎等子孙流徙中畿，宜见叙用，……事皆施行。”

《华阳国志·大同志》：“武帝立太子，以司徒李胤为太傅，齐王骠骑为少傅，选立为中庶子。”

案：《晋书·武帝纪》：“（泰始三年春正月）丁卯，立皇子衷为皇太子。”故系年于此。

5. 姚信为吴太常。

《三国志》卷五八《陆逊传》：“赤乌七年，代顾雍为丞相，……及太子有不安之议，逊上疏陈：……既不听许，而逊外生顾谭、顾承、姚信，并以亲附太子，枉见流徙。”

《三国志》卷五九《孙和传》：“（宝鼎二年）十二月，遣守丞相孟仁、太常姚信等备官僚中军步骑二千人，以灵舆法驾，

---

① 余嘉锡：《晋辟雍碑考证》，见《余嘉锡论学杂著》（上），中华书局，1963年，第134页。

东迎神于明陵。”

儒学著述情况：

《周易注》十卷，见《经典释文·叙录》。马国翰辑有《周易姚氏注》一卷。

《十纬新书》十卷、《姚氏新书》二卷，见《隋志》。

《昕天论》一卷，见《隋志》。

案：姚信史书无传，此年明载其为吴太常，故暂系年于此。《太平御览》中颇多引用姚信之语。姚信曾从范平问学，见《晋书·范平传》。

6. 征李密为太子洗马不至。

《晋书》卷八八《李密传》：“李密字令伯，犍为武阳人也，一名虔。……蜀平，泰始初，诏征为太子洗马。密以祖母年高，无人奉养，遂不应命。”

《华阳国志·后贤志》：“李密字令伯，犍为武阳人也。祖父光朱提太守。父早亡，母何更行，见养祖母。治《春秋》《左传》，博览五经，多所通涉。……武帝立太子，征为洗马，诏书累下，郡县相逼，密上疏……”

案：武帝立太子于此年，故系此事于此年。

7. 谯周至洛，拜骑都尉。

《三国志》卷四二《谯周传》：“（谯）周虽舆疾诣洛，泰始三年至。以疾不起，就拜骑都尉，周乃自陈无功而封，求还爵土，皆不听许。”

泰始四年 戊子 公元 268 年（吴末帝宝鼎三年）

孔衍生。

《晋书》卷九一《孔衍传》："孔衍字舒元，鲁国人，孔子二十二孙也。祖文，魏大鸿胪。父毓，征南军司。衍少好学，年十二，能通《诗》《书》。弱冠，公府辟，本州举异行直言，皆不就。"

案：据本传，孔衍卒于太兴三年（320），时年五十三，逆推知其生于是年。

泰始五年 己丑 公元 269 年（吴末帝建衡元年）

应贞卒。

《晋书》卷九二《应贞传》："应贞字吉甫，汝南南顿人，魏侍中璩之子也。……泰始五年卒，文集行于世。"

《三国志》卷二一《王粲传》裴注引《文章叙录》："晋室践阼，（贞）迁太子中庶子，散骑常侍。又以儒学与太尉荀顗撰定新礼，事未施行。泰始五年卒。"

儒学著述情况：

《明易论》，见《经典释文·叙录》及《新唐书》。又张璠《周易集解》，应贞属其中一家。吴承仕《经典释文序录疏证》："《唐志》有《明易论》一卷。寻朱昭之《难顾道士夷夏论》云'昔应吉甫齐孔老于前。吾贤又均李释于后'。则应氏亦王、何之流亚也。"

泰始六年 庚寅 公元270**年**（吴末帝建衡二年）

1. 正月，于辟雍行大射礼。

《晋书》卷七五《荀崧传》云："世祖武皇帝，应运登禅，崇儒兴学，经始明堂，经营辟雍，告朔班政，乡饮大射。"

案：据晋辟雍碑所载，是年正月行大射礼，"六年正月，又奏行大射礼"。①

2. 谯周卒。

《三国志》卷四二《谯周传》："（泰始）六年秋，为散骑常侍，疾笃不拜，至冬卒。凡所著述，撰定《法训》《五经论》《古史考》之属百余篇。"

儒学著述情况：

《论语注》十卷，见《经典释文·叙录》及《隋志》。马国翰辑有《论语谯氏注》一卷。

《五经然否论》五卷、《谯子法训》八卷，见《隋志》。马国翰辑有《五经然否论》一卷。

《丧服图注》，见《太平御览》卷五四〇引。

《谯子五教志》五卷。《隋志》云：亡。

《礼祭集志》，见《宋书·礼志》引。

案：谯周为蜀地名儒，弟子甚众。据《晋书·文立传》载："（文立）师事谯周，门人以立为颜回，陈寿、李虔为游、夏，罗宪为子贡。"

---

① 余嘉锡：《晋辟雍碑考证》，见《余嘉锡论学杂著》（上），中华书局，1963年，第134页。

3. 武帝幸学。

《晋书》卷三《武帝纪》："（泰始六年）冬十一月，幸辟雍，行乡饮酒之礼，赐太常博士、学生帛牛酒各有差。"

《宋书·礼志》："晋武帝泰始六年十二月，帝临辟雍，行乡饮酒之礼。诏曰：'礼仪之废久矣，乃今复讲肄旧典，赐太常绢百匹，丞、博士及学生牛酒。"

又见《晋辟雍碑》①，所记月份为十月，当以碑文为准。

泰始七年 辛卯 公元 271 年（吴末帝建衡三年）

1. 裴秀卒。

《三国志》卷二四《裴潜传》裴注引《文章叙录》："秀字季彦。……著《易》及《乐》论，又画《地域图》十八篇，传行于世。年四十八，泰始七年薨，谥号元公，配食宗庙。"

《晋书》卷三五《裴秀传》："裴秀字季彦，河东闻喜人也。……泰始七年薨，时年四十八。"

又裴秀门客京相璠，著有《春秋土地名》三卷。《隋志》云裴秀客京相璠等著。马国翰辑有《春秋土地名》一卷。

2. 吕忱撰《字林》。

《魏书》卷九一《江式传》："晋世义阳王典祠令任城吕忱表上《字林》六卷，寻其况趣附托许慎《说文》，而案偶章句，隐别古籀奇惑之字，文得正隶，不差篆意也。忱弟静别仿故左

① 余嘉锡：《晋辟雍碑考证》，见《余嘉锡论学杂著》（上），中华书局，1963 年，第 134 页。

校令李登《声类》之法，作《韵集》五卷，宫商角徵羽各为一篇。”

著有《字林》七卷，见《隋志》，又《旧唐志》云十卷。

案：《隋书经籍志考证》云司马望卒于泰始七年，后其孙司马奇袭爵，太康九年贬为三继亭侯，故吕忱为义阳王典祠令在太康九年前。又据《中国学术思想编年》考证，以《晋书·义阳王司马望传》载义阳王曾任太尉，卒于泰始七年，吕忱曾为其典祠令，故为其时人，系于此年。今从。

又案：颜之推《颜氏家训·勉学》篇云：“夫文字者，坟籍根本，世之学徒，多不晓字。读五经者，是徐邈而非许慎；习赋诵者，信褚诠而忽吕忱。”又任大椿《字林考逸·自序》有云：“今字书传世者莫古于《说文》《玉篇》。而《字林》实承《说文》之绪，开《玉篇》之先。《字林》不传，则自许氏以后、顾氏以前六书相传之脉中阙弗续。”

3. 皇太子衷讲《孝经》通。

《晋书·礼志》：“泰始七年，皇太子讲《孝经》通。”

泰始八年 壬辰 公元 272 年（吴末帝凤凰元年）

1. 下诏整顿太学生。

《宋书·礼志一》：“晋武帝泰始八年，有司奏：‘太学生七千余人，才任四品，听留。’诏：‘已试经者留之，其余遣还郡国。大臣子弟堪受教者，令入学。’”

2. 向秀约卒于此年。

《晋书》卷四九《向秀传》：“后为散骑侍郎，转黄门侍郎、散骑常侍，在朝不任职，容迹而已。卒于位。”

儒学著述情况：

《易义》，见张璠《周易集解·序》，云“依向秀本”。《世说新语·政事三》注引《向秀别传》曰：“后注《周易》，大义可观。”又《经典释文》、李鼎祚《周易集解》、孔颖达《周易正义》皆引用其《易》注。马国翰辑有向秀《周易义》一卷。

又《庄子注》二十卷，见《隋志》。

《庄子音》一卷。《隋志》云亡。

案：向秀生卒年，史无明载。《中古文学系年》记其约卒于咸宁五年（279）；汤一介《郭象与魏晋玄学》认为向秀“生年约为魏明帝太和初（227），卒年约为西晋武帝咸宁末（280）”[①]；王晓毅《儒释道与魏晋玄学》从向秀注《庄子》思想的角度认为“作为一部未竟的遗著，认定《庄子注》最终‘成书’于作者向秀的逝世时间——西晋咸宁元年前后，是可以成立的”。[②]《中国学术思想编年》从王的这一说法。今暂系于此。

泰始九年 癸巳 公元273年（吴末帝凤凰二年）

韦昭被杀。

《三国志》卷六五《韦曜传》：“孙皓即位，封高陵亭侯，迁中书仆射，职省为侍中，常领左国史。……皓以为不承用诏命，意不忠尽，遂积前后嫌忿，收曜付狱，是岁凤凰二年也。……皓不许，遂诛曜，徙其家零陵。”

---

① 汤一介：《郭象与魏晋玄学》，北京大学出版社，2000年，第127页。

② 王晓毅：《儒释道与魏晋玄学形成》，中华书局，2003年，第236页。

儒学著述情况：

《孝经解赞》一卷，见《隋志》。马国翰辑有《孝经解赞》一卷。

《毛诗答杂问》七卷，见《隋志》。马国翰辑有《毛诗答杂问》一卷。

《春秋外传国语注》二十二卷，见《隋志》。

《辨释名》一卷，见《隋志》。马国翰辑有《辨释名》一卷。

《鲁论解》，见《补三国艺文志》引《尔雅翼》卷八。

又吴有儒生朱育，《虞翻传》注引《会稽典录》："孙亮时，有山阴朱育，少好奇字，凡所特达，依体象类，造作异字千名以上。……太守濮阳兴正旦晏见掾吏，言次，……府君称善。是岁，吴之太平三年，岁在丁丑。育后仕朝，常在台阁，为东观令，遥拜清河太守，加位侍中，推刺占射，文艺多通。"

又《隋志》著录有："《毛诗答杂问》七卷，吴侍中韦曜、侍中朱育等撰。"又著《初学篇》，见《旧唐志》；《异字》二卷，见《隋志》。马国翰辑有《异字》一卷。

泰始十年 甲午 公元274年（吴末帝凤凰三年）

1. 郑冲卒。

《晋书》卷三三《郑冲传》："（泰始）九年，冲又抗表致仕。……明年薨。帝于朝堂发哀，追赠太傅，赐秘器，朝服，衣一袭，钱三十万，布百匹。谥曰成。咸宁初，有司奏，冲与安平王孚等十二人皆存铭太常，配食于庙。……初，冲与孙邕、曹羲、荀顗、何晏共集《论语》诸家训注之善者，记其姓名，因从其义，有不安者辄改易之，名曰《论语集解》。"

《晋书》卷三《武帝纪》："（泰始十年春正月）闰月癸酉，太傅、寿光公郑冲薨。"

《晋书·儒林传序》："武帝受终……犹复修立学校，临幸辟雍。而荀　以制度赞惟新，郑冲以儒宗登保傅，茂先以博物参朝政。"

2. 四月，荀　卒。

《晋书》卷三九《荀　传》："时以《正德》《大豫》雅颂未合，命　定乐。事未终，以泰始十年薨。帝为举哀，皇太子临丧……咸宁初，诏论次功臣，将配飨宗庙。所司奏凯等十二人铭功太常，配飨清庙。　明'三礼'，知朝廷大仪。"

《晋书》卷三《武帝纪》："（泰始十年）夏四月己未，太尉、临淮公荀　薨。"

《晋书·儒林传序》："武帝受终……犹复修立学校，临幸辟雍。而荀　以制度赞惟新，郑冲以儒宗登保傅，茂先以博物参朝政。"

案：荀顗曾与何晏等人共同撰集《论语集解》，又著有《背杂议》十卷，见《隋志》。

3. 张靖为博士。

《通典》卷八二："泰始十年武元杨皇后崩，博士张靖议皇太子服。"

《通典》卷九三："咸宁二年，安平穆王薨，嗣子上继献王后，移问太常应何服，博士张靖答。"

《晋书》卷二〇《礼志》同。

儒学著述情况：

《谷梁传注》十卷，见《隋志》。新《旧唐志》均云十一卷。

《春秋谷梁废疾》三卷，《隋志》云：何休作，郑玄释，张靖笺。

《谥法》两卷，见《玉海》卷五十四引。

案：张靖初为博士，不知何年，是年至咸宁二年，其为博士，故暂系于此。

咸宁元年 乙未 公元275年（吴末帝天册元年）

卫瓘为尚书令。

《晋书》卷三六《卫瓘传》："咸宁初，征拜尚书令，加侍中。……瓘学问深博，明习文艺，与尚书郎敦煌索靖俱善草书……瓘以魏立九品，是权时之制，非经通之道，宜复古乡举里选。……武帝善之，而卒不能改。"

咸宁二年 丙申 公元276年（吴末帝天玺元年）

1. 郭璞生。

《晋书》卷七二《郭璞传》："郭璞字景纯，河东闻喜人也。……璞好经术，博学有高才，而讷于言论，词赋为中兴之冠。好古文奇字，妙于阴阳算历。"

案：姜亮夫《历代人物年里碑传综表》系其生年于此，今从。

2. 征皇甫谧为太子中庶子，不就。

《晋书》卷五一《皇甫谧传》："咸宁初，又诏曰：'男子皇甫谧沉静履素，守学好古，与流俗异趣，其以谧为太子中庶子。’谧固辞笃疾。”

《晋书》卷三《武帝纪》：“（咸宁二年）十二月，征处士安定皇甫谧为太子中庶子。”

案：《汉晋学术编年》系此事于咸宁元年，今据《晋书·武帝纪》改。

3. 孙毓为博士。

《经典释文·叙录》云：“（孙毓）字休郎，北海平昌人，长沙太守，为《诗评》，评毛郑王肃三家同异，朋于王。”

案：据《晋辟雍碑》载，有“博士东莞孙毓休朗”，[①] 则孙毓，当为东莞人，而非北海人。又据《晋书》卷二〇《礼志》：“咸宁二年，安平穆王薨，无嗣，以母弟敦上继献王后，移太常问应何服。……孙毓、宋昌议”。固知孙毓此年为太常博士，暂系年于此。

儒学著述情况：

《礼记音》一卷，见《经典释文·叙录》。

《毛诗异同评》十卷，见《隋志》。马国翰辑有《毛诗异同评》三卷。

《春秋左氏传义注》十八卷，见《隋志》；《旧唐志》云三十卷。马国翰辑有《春秋左氏传义注》一卷。

《春秋左氏传贾服异同略》五卷，见《隋志》。

又时人陈统，《隋志》云“晋徐州从事”。著有《难孙氏毛诗评》四卷，《毛诗表隐》，见《隋志》。马国翰辑有《难孙氏

---

① 余嘉锡：《晋辟雍考证》，见《余嘉锡论学杂著》（上），中华书局，1963年，第159页。

毛诗评》一卷。

咸宁三年 丁酉 公元277年（吴末帝天纪元年）

1. 皇太子衷讲《诗》通。

《晋书》卷一九《礼志》："咸宁三年，讲《诗》通。"

2. 刘寔为太常。

《晋书》卷四一《刘寔传》："咸宁中为太常，转尚书。杜预之伐吴也，寔以本官行镇南军司。"

案：据《晋书·武帝纪》，咸宁四年，杜预都督荆州诸军事，伐吴，故刘寔为太常当在此之前。又《晋辟雍碑》载："咸宁三年，太常修阳子平原刘寔命博士京兆段畅、渔阳崔豹讲肄大礼。"[①] 故暂系其为太常于此年。

3. 皇太子衷临辟雍，行乡饮酒礼。

《宋书》卷一四《礼志》："咸宁三年，惠帝元康九年，复行其礼（行乡饮酒之礼）。"

案：据《晋辟雍碑》载，此年是皇太子莅临，武帝未尝躬亲。

---

① 余嘉锡：《晋辟雍碑考证》，见《余嘉锡论学杂著》（上），中华书局，1963年，第150页。

咸宁四年 戊戌 公元278年（吴末帝天纪二年）

1. 二月，皇太子衷行大射礼于辟雍。

案，此条武帝纪、志书等均不载，《晋辟雍碑》云：“（咸宁）四年二月，行大射礼于辟雍”。[①] 又余嘉锡考证云：“晋宋书礼志止言泰始六年、咸宁三年行乡饮酒礼，其他皆不书，盖两志皆无射礼，故泰始三年之乡射，六年正月及咸宁四年之大射，遂不见于志。”[②]

2. 傅玄卒。

《晋书》卷四七《傅玄传》：“献皇后崩于弘训宫，设丧位。……而谒者以弘训宫为殿内，制玄位在卿下。玄恚怒，……御史中丞庾纯奏玄不敬，玄又自表不以实，坐免官。……寻卒于家，时年六十二，谥曰刚。……其后追封为清泉侯。”

《晋书》卷三一《景献羊皇后传》：“咸宁四年，太后崩，时年六十五，附葬峻平陵。”

儒学著述情况：

《傅子》一百二十卷，见《隋志》。

《周官评论》十二卷，见《新唐志》。

案：《傅子》今有辑本，如清叶德辉所辑《傅子》共三卷，并有订讹一卷，又严可均《全晋文》亦有辑录。《四库全书总目》卷九一云：“玄初作内篇成，以示司空王沈。沈与玄书曰：

---

① 余嘉锡：《晋辟雍碑考证》，见《余嘉锡论学杂著》（上），中华书局，1963年，第137页。

② 同上引，第138页。

'省足下所著书，言富理济，经纶政体。惟重儒教，足以塞杨、墨之流遁，齐孙、孟于往代。'当时见重如此。……独玄此书，所论皆关切治道，阐启儒风，精意名言往往而在。以视《论衡》《昌言》，皆当逊之。"

3. 晋国子学立。

《晋书》卷二四《职官志》："晋初承魏制，置博士十九人。及咸宁四年，武帝初立国子学，定置国子祭酒、博士各一人，助教十五人，以教生徒。博士皆取履行清淳，通明典义者，若散骑常侍、太子中庶子以上，乃得召试。及江左初，减为九人。元帝末，增《仪礼》《春秋公羊》博士各一人，合为十一人。后又增为十六人，不复分掌《五经》，而谓之太学博士也。"

案：《宋书·礼志一》："咸宁二年，起国子学，盖《周礼》国之贵游子弟所谓国子，受教于师氏者也。"又《晋书·武帝纪》："（咸宁二年夏五月）立国子学。"故《汉晋学术编年》系晋立国子学于咸宁二年。吕思勉在《两晋南北朝史》中考证认为："屋宇起于咸宁二年（276年），教官定于四年（278年），生徒入学之法，实至元康三年（293年）而后定。"[①] 又《资治通鉴》卷一百九十二记："晋武帝咸宁四年立国子学，置祭酒、博士各一人，助教十五人，以教生徒。"今暂系此年。

4. 诏朱冲为博士，冲称疾不应。

《晋书》卷九四《朱冲传》："朱冲字巨容，南安人也。……咸宁四年，诏补博士，冲称疾不应。……冲居近夷

---

① 吕思勉：《两晋南北朝史》，上海古籍出版社，1983版，第1335页。

俗，羌戎奉之若君，冲亦以礼让为训，邑里化之，路不拾遗，屯无凶人，毒虫猛兽皆不为害。卒以寿终。”

5. 王恂卒，曾任河南尹，立学崇明《五经》。

《晋书》卷九三《王恂传》：“王恂字良父，文明皇后之弟也。父肃，魏兰陵侯。恂文义通博，在朝忠正，累迁河南尹，建立二学，崇明《五经》。……咸宁四年卒，赠车骑将军。”

6. 郤正卒。

《三国志》卷四二《郤正传》：“郤正字令先，河南偃师人也。……会天下大乱，故正父揖因留蜀。……安贫好学，博览坟籍。……依则先儒，假文见意，号曰《释讥》，其文继于崔骃《达旨》。……泰始中，除安阳令，迁巴西太守。……咸宁四年卒。凡所著述诗论赋之属，垂百篇。”

咸宁五年 己亥 公元279年（吴末帝天纪三年）

1. 汲郡出土竹简古书。

《晋书》卷三《武帝纪》：“（咸宁五年）冬十月戊寅，……汲郡人不准掘魏襄王冢，得竹简小篆古书十余万言，藏于秘府。”

又《晋书·武帝纪》校注云：“汲郡人不准掘魏襄王冢，《晋书·卫恒传》、杜预《春秋左氏经传集解后序》正义引王隐《晋书·束皙传》作太康元年，《束皙传》、荀勖《穆天子传序》作太康二年。雷学淇《竹书纪年考证》云：竹书发于咸宁五年十月，《帝纪》之说，录其实也。就官收以后上于帝京时言，故曰太康元年，《束皙传》云二年，或命官校理之岁也。”

《晋书》卷五一《束皙传》："初，太康二年，汲郡人不准盗发魏襄王墓，或言安厘王冢，得竹书数十车。其《纪年》十三篇，记夏以来至周幽王为犬戎所灭，以事接之，三家分，仍述魏事至安厘王之二十年。盖魏国之史书，大略与《春秋》皆多相应。其中经传大异，则云夏年多殷；益干启位，启杀之；太甲杀伊尹；文丁杀季历；……其《易经》二篇，与《周易》上下经同。《易繇阴阳卦》二篇，与《周易》略同，《繇辞》则异。《卦下易经》一篇，似《说卦》而异。《公孙段》二篇，公孙段与邵陟论《易》。《国语》三篇，言楚晋事。《名》三篇，似《礼记》，又似《尔雅》《论语》。《师春》一篇，书《左传》诸卜筮，'师春'似是造书者姓名也。《琐语》十一篇，诸国卜梦妖怪相书也。《梁丘藏》一篇……《缴书》二篇，论弋射法。《生封》一篇，帝王所封。《大历》二篇，邹子谈天类也。《穆天子传》五篇，言周穆王游行四海，见帝台、西王母。《图诗》一篇，画赞之属也。又杂书十九篇：《周食田法》《周书》《论楚事》《周穆王美人盛姬死事》。大凡七十五篇，七篇简书折坏，不识名题。冢中又得铜剑一枚，长二尺五寸。漆书皆蝌蚪字。初发冢者烧策照取宝物，及官收之，多烂简断札，文既残缺，不复诠次。武帝以其书付秘书校缀次第，寻考旨归，而以今文写之。皙在著作，得观竹书，随疑分释，皆有义证。"

杜预《春秋左氏传集解·后序》："太康元年三月，吴寇始平，余自江陵还襄阳，解甲休兵，乃申抒旧意，修成《春秋释例》及《经传集解》。始讫，会汲郡汲县有发其界内怀旧冢者，大得古书，皆简编科斗文字，多杂碎怪妄……不可训知。《纪年》最为分了，其《纪年篇》起自夏、殷、周，皆三代王事，无诸国别也。唯特记晋事，起自殇叔，次文侯、昭侯，以至曲沃庄伯。庄伯之十一年十一月，鲁隐公元年正月也。皆用夏正建寅元月为岁首，编年相次。晋国灭，独记魏事，下至魏襄王之二十年，盖魏国之史记也。推校襄王二十年，岁在壬戌，是周赧王之十六年，秦昭王之八年，韩襄王之十三年，赵武灵王之二十七年，楚怀王之三十年，燕昭王之十三年，齐缗王之二十五年也。其著书文意，大似《春秋经》，推此足见古者国史策书之常也。”

案：据以上史料，可见关于竹简出土时间，有咸宁五年说、太康元年说、太康二年说。《汉晋学术编年》认为“盖初发冢时实咸宁五年，而收集散乱，表上秘府，命人整理，俱非一年之事，故记载不免出入也”。[①] 今从其系年。这是中国历史上有史明载的第一次大批出土竹简古书，后人整理得《易经》2篇、《易繇阴阳卦》2篇、《卦下易经》1篇、《纪年》13篇、《公孙段》2篇、《国语》3篇、《名》3篇、《师春》1篇、《琐语》11篇、《梁丘藏》1篇、《缴书》2篇、《生封》1篇、《大力》2篇、《图诗》1篇、《穆天子传》5篇、《周食田法》《周书》《论楚事》《周穆王美人盛姬死事》等。《隋书·经籍志》有载。

2. 荀勖著《新簿》。

《晋书》卷三九《荀勖传》：“俄领秘书监，与中书令张华依刘向《别录》，整理记籍。……及得汲郡冢中古文竹书，诏勖撰次之，以为《中经》，列在秘书。”

案：荀勖为秘书监，撰《中经新簿》当在汲郡竹书发现之后，故暂系年于此。

---

① 刘汝霖：《汉晋学术编年》卷七，中华书局，1986年，第106页。

3. 文立卒。

《华阳国志》卷一一《后贤志》："咸宁末年，卒。帝缘立有怀旧性，乃送葬于蜀，使者护丧事，郡县修坟茔，当时荣之。"

《晋书》卷九一《文立传》："咸宁末，卒。所著章奏诗赋数十篇行于世。"

4. 寿良为黄门侍郎。

《华阳国志》卷一一《后贤志》："寿良，字文淑，蜀郡成都人也。父、祖二世，犍为太守。良少与犍为张征、费缉并知名。治《春秋》三传，贯通五经。……文立卒后，温令李宓表武帝，言'二州人士零颓，才彦陵迟，……二州之望，宜见超予，绍继立后。'帝征为黄门侍郎，兼二州都、给事中、凉州刺史。……卒，葬洛北邙山。"

案：文立卒于此年，后李宓上表荐之，故系年于此。

太康元年 庚子 公元280年（吴末帝天纪四年）

虞溥为尚书都令史，议王昌服前母丧。稍迁公车司马令，除鄱阳内史，大修庠序。

《晋书》卷八二《虞溥传》："虞溥字允源，高平昌邑人也。父秘，为偏将军，镇陇西。溥从父之官，专心坟籍。……郡察孝廉，除郎中，补尚书都令史。……稍迁公车司马令，除鄱阳内史。大修庠序，广招学徒，移告属县曰……乃具为条制。于是至者七百余人。"

《晋书》卷二〇《礼志》："太康元年，东平王楙上言……

今江表一统，昌闻前母久丧，言疾求平议。……都令史虞溥议曰：……”

案：虞溥始为尚书都令史史无明载，是年确为都令史，稍后除鄱阳内史，故暂系年于此。

案：是年，吴灭，西晋短暂统一全国，姑附三国魏、蜀、吴地其他儒者及著述于此。

附　录：

1. 魏秘书郎刘璠著《毛诗义》四卷，《毛诗笺传是非》二卷。《隋志》云：魏秘书郎刘璠撰。

2. 魏大长秋韩益撰《春秋三传论》十卷。又韩益与田琼同撰《尚书释问》，见《隋书经籍志考证》。

3. 何宗，《华阳国志》卷一〇云：“何宗，字彦英，郫县人也。通经纬天官，推步图谶。知刘备应汉九世之运，赞立先主，为大鸿胪，方授公辅，会卒。”又见《三国志·蜀书·杨戏传》引《季汉辅臣赞》，陈寿自注云：“何彦英，名宗。”

4. 杨充，《华阳国志》卷一〇下：“杨充字盛国，梓潼人也。少好学，求师遂业，受古学于扶风马季长、吕叔公、南阳朱明叔、颍川白仲职，精究七经。其朋友则颍川荀慈明、李元礼、京兆罗叔景、汉阳孙子夏、山阳王叔茂，皆海内名士，还以教授州里。”

5. 景鸾，《华阳国志》卷一〇下：“景鸾字汉伯，梓潼人也。少与广汉郝伯宗、蜀郡任叔本、颍川李仲、渤海孟元叔，游学七州，遂明经术，还乃撰《礼略》《河图交集》《风角》《杂书》《月令章句》，凡五十万言。太守（阙），命为功曹。察孝廉，举有道，博士，征不诣。然上陈时政，言经得失。又戒子孙人纪之礼。及遗令，期死葬，不设衣衿，务在节俭，甚有法度。卒终布衣。”

6. 陆玑，《经典释文·叙录》云：“字元恪，吴郡人，吴太子中庶子。”著有《毛诗草木鸟兽虫鱼疏》，见《经典释文·叙录》。

7. 徐整，《经典释文·叙录》云：“字文操，豫章人，吴太常卿。”著有《毛诗谱》三卷，见《隋志》。《孝经默注》一卷，见《隋志》。马国翰辑有《毛诗谱畅》一卷。

8. 《尚书王氏传问》二卷，《尚书义》二卷，《隋志》云：“吴太尉范顺问，刘毅答。亡。”

9. 马国翰《玉函山房辑佚书》尚辑录《始学篇》一卷，云项竣撰。

10. 周成，曹魏时人，马国翰辑录其《杂字解诂》一卷。

11. 樊恭，曹魏时人，马国翰辑录其《广苍》一卷。

12. 陈群，曹魏时人，马国翰辑录其《论语陈氏义说》一卷。

太康二年 辛丑 公元281年

1. 裴頠为太子中庶子。

《晋书》卷三五《裴頠传》：“太康二年，征为太子中庶子，迁散骑常侍。”

2. 蔡谟生。

《晋书》卷七七《蔡谟传》：“蔡谟字道明，陈留考城人也。世为著姓。……谟弱冠察孝廉，州辟从事，举秀才，东海王越召为掾，皆不就。”

案：据本传，其卒于东晋永和十二年（356），时年七十六，逆推知其生于是年。

3. 阮侃为河内太守。

案：阮侃，史书无传。据《经典释文·叙录》云："字德恕，陈留人，河内太守。"《世说新语·贤媛》注引《陈留志名》云："(阮共）少子侃，字德如，有俊才，而饬以名理。风仪雅润，与嵇康为友，仕至河内太守。"又《宋书·符瑞下》载："晋武帝太康二年六月丁卯，白雀二见，河内南阳太守阮侃获以献。"故系年于此。著有《毛诗音》，见《经典释文·叙录》。

太康三年 壬寅 公元 282 年

1. 皇甫谧卒。

《晋书》卷五一《皇甫谧传》："太康三年卒，时年六十八。谧所著诗赋诔颂论难甚多，又撰《帝王世纪》《年历》《高士》《逸士》《列女》等传，《玄晏春秋》，并重于世。门人挚虞、张轨、牛综、席纯，皆为晋名臣。"

儒学著述情况：

《周易解》，见《周易正义》引。

《礼乐论》《圣真论》《玄守论》《年历》《释劝论》，见本传。

案：据本传自称："故吾欲朝死夕葬，夕死朝葬，不设棺椁，不设缠敛……平生之物，皆无自随，唯赍《孝经》一卷，示不忘孝道。"

2. 杜预作《春秋左氏经传集解》。

《晋书》卷三四《杜预传》："既立功之后，从容无事，乃耽思经籍，为《春秋左氏经传集解》。又参考众家谱第，谓之《释例》。又作《盟会图》《春秋长历》，备成一家之学，比老乃成。……当时论者谓预文义质直，世人未之重，唯秘书监挚虞赏之，曰：'左丘明本为《春秋》作传，而《左传》遂自孤行。《释例》本为《传》设，而所发明何但《左传》，故亦孤行。'……武帝闻之，谓预曰：'卿有何癖？'对曰：'臣有《左传》癖。'"

《春秋左氏经传集解·自序》："其发凡以言例，皆经国之常制，周公之垂法，史书之旧章，仲尼从而修之，以成一经之通体。其微显阐幽、裁成义类者，皆据旧例而发义，指行事以正褒贬。诸称'书''不书''先书''故书''不言''不称''书曰'之类，皆所以起新旧、发大义，谓之变例。然亦有史所不书，即以为义者，此盖《春秋》新意，故传不言'凡'，曲而畅之也。其经无义例，因行事而言，则传直言其归趣而已，非例也。"

案：在此之前，《左传》单行，刘歆引传文以解经，杜预《春秋左氏经传集解》将经之年与传之年相附，以《春秋》与《左传》合为一书作注，后被清人收入《十三经注疏》中。唐孔颖达《春秋正义序》有曰："晋世杜元凯又为《左氏集解》，专取丘明之传以释孔氏之经。所谓子应乎母，以胶投漆，虽欲勿合，其可离乎？今校先儒优劣，杜为甲矣，故晋宋传授，以至于今。"

3. 皇太子衷讲《礼记》通。

《晋书》卷一九《礼志》："太康三年，讲《礼记》通。"

太康四年 癸卯 公元 283 年

葛洪生。

《晋书》卷七二《葛洪传》："葛洪字稚川，丹阳句容人也。……洪少好学，家贫，躬自伐薪以贸纸笔，夜辄写书诵习，遂以儒学知名。"

又《抱朴子·外篇·自叙》云："年十六，始读《孝经》《论语》《诗》《易》，贫乏无以远寻师友，孤陋寡闻，明浅思短，大义多所不通。但贪广览，于众书乃无不暗诵。"

案：葛洪生卒年，本传无载，钱穆在《葛洪年谱》中据《太平御览》卷三二八引《抱朴子·外篇》云太安二年，京邑始乱，其年二十一，故生于太康四年。今从其说，系年于此。

太康五年 甲辰 公元 284 年

1. 修明堂、辟雍、灵台。

《宋书》卷一四《礼志》："太康五年，修作明堂、辟雍、灵台。"

2. 闰十二月，杜预卒。

《晋书》卷三四《杜预传》："其后征为司隶校尉，加位特进，行次邓县而卒，时年六十三。帝甚嗟悼，追赠征南大将军、开府仪同三司，谥曰成。”

《晋书》卷三《武帝纪》：“（太康五年十二月）闰月，镇南大将军、当阳侯杜预卒。”

儒学著述情况：

《丧服要记》二卷，见《隋志》；《旧唐志》云《丧服要集议》三卷。马国翰辑有《丧服要集》一卷。

《春秋释例》十五卷，见《隋志》。

《春秋左氏传评》二卷，见《隋志》。

《春秋左氏经传集解》三十卷，见《隋志》。

《春秋长历》，见《隋志》。

《春秋左氏传音》三卷，见《旧唐志》。

《善文》五十卷，见《隋志》。

《律本》二十一卷，见《隋志》。

《女记赞》，见本传，又见《玉海》卷四十引。

《春秋古今盟会地图》，见《本传》，《隋志》不著撰人，云亡。

《杂律》七卷。《隋志》云：“梁有杜预《杂律》七卷，亡。”

3. 王宏卒。

《晋书》卷九〇《王宏传》：“王宏字正宗，高平人，魏侍中粲之从孙也。……太康五年卒，追赠太常。”

又《三国志·钟会传》裴注引《博物记》：“初，王粲与族兄凯俱避地荆州，刘表欲以女妻粲，而嫌其行陋而用率，以凯有风貌，乃以妻凯。凯生业，业即刘表外孙也。蔡邕有书近万卷，末年载数车与粲，粲亡后，相国掾魏讽谋反，粲子与焉，既被诛，邕所与书悉入业。业字长绪，位至谒者仆射。子宏字正宗，司隶校尉。宏，弼之兄也。”

著有《易义》，见《经典释文·叙录》，又张璠《周易集解》，王宏学说采为一家。

太康六年 乙巳 公元285年

1. 王濬辟王长文不至。

《晋书》卷八二《王长文传》：“王长文字德睿，郪人也。少以才学知名，而放荡不羁，州府辟命皆不就。……著书四卷，拟《易》，名《通玄经》，有《文言》《卦象》，可用卜筮，时人比之扬雄《太玄》。同郡马秀曰：‘扬雄作《太玄》，惟桓谭以为必传后世。晚遭陆绩，玄道遂明。长文《通玄经》未遭陆绩、君山耳。’”

《华阳国志·后贤志》：“王长文字德叡，广汉郪人也。……长文天姿聪警，高畅敏识。治五经，博综群籍。……还家养母，独讲学，著《无名子》十二篇，依则《论语》。又著《通经》四篇，亦有卦名，拟《易》《玄》。又《春秋》三传，传经不同，每生讼议，乃据经摘传，著《春秋三传》十三篇。又撰《约礼记》，除烦举要，凡十篇，皆行于时。……三司及抚军大将军王濬累辟，不诣。”

案：据《晋书·王濬传》：“濬平吴之后，以勋高位重，不复素业自居，……后又转濬抚军大将军、开府仪同三司，……太康六年卒，时年八十，谥曰武。”王濬卒于此年，辟王长文当在此前，故暂系年于此。

2. 范粲卒，曾在武威郡立学。

《晋书》卷九四《范粲传》：“范粲字承明，陈留外黄人……及宣帝辅政，迁武威太守。到郡，选良吏，立学校，劝农桑。……以太康六年卒，时年八十四。”

太康七年 丙午 公元286年

孔坦生。

《晋书》卷七八《孔坦传》：“坦字君平。祖冲，丹阳太守。父侃，大司农。坦少方直，有雅望，通《左氏传》，解属文。”

案：据《晋书》本传，孔坦卒于东晋咸康二年（336），时年五十一，逆推知其生于本年。

太康八年 丁未 公元287年

李密卒。

《晋书》卷八八《李密传》：“乃迁汉中太守，自以失分怀怨。……武帝忿之，于是都官从事奏免密官。后卒于家。”

《华阳国志·后贤志》：“左迁汉中太守，诸王多以为冤。一年去官，年六十四，卒。著《述理论》，论中和仁义、儒学道化之事，凡十篇。”

案：姜亮夫《历代人物年里碑传综表》系其卒年于是年，今从。

太康十年 己酉 公元289年

1. 十一月，荀勖卒。

《晋书》卷三九《荀勖传》：“勖久管机密，有才思，探得人主微旨，不犯颜忤争，故得始终全其宠禄。太康十年卒。诏赠司徒，赐东园密器、朝服一具、钱五十万、布百匹。遣兼御史持节护丧，谥曰成。”

《晋书》卷三《武帝纪》：“（太康十年）十一月丙辰，守尚书令、左光禄大夫荀勖卒。”

儒学著述情况：

《孝经集议》一卷，见《隋志》。

《太乐杂歌辞》三卷、《太乐歌辞》二卷，见《新唐志》。

《拟诗》六篇，《经义考》卷二百七十四云：存。

2. 征刘兆为博士不至。

《晋书》卷九一《刘兆传》：“刘兆字延世，济南东平人，汉广川惠王之后也。兆博学洽闻，温笃善诱，从受业者数千人。武帝时五辟公府，三征博士，皆不就。安贫乐道，潜心著述，不出门庭数十年。以《春秋》一经而三家殊途，诸儒是非之议纷然，互为仇敌，乃思三家之异，合而通之。《周礼》有调人之官，作《春秋调人》七万余言，皆论其首尾，使大义无乖，时有不合者，举其长短以通之。又为《春秋左氏》解，名曰《全综》，《公羊》《谷梁》解诂皆纳经传中，朱书以别之。又撰《周易训注》，以正动二体互通其文。凡所赞述百余万言。……兆年六十六卒。”

儒学著述情况：

《春秋公羊谷梁传注》十二卷，见《隋志》。马国翰辑有《春秋公羊谷梁传解诂》一卷。

《春秋三家集解》十一卷，见《新唐志》。

《周易训注》《春秋调人》《春秋左氏全综》，见本传。

案：晋武帝征刘兆为博士，不知具体何年，故系武帝之末。

3. 召氾毓为南阳王文学、秘书郎、太傅参军，并不就。

《晋书》卷九一《氾毓传》："氾毓字稚春，济北卢人也。奕世儒素，敦睦九族，客居青州……或荐之武帝，诏补南阳王文学、秘书郎、太傅参军，并不就。……合《三传》为之解注，撰《春秋释疑》《肉刑论》，凡所述造七万余言。年七十一卒。"

4. 刘智卒。

《晋书》卷四一《刘寔传》附："弟智字子房，贞素有兄风。少贫窭，每负薪自给，读诵不辍，竟以儒行称。历中书黄门吏部郎，出为颍川太守。……著《丧服释疑论》，多所辨明。太康末卒，谥曰成。"

著有《丧服释疑》[①]，见本传，《隋志》云二卷，孔智撰。（马国翰辑有《丧服释疑》一卷。）

---

① 此书《通典》多有引用，署刘智撰。严可均《全晋文》即云："刘智有《丧服疑论》二十卷，今见于《通典》者凡十五条。"又马国翰玉函山房辑本序曰："余氏萧客云《通典》引数处并云晋刘智，无孔智。按《礼记正义》亦引刘智，以此合本传证之，知《隋志》误刘为孔也。"

晋惠帝

（公元 290 年　公元 306 年）

永熙元年 庚戌 公元 290 **年**（四月以前为武帝太熙元年，以后为惠帝永熙元年）

1. 王戎为尚书右仆射。

《晋书》卷四《惠帝纪》："（永平元年夏四月）己巳，以太子太傅王戎为尚书右仆射。"

2. 裴頠为国子祭酒。

《晋书》卷三五《裴頠传》："惠帝即位，转国子祭酒，兼右军将军。"

3. 缪播为祭酒

《晋书》卷六〇《缪播传》："缪播字宣则，兰陵人也。……播才思清辩，有意义。高密王泰为司空，以播为祭酒，累迁太弟中庶子。"

案：据惠帝本纪和高密王泰本传，是年十月辛酉以司马泰为司空，故纪于此。

元康元年 辛亥 公元 291 **年**

1. 卫瓘被诛。

《晋书》卷三六《卫瓘传》："贾后素怨瓘，且忌其方直……（瓘）遂与子恒、获、裔及孙等九人同被害，时年七十二。”

《晋书》卷四《惠帝纪》：“（元康元年）六月，贾后矫诏使楚王玮杀太宰、汝南王亮，太保、淄阳公卫瓘。”

儒学著述情况：

《集注论语》六卷，见《隋志》。马国翰辑有《论语卫氏集注》一卷。

《丧服仪》一卷，见《隋志》。

《易义》，见《经典释文·叙录》，张璠集魏晋二十二家《易》说，瓘说为一家。

2. 欧阳建为冯翊太守。

《晋书》卷三三《欧阳建传》：“欧阳建字坚石，世为冀方右族。雅有理思，才藻美赡，擅名北州。……历山阳令、尚书郎、冯翊太守甚得时誉。”

《文选》卷二三《临终诗》引王隐《晋书》：“欧阳建字坚石，渤海人，石崇甥也，为冯翊太守。赵王伦之为征西，扰乱关中，建每匡政，不从。私欲迎楚王玮，立之。由是有隙。石崇劝淮南王使诛伦，未行，事觉。伦收崇、建及母妻，无少长，皆斩。”

《晋书》卷四《惠帝纪》：“（元康元年九月）辛丑，征西大将军、梁王肜为卫将军、录尚书事，以赵王伦为征西大将军、都督雍梁二州诸军事。”

案：是年，司马伦为征西将军，故系年于此。

3. 皇太子讲《孝经》。

《晋书》卷五五《潘尼传》：“元康元年冬十二月，上以皇太子富于春秋，而人道之始莫先于孝悌，初命讲《孝经》于崇正殿。”

又《玉海》卷六〇同。

元康三年 癸丑 公元293年

1. 皇太子讲《论语》通，裴頠等奏修国学、刻石写经。

《晋书》卷一九《礼志》：“惠帝元康三年，皇太子讲《论语》通。”

《宋书》卷一四《礼志》：“晋惠帝、明帝之为太子，及愍怀太子讲经竟，并亲释奠于太学，太子进爵于先师，中庶子进爵于颜渊。”

《晋书》卷三五《裴　传》：“时天下暂宁，頠奏修国学，刻石写经。皇太子既讲，释奠祀孔子，饮飨射侯，甚有仪序。”

案：王应麟在《困学纪闻》中将此年所刻石经列为七石经之一，即“石经有七，汉熹平则蔡邕，魏正始则邯郸淳，晋裴頠，唐开成中唐玄度，后蜀孙逢吉等，本朝嘉祐中杨南仲等”。

2. 诏国子学以品第简选诸生。

《南齐书》卷九《礼志》：“永泰元年，东昏侯即位，尚书符依永明旧事废学。领国子助教曹思文上表曰：‘古之建国君民者，必教学为先，将以节其邪情，而禁其流欲，故能化民裁俗，习与性成也。……据臣所见，今之国学，即古之太学。晋初太学生三千人，既多猥杂，惠帝时欲辨其泾渭，故元康三年始立国子学，官品第五以上得入国学。’”

元康四年 甲寅 公元294年

1. 束皙为张华所辟。

《晋书》卷五一《束皙传》："束皙字广微，阳平元城人，汉太子太傅疏广之后也。……皙博学多闻，与兄璆俱知名。少游国学，或问博士曹志曰：'当今好学者谁乎?'志曰：'阳平束广微好学不倦，人莫及也。'还乡里，察孝廉，举茂才，皆不就。……石鉴卒，王戎乃辟璆。华召皙为掾，又为司空、下邳王晃所辟。华为司空，复以为贼曹属。"

案：据《晋书·石鉴传》，石鉴卒于本年，又《中古文学系年》引《北堂书钞》卷五七《文士传》推断：束皙约于元康四年十一月为下邳王辟，入司空府。

2. 唐彬卒。

《晋书》卷四二《唐彬传》："元康四年卒官，时年六十，谥曰襄。"

元康六年 丙辰 公元296年

束皙为佐著作郎。

《晋书》卷五一《束皙传》："华为司空，复以为贼曹属。……转佐著作郎，撰《晋书·帝纪》、十《志》，迁转博士，著作如故。……皙在著作，得观竹书，随疑分释，皆有义证。"

案：《北堂书钞》卷五七"著作佐郎"条注引《文士传》云："束皙元康四年应司空府，入月余，亦除著作佐郎，著作西观，撰《晋书》，草创三帝纪及十志。"

又《初学记》卷一二《著作郎》条下引张隐《文士传》同。陆侃如《中古文学系年》谓文廷式《补晋书艺文志》曰元康四年有误，又引严可均《全晋文》卷八十七载皙《避讳议》“元康七年诏书称……”[①] 系年于此。今从。

元康七年 丁巳 公元297年

陈寿卒。

《晋书》卷八二《陈寿传》：“元康七年，病卒，时年六十五。……‘陈寿作《三国志》，辞多劝诫，明乎得失，有益风化’……寿又撰《古国志》五十篇、《益都耆旧传》十篇，余文章传于世。”

案：陈寿师从谯周，治《尚书》、“三传”，有史学著作多部。

元康八年 戊午 公元298年

贺循补太子舍人。

《晋书》卷六八《贺循传》：“国相丁乂请为五官掾。刺史嵇喜举秀才，除阳羡令，……后为武康令，……政教大行，邻城宗之。然无援于朝，久不进序。著作郎陆机上疏荐循，……久之，召补太子舍人。”

案：据《中古文学系年》，是年陆机补著作郎，作《荐贺

---

① 陆侃如：《中古文学系年》（下），人民文学出版社，1985年，第769页。

循郭讷表》[1]，今系年于此。

元康九年 己未 公元299年

1. 孙盛生。

《晋书》卷八二《孙盛传》："孙盛字安国，太原中都人。……及长，博学，善言名理。……起家佐著作郎，以家贫亲老，求为小邑，出补浏阳令。太守陶侃请为参军。"

案：据张可礼《东晋文艺系年》考，孙盛生于西晋元康九年（299）[2]。李中华《中国儒学史》引《晋书·孙盛传》云"盛年十岁，避难渡江"，推测约生于永嘉之乱前十年，即晋惠帝太安二年（303）前后。今从张说，暂系年于此。

2. 裴頠为尚书仆射，作《崇有论》。

《晋书》卷四《惠帝纪》："（元康九年）秋八月，以尚书裴頠为尚书仆射。"

《晋书》卷三五《裴 传》：" 深患时俗放荡，不尊儒术，何晏、阮籍素有高名于世，口谈浮虚，不遵礼法，尸禄耽宠，仕不事事；至王衍之徒，声誉太盛，位高势重，不以物务自婴，遂相放效，风教陵迟，乃著《崇有》之论以释其蔽。……王衍之徒攻难交至，并莫能屈。又著《辨才论》，古今精义皆辨释焉，未成而遇祸。"

又《世说新语·文学》："裴成公作《崇有论》，时人攻难之，莫能折。唯王夷甫来，如小屈。时人即以王理难裴理，还

---

① 陆侃如：《中古文学系年》（下），人民文学出版社，1985年，第771页。

② 张可礼：《东晋文艺系年》，山东教育出版社，1992年，第30页。

复申。”

《三国志》卷二三《裴潜传》注引陆机《惠帝起居注》：“‘頠雅有远量，当朝名士也。又曰：民之望也。頠理具渊博，赡于论难，著《崇有》《贵无》二论，以矫虚诞之弊，文辞精富，为世名论。”注又引《晋诸公赞》：“　疾世俗尚虚无之理，故著《崇有》二论以斥之。”

案：裴頠的《崇有论》，庞朴先生在《中国儒学》中评道：“裴　的崇有论是对儒学玄学化的当头棒喝，至少从理论上比较有效地遏制了儒学玄学化的倾向，因而在思想史上具有极为重要的价值。”

3. 阎缵论皇族子弟教育之失。

《晋书》卷四八《阎缵传》：“阎缵字续伯，巴西安汉人也。……愍怀太子之废也，缵舆棺诣阙，上书理太子之冤曰：‘臣伏念遹生于圣父而至此者，由于长养深宫，沉沦富贵，受饶先帝，父母骄之。每见选师傅下至群吏，率取膏粱击钟鼎食之家，希有寒门儒素如卫绾、周文、石奋、疏广，洗马、舍人亦无汲黯、郑庄之比，遂使不见事君之道。……非但东宫，历观诸王师友文学，皆豪族力能得者，率非龚遂、王阳，能以道训。友无亮直三益之节，官以文学为名，实不读书，但共鲜衣好马，纵酒高会，嬉游博弈，岂有切磋，能相长益！臣常恐公族迟陵，以此叹息。……置游谈文学，皆选寒门孤宦以学行自立者，及取服勤更事、涉履艰难、事君事亲、名行素闻者，使与共处。使严御史监护其家，绝贵戚子弟、轻薄宾客。如此，左右前后，莫非正人。师傅文学，可令十日一讲，使共论议于前。敕使但道古今孝子慈亲，忠臣事君，及思衍改过之义，皆闻善道，庶几可全。’……书御不省。”

案：《晋书》卷四《惠帝纪》：“（元康九年）十二月壬戌，废皇太子遹为庶人，及其三子幽于金庸城，杀太子母谢氏。”故系年于此。

4. 许孜卒。

《晋书》卷八八《许孜传》：“许孜字季义，东阳吴宁人也。孝友恭让，敏而好学。年二十，师事豫章太守会稽孔冲，受《诗》《书》《礼》《易》及《孝经》《论语》。……元康中，郡察孝廉，不起，巾褐终身。年八十余，卒于家。邑人号其居为孝顺里。”

案：《建康实录》卷七：“（咸康七年冬十二月）是月，东阳太守张虞表称郡民许孜纯孝，诏旌表门闾，蠲复其子孙。”

5. 邹湛卒。

《晋书》卷九二《邹湛传》：“邹湛字润甫，南阳新野人也。……湛少以才学知名，仕魏历通事郎，太学博士。……太康中，拜散骑侍郎，出补渤海太守，转太傅杨骏长史，迁侍中。骏诛，以僚佐免官。寻起为散骑常侍、国子祭酒，转少府。元康末卒。所著诗及论事议二十五首，为时所重。”

著有《周易统略》五卷，见《隋志》。又张璠《周易集解》，邹湛为其一家。马国翰辑有《周易统略》一卷。

永康元年 庚申 公元300年

1. 四月，张华被杀。

《晋书》卷三六《张华传》：“及伦、秀将废贾后，秀使司马雅夜告华曰：‘今社稷将危，赵王欲与公共匡朝廷，为霸者之事。’华知秀等必成篡夺，乃距之。……是夜难作，诈称诏召华，遂与裴　被收。……遂害之于前殿马道南，夷三族，朝野莫不悲痛之。时年六十九。……雅爱书籍，身死之日，家无余财，惟有文史溢于机。尝徙居，载书三十乘。秘书监挚虞撰定官书，皆资华之本以取正焉。天下奇秘，世所希有者，悉在华所。”

《晋书》卷四《惠帝纪》：“（永康元年夏四月）癸巳，梁王肜、赵王伦矫诏废贾后为庶人，司空张华、尚书仆射裴　皆遇害，侍中贾谧及党羽数十人皆伏诛。”

2. 裴頠被杀。

《晋书》卷三五《裴頠传》：“初，赵王伦谄事贾后，頠甚恶之。伦数求官，頠与张华复固执不许，由是深为伦所怨。伦又潜怀篡逆，欲先除朝望，因废贾后之际遂诛之，时年三十四。……惠帝反正，追复　本官，改葬以卿礼，谥曰成。”

著有《崇有论》，见本传。

3. 欧阳建被杀。

《晋书》卷三三《欧阳建传》：“及遇祸，莫不悼惜之。年三十余。临命作诗，文甚哀楚。”

又《文选》卷二三《临终诗》引王隐《晋书》：“欧阳建字坚石，渤海人，石崇甥也，为冯翊太守。赵王伦之为征西，扰乱关中，建每匡政，不从。私欲迎楚王玮，立之。由是有隙。石崇劝淮南王使诛伦，未行，事觉。伦收崇、建及母妻，无少长，皆斩。”

案：《晋书》卷三六《张华传》：“张华、裴頠各以见惮取诛，于时，解系、解结同以羔羊并被其害，欧阳建等无罪而死，百姓怜之。”故系年于此。

著有《言尽意论》，见《艺文类聚》引。

4．刘伶卒。

《晋书》卷四九《刘伶传》：“刘伶字伯伦，沛国人也。身长六尺，容貌甚陋。放情肆志，常以细宇宙齐万物为心。澹默少言，不妄交游，与阮籍、嵇康相遇，欣然神解，携手入林。……尝为建威参军。泰始初对策，盛言无为之化。时辈皆以高第得调，伶独以无用罢。竟以寿终。”

案：刘伶为魏晋时放达名士，与嵇康、阮籍交游。著有《酒德颂》一篇，见本传。

5．束皙罢归，教授门徒。

《晋书》卷五一《束皙传》：“赵王伦为相国，请为记室。皙辞疾罢归，教授门徒。年四十卒，元城市里为之废业，门生故人立碑墓侧。皙才学博通，所著《三魏人士传》《七代通记》《晋书纪》《志》，遇乱亡失。其《五经通论》《发蒙记》《补亡诗》、文集数十篇，行于世云。”

儒学著述情况：

《发蒙记》一卷，见《隋志》。马国翰辑有《发蒙记》一卷。

《汲冢书释》《汲冢书释难》《五经通论》《补亡诗》，见本传。马国翰辑有《五经通论》一卷。

永宁元年 辛酉 公元301年

1. 王长文卒。

《晋书》卷八二《王长文传》："后成都王颖引为江源令。或问：'前部降志，今何为屈？'长文曰：'禄以养亲，非为身也。'梁王肜为丞相，引为从事中郎。……后终于洛。"

又《华阳国志·后贤志》："元康初，试守江源令，……长文闻益州乱，以通经筮得老蚕绿枯桑之卦。叹曰：'桑无叶，蚕以卒也。吾蜀人，殄于是矣。'拜蜀郡太守，暴疾，卒时年六十四。"

儒学著述情况：

《春秋三传注》十三篇，见本传。

《约礼记》十篇，见本传。

《通经》四篇，见本传。

《无名子》十二篇，见本传。

案：据《汉晋学术编年》考证，是年蜀李特反，故长文拜蜀太守于此年，卒于未上任时。今从其说。

2. 赵王伦以郭琦为吏，不就。

《晋书》卷九四《郭琦传》："郭琦字公伟，太原晋阳人也。少方直，有雅量，博学，善五行，作《天文志》《五行传》，注《谷梁》《京氏易》百卷。乡人王游等皆就琦学。武帝欲以琦为佐著作郎，问琦族人尚书郭彰。彰素疾琦，答云：'不识。'帝曰：'若如卿言，乌丸家儿能事卿，即堪为郎矣。'遂决意用之。及赵王伦篡位，又欲用琦，琦曰：'我已为武帝吏，不容复为今世吏。'终身处于家。"

著有《谷梁注》《京氏易注》，见本传。

案：《晋书·惠帝纪》卷四："永宁元年春正月乙丑，赵王伦篡帝位。"故系年于此。

3. 贺循辞疾归。

《晋书》卷六八《贺循传》："赵王伦篡位，转侍御史，辞疾去职。"

4. 王接举秀才。

《晋书》卷五一《王接传》："王接字祖游，河东猗氏人，汉京兆尹尊十世孙也。父蔚，世修儒史之学。魏中领军曹羲作《至公论》，蔚善之，而著《至机论》，辞义甚美。……永宁初，举秀才。……接学虽博通，特精《礼传》。常谓《左氏》辞义赡富，自是一家书，不主为经发。《公羊》附经立传，经所不书，传不妄起，于文为俭，通经为长。任城何休训释甚详，而黜周王鲁，大体乖硋，且志通《公羊》而往往还为《公羊》疾病。接乃更注《公羊春秋》，多有新义。"

5. 董景道隐于商洛山。

《晋书》卷九一《董景道传》："董景道字文博，弘农人也。少而好学，千里追师，所在惟昼夜读诵，略不与人交通。明《春秋三传》《京氏易》《马氏尚书》《韩诗》，皆精究大义。《三礼》之义，专遵郑氏，著《礼通论》非驳诸儒，演广郑旨。永平中，知天下将乱，隐于商洛山。"

6. 张轨出任凉州刺史，在郡立学。

《晋书》卷八六《张轨传》："张轨字士彦，安定乌氏人，汉常山景王耳十七代孙也。家世孝廉，以儒学显。……轨少明敏好学，有器望，资仪典则，与同郡皇甫谧善，隐于宜阳女几山。……永宁初，出为护羌校尉、凉州刺史。……征九郡胄子五百人，立学校，始置崇文祭酒，位视别驾，春秋行乡射之礼。”

张轨曾从皇甫谧问学。著有《易义》一种，见张璠《周易集解》及《经典释文·叙录》。马国翰辑有《周易张氏义》一卷。

7. 敦煌太守阴澹征索　为西阁祭酒，不应。

《晋书》卷九五《索紞传》：“索　字叔徹，敦煌人也。少游京师，受业太学，博综经籍，遂为通儒。……（阴）澹命为西阁祭酒，　辞曰：‘少无山林之操，游学京师，……弗敢闻命。’澹以束帛礼之，月致羊酒。年七十五，卒于家。”

案：据《晋书·张轨传》，是年，张轨出使凉州史，以宋配、阴澹等为股肱，故系年于此。

8. 孙绰生。

《晋书》卷五六《孙绰传》：“绰字兴公。博学善属文，少与高阳许询俱有高尚之志。”

案：唐许嵩《建康实录》卷八：“（咸安元年）是岁，散骑常侍郎领著作孙绰卒，……时年五十八。”逆推其应生于愍帝建兴二年（314）。《孙绰生平考》[①] 一文依据孙绰为温峤等人撰写碑文及其交游，认为其当生于此年，故暂系年于此。

① 陈慧娟：《孙绰生平考》，《中山大学研究生学刊》（社会科学版）2009年第3期.

太安元年 壬戌 公元302年

1. 高密处士徐苗卒。

《晋书》卷九一《徐苗传》:“徐苗字叔胄,高密淳于人也。累世相承,皆以博士为郡守。苗少家贫,昼执锄耒,夜则吟诵。弱冠,与弟贾就博士济南宋均受业,遂为儒宗。作《五经同异评》,又依道家著《玄微论》,前后所造数万言,皆有义味。……郡察孝廉,州辟从事、治中、别驾,举异行,公府五辟博士,再征,并不就。武、惠时计吏至台,帝辄访其安不。永宁二年卒,遗命濯巾浣衣,榆棺杂砖,露车载尸,苇席瓦器而已。”

儒学著述情况:

《徐氏周易筮占》二十四卷,见《旧唐志》。

《五经同异评》《玄微论》,见本传。

2. 刘寔为太傅。

《晋书》卷四《惠帝纪》:“(太安元年五月)以右光禄大夫刘寔为太傅。”

太安二年 癸亥 公元303年

宋岱卒。

《华阳国志·大同志》:“荆州刺史宋岱水军三万助尚垫江……太安二年五月病卒垫江。”

著有《周易论》一卷,见《隋志》。

永兴元年 甲子 公元 304 **年**（正月改太安三年为永安，七月改元建武，十一月复为永安，十二月改为永兴）

1. 刘渊以范隆为大鸿胪。

《晋书》卷九一《范隆传》："范隆字玄嵩，雁门人。……博通经籍，无所不览，著《春秋三传》，撰《三礼吉凶宗纪》，甚有条义。惠帝时，天下将乱，隆隐迹不应州郡之命，昼勤耕稼，夜诵书典。颇习秘历阴阳之学，……后与（朱）纪依于刘元海，元海以隆为大鸿胪，纪为太常，并封公。隆死于刘聪之世，聪赠太师。"

著有《春秋三传》《三礼吉凶宗纪》，见本传。

2. 刘渊征崔游为御史大夫，不就。

《晋书》卷九一《崔游传》："及刘元海僭位，命为御史大夫，固辞不就。卒于家，时年九十三。"

著有《丧服图》一卷，见《旧唐志》。

永兴二年 乙丑 公元 305 **年**

1. 王戎卒。

《晋书》卷四三《王戎传》："其后从帝北伐，王师败绩于荡阴，戎复诣邺，隋帝还洛阳。车驾之西迁也，戎出奔于郏。在危难之间，亲接锋刃，谈笑自若，未尝有惧容。时召亲宾，欢娱永日。永兴二年，薨于郏，时年七十二，谥曰元。"

《晋书》卷四《惠帝纪》："（永兴二年）六月甲子，侍中、司徒、安丰侯王戎薨。"

王戎曾与阮瞻讨论名教与自然的关系，《晋书·阮瞻传》：

“（瞻）见司徒王戎，戎问曰：‘圣人贵名教，老庄明自然，其旨异同？’瞻曰：‘将毋同。’”

案：王戎为竹林名士，曹魏之时，与阮籍、嵇康等交游。

2. 王接卒。

《晋书》卷五一《王接传》：“及东海王越率诸侯讨颙，尚书令王堪统行台，上请接补尚书殿中郎，未至而卒，年三十九。”

儒学著述情况：《春秋公羊传注》，见本传。

其子王愆期又著有《春秋公羊传注》十二卷，见《经典释文·叙录》。

3. 江惇生。

《晋书》卷五六《江惇传》：“惇字思悛，孝友淳粹，高节迈俗。性好学，儒玄并综。每以为君子立行，应依礼而动，虽隐显殊途，未有不傍礼教者也。若乃放达不羁，以肆纵为贵者，非但动违礼法，亦道之所弃也。乃著《通道崇检论》，世咸称之。”

案：据《晋书》本传，江惇卒于永和九年（353），时年四十九，逆推知其生于是年。

光熙元年 丙寅 公元306年

1. 司马彪卒。

《晋书》卷八二《司马彪传》：“司马彪字绍统，高阳王睦之长子也。少笃学不倦，……惠帝末年卒，时年六十余。”

儒学著述情况：《礼记注》，见《经典释文·叙录》。又

《九州春秋》十卷，见《隋志》。

2. 纪瞻赴洛途中与顾荣共论《易》之太极。

《晋书》卷六八《纪瞻传》："纪瞻字思远，丹阳秣陵人也。……召拜尚书郎，与荣同赴洛，在途共论《易》太极。荣曰：'太极者，盖谓混沌之时蒙昧未分，日月含其辉，八卦隐其神，天地混其体，圣人藏其身。然后廓然既变，清浊乃陈，二仪著象，阴阳交泰，万物始萌，六合开拓。《老子》云"有物混成，先天地生"，诚《易》之太极也。而王氏云"太极天地"，愚谓未当。夫两仪之谓，以体为称，则是天地；以气为名，则名阴阳。今若谓太极为天地，则是天地自生，无生天地者也。《老子》又云"天地所以能长且久者，以其不自生，故能长久"，"一生二，二生三，三生万物"，以资始冲气以为和。原元气之本，求天地之根，恐宜以此为准也。'瞻曰：'昔伏羲画八卦，阴阳之理尽矣。文王、仲尼系其遗业，三圣相承，共同一致，称《易》准天，无复其余也。夫天清地平，两仪交泰，四时推移，日月辉其间，自然之数，虽经诸圣，孰知其始。吾子云"蒙昧未分"，岂其然乎！圣人，人也，安得混沌之初能藏其身于未分之内！老氏先天之言，此盖虚诞之说，非《易》者之意也。亦谓吾子神通体解，所不应疑。意者直谓太极极尽之称，言其理极，无复外形，外形既极，而生两仪。王氏指向可谓近之。古人举至极以为验，谓二仪生于此，非复谓有父母。若必有父母，非天地其孰在？'荣遂止。至徐州，闻乱日甚，将不行。会刺史裴盾得东海王越书，若荣等顾望，以军礼发遣，乃与荣及陆玩等各解船弃车牛，一日一夜三百里，得还扬州。"

晋怀帝

（公元 307 年—公元 316 年）

永嘉元年 丁卯 公元 307 年

1. 公车征虞喜为博士，不就。

《晋书》卷九一《虞喜传》：“虞喜字仲宁，会稽余姚人……喜少立操行，博学好古。诸葛恢临郡，屈为功曹。察孝廉，州举秀才，司徒辟，皆不就。元帝初镇江左，上疏荐喜。怀帝即位，公车征拜博士，不就。”

2. 征杜夷不至。

《晋书》卷九一《杜夷传》：“杜夷字行齐，庐江人也。世以儒学称，为郡著姓。夷少而恬泊，操尚贞素，居甚贫窘，不营产业，博览经籍百家之书，算历图纬靡不毕究。寓居汝颍之间，十载足不出门。年四十余，始还乡里，闭门教授，生徒千人。惠帝时三察孝廉，州命别驾，永嘉初，公车征拜博士，太傅、东海王越辟，并不就。”

3. 缪播被杀。

《晋书》卷六〇《缪播传》：“及（惠）帝崩，太弟即帝位，是为怀帝，以播为给事黄门侍郎。俄转侍中，徙中书令，任过日隆，专管诏令。……越惧为己害，因入朝，以兵入宫，执播等于帝侧。……越遂害之。”

著有《论语旨序》三卷，见《隋志》。马国翰辑有《论语旨序》一卷。

4. 孔衍为安东参军。

《晋书》卷九一《孔衍传》："避地江东，元帝引为安东参军，专掌记室。"

案：据《晋书·怀帝纪》，是年秋七月，元帝为安东将军，故系年于此。

5. 阮瞻为太子舍人。

《晋书》卷四九《阮籍传》："瞻字千里。性清虚寡欲，自得于怀。读书不甚研求，而默识其要，遇理而辩，辞不足而旨有余。……永嘉中，为太子舍人。……后岁余，病卒于仓垣，时年三十。"

案：据《晋书·怀帝纪》，是年三月庚午，立豫章王诠为皇太子，故系年于此。

永嘉二年 戊辰 公元 308 年

王敦荐杜夷为方正，杜夷遁于寿阳。

《晋书》卷九一《杜夷传》："怀帝诏王公举贤良方正，刺史王敦以贺循为贤良，夷为方正……敦于是逼夷赴洛。夷遁于寿阳。"

永嘉三年 己巳 公元 309 年

续咸历廷尉平、东安太守。

《晋书》卷九一《续咸传》："续咸字孝宗，上党人也。性孝谨敦重，履道贞素。好学，师事京兆杜预，专《春秋》《郑氏易》，教授常数十人，博览群言，高才善文论。又修陈杜律，明达刑书。永嘉中，历廷尉平、东安太守。”

永嘉四年 庚午 公元310年

1. 刘寔卒。

《晋书》卷四一《刘寔传》：“（永嘉）三年，诏曰：‘昔虞任五臣，致垂拱之化……今听君以侯就第，位居三司之上，秩禄准旧，赐几杖不朝及宅一区。国之大政，将就资于君，副朕意焉。’岁余薨，时年九十一，谥曰元。……自少及老，笃学不倦，虽居职务，卷弗离手。尤精《三传》，辨正《公羊》，以为卫辄不应辞以王父命，祭仲失为臣之节，举此二端以明臣子之体，遂行于世。又撰《春秋条例》二十卷。”

儒学著述情况：

《春秋左氏条例》二十卷，见本传，又《隋志》及《旧唐志》云十一卷。

《左氏牒例》二十卷，见《新唐志》。

《春秋公羊违义》三卷，见《隋志》。

《集解春秋序》一卷，见《隋志》。

《崇让论》，见本传。

2. 前赵刘渊卒。

《晋书》卷一〇一《刘渊载记》：“刘元海，新兴匈奴人，冒顿之后也。……幼好学，师事上党崔游，习《毛诗》《京氏易》《马氏尚书》，尤好《春秋左氏传》《孙吴兵法》，略皆诵之，《史》《汉》、诸子，无不综览。……以永嘉四年死，在位六年。”

案：刘渊为匈奴族首领，仰慕并学习儒家文化。又刘和、刘宣并习儒家经典。同卷云刘和：“字玄泰。身长八尺，雄毅美姿仪，好学夙成，习《毛诗》《左氏春秋》《郑氏易》。”又刘宣：“字士则。朴钝少言，好学修洁。师事乐安孙炎，沈精积思，不舍昼夜，好《毛诗》《左氏传》。”

3. 刘殷为前赵大司徒。

《晋书》卷一〇二《刘聪载记》：“（聪）于是以永嘉四年僭即皇帝位……左光禄刘殷为大司徒。”

《晋书》卷八八《刘殷传》：“刘殷字长盛，新兴人也。……弱冠，博通经史，综核群言，……属永嘉之乱，没于刘聪。聪奇其才而擢任之，累至侍中、太保、录尚书事。有七子，五子各授一经，一子授《太史公》，一子授《汉书》，一门之内，七业俱兴，北州之学，殷门为盛。竟以寿终。”

《晋书》卷九六《刘聪妻刘氏》：“刘聪妻刘氏，名娥，字丽华，伪太保殷女也。幼而聪慧，昼营女工，夜诵书籍，傅母恒止，娥敦习弥厉。每与诸兄论经义，理趣超远，诸兄深以叹伏。”

永嘉五年 辛未 公元311年

五月，挚虞卒。

《晋书》卷五一《挚虞传》：“挚虞字仲洽，京兆长安人也。父模，魏太仆卿。虞少事皇甫谧，才学通博，著述不倦。郡檄主簿。……后历秘书监、卫尉卿，从惠帝幸长安。及东军来迎，百官奔散，遂流离鄠杜之间，转入南山中，粮绝饥甚，拾橡实而食之。后得还洛，历光禄勋、太常卿。时怀帝亲郊。自元康以来，不亲郊祀，礼仪废弛。虞考正旧典，法物粲然。及洛京慌乱，盗窃纵横，人饥相食。虞素清贫，遂以馁卒。虞撰《文章志》四卷，注解《三辅决录》，又撰古文章，类聚区分为三十卷，名曰《流别集》，各为之论，辞理惬当，为世所重。”

《太平御览》卷四八六引王隐《晋书》：“永嘉五年，洛中大饥，五月，挚虞饿死。”又见《世说新语·文学》《艺文类聚》卷五十六。

儒学著述情况：

《畿服经》一百七十卷，见《隋志》。

《决疑要注》一卷，见《隋志》。

永嘉六年 壬申 公元312年

1. 费氏《易》大兴，而梁丘、施雠、高氏《易》衰。

《隋书》卷三二《经籍志》：“汉初，传《易》者有田何，何授丁宽，宽授田王孙，王孙授沛人施雠、东海孟喜、琅邪梁丘贺。由是有施、孟、梁丘之学。又有东郡京房，自云受《易》于梁国焦延寿，别为京氏学。尝立，后罢。后汉施、孟、梁丘、京氏，凡四家并立，而传者甚众。汉初又有东莱费直传《易》，其本皆古字，号曰《古文易》。以授琅邪王璜，璜授沛人高相，相以授子康及兰陵毋将永。故有费氏之学，行于人间，而未得立。后汉陈元、郑众，皆传费氏之学。马融又为其传，以授郑玄。玄作《易注》，荀爽又作《易传》。魏代王肃、王弼，并为之注。自是费氏大兴，高氏遂衰。梁丘、施氏、高氏，亡于西晋。孟氏、京氏，有书无师。梁、陈郑玄、王弼二注，列于国学。”

2. 王裒卒，曾教授门徒数千。

《晋书》卷八八《王裒传》："王裒字伟元，城阳营陵人也。……（父死非命）于是隐居教授，三征七辟皆不就。……送所役生到县，门徒随从者千余人。……及洛京倾覆，寇盗峰起，亲族悉欲移渡江东，裒恋坟陇不去。贼大盛，方行，犹思慕不能进，遂为贼所害。"

3. 郭象卒。

《晋书》卷五〇《郭象传》："永嘉末病卒，著碑论十二篇。"

儒学著述情况：

《论语体略》二卷，见《隋志》。马国翰辑有《论语体略》一卷。

《论语隐》一卷，见《隋志》。

又《庄子注》三十卷、目一卷，见《隋志》。

《庄子音》三卷，见《隋志》。

又《碑论》十二篇，见本传。

《郭象集》五卷，见《旧唐志》。《隋志》云：二卷，梁尚存五卷，录一卷。

案：本传言永嘉末病卒，故暂系于此。

晋愍帝

（公元312年—公元316年）

建兴元年 癸酉 公元313年

1. 续咸为刘琨从事中郎。

《晋书》卷九一《续咸传》：“刘琨承制于并州，以为从事中郎。”

案：据《晋书·刘琨传》，是年，刘琨拜大将军、都督并州诸军事，加散骑常侍，假节。故系年于此。

2. 蔡谟渡江，为东中郎将参军

《晋书》卷七七《蔡谟传》：“避难渡江。时明帝为东中郎将，引为参军。”

案：据《晋书·明帝纪》，建兴初，明帝拜东中郎将，镇广陵。故系此事于是年。

3. 后赵石勒立太学。

《晋书》卷一〇四《石勒载记上》：“立太学，简明经善书吏署为文学掾，选将佐子弟三百人教之。”

《十六国春秋》卷一二《石勒中》：“（晋愍帝建兴元年）立太学，简明经善书吏署为文学掾，选将佐子弟三百人教之。”

《十六国春秋辑补》卷一二同。

建兴二年 甲戌 公元 314 年

蔡谟为丞相掾，转参军。

《晋书》卷七七《蔡谟传》："元帝拜丞相，复辟为掾，转参军。后为中书侍郎，历义兴太守、大将军王敦从事中郎、司徒左长史，迁侍中。"

案：据《晋书·元帝纪》：晋愍帝即位岁余，进位丞相，故系此事于是年。

建兴四年 丙子 公元 316 年

1.《鲁诗》亡于西晋。

《隋志》："汉初，有鲁人申公，受《诗》于浮丘伯，作诂训，是为《鲁诗》。齐人辕固生亦传《诗》，是为《齐诗》。燕人韩婴亦传《诗》，是为《韩诗》。终于后汉，三家并立。汉初又有赵人毛苌善《诗》，自云子夏所传，作《诂训传》，是为'《毛诗》古学'，而未得立。后汉有九江谢曼卿，善《毛诗》，又为之训，东海卫敬仲，受学于曼卿。先儒相承，谓之《毛诗》。序，子夏所创，毛公及敬仲又加润益。郑众、贾逵、马融，并作《毛诗传》，郑玄作《毛诗笺》。《齐诗》，魏代已亡；《鲁诗》亡于西晋；韩诗虽存，无传之者。唯《毛诗郑笺》，至今独立。"

马端临《文献通考》卷一七八："东莱吕氏曰：'《鲁》《齐》《韩》《毛诗》，读异，义亦不同。以《鲁》《齐》《韩》之义尚可见者较之，独《毛诗》率与经传合。《关雎》，正风之首，三家者乃以为刺，余可知矣，是则《毛诗》之义，最得其真也。"

又皮锡瑞《经学历史》："重以永嘉之乱，《易》亡梁丘、施氏、高氏，《书》亡欧阳、大小夏侯，《齐诗》在魏已亡，《鲁诗》不过江东。《韩诗》虽存，无传之者，孟、京、黄《易》亦无传人，《公》《谷》虽在若亡。"

案：据《隋志》和皮氏言，《齐诗》亡于曹魏，郝桂敏在《〈齐诗〉的亡佚时间纠谬》一文中通过考订，判断"三国时期魏国仍有人在研习《齐诗》，无论是《诗经》学著作还是文学作品，都有征引《齐诗》的痕迹，这说明《齐诗》在魏时仍然存在"。[①] 并认为《齐诗》当和《鲁诗》一样亡于西晋。

2. 续咸没于后赵，石勒以为理曹参军。

《晋书》卷九一《续咸传》："后遂没石勒，勒以为理曹参军。持法平详，当时称其清裕，比之于公。"

3. 虞溥卒。

《晋书》卷八二《虞溥传》："注《春秋》经、传，撰《江表传》及文章诗赋数十篇。卒于洛，时年六十二。"

马国翰辑有虞氏《厉学》一卷。

案：虞溥生卒年史书无载，其约卒于西晋末年，故系年于此。

4. 张璠撰《周易集解》。

《经典释文·叙录》："（璠）安定人，东晋秘书郎，参著作。集二十二家解。"

《经典释文·叙录》记张璠所集二十二家为："钟会《易无

---

① 郝桂敏：《〈齐诗〉的亡佚时间纠谬》，《文学遗产》2008年第2期。

互体论》、向秀《易义》、庾运，字玄度，新野人，官至尚书，为《易义》，一云《易注》、应贞《明易论》、荀辉《易义》、张辉字义元，梁国人，晋侍中、平陵亭侯，为《易义》、阮咸《易义》、阮浑《易义》、扬乂字玄舒，汝南人，晋司徒左长史，为《易卦序论》、王济《易义》、卫瓘《易义》、栾肇《易论》、邹湛《易统略》、杜育《易义》、杨瓒不知何许人，晋司徒右长史，为《易义》、张轨《易义》、宣舒字幼骥，陈郡人，晋宜城令为《通知来藏往论》、邢融、裴藻、许适、杨藻四人不详何人，并为《易义》。”

儒学著述情况：

《周易集解》，见《经典释文·叙录》及《隋志》。马国翰辑有《周易张氏集解》一卷。

《周易略论》一卷，见《旧唐志》。

案：《中国学术思想编年：魏晋南北朝卷》据《三国志》卷四裴注“张璠、虞溥、郭颁皆晋之令史，璠、颁出为官长，溥，鄱阳内史”，记其活动于西晋末年，系年于此。今从。

东晋　十六国

（公元 317 年—公元 420 年）

晋元帝

（公元 317 年—公元 322 年）

建武元年 丁丑 公元 317 年

1. 荀崧拜尚书仆射，受诏定中兴礼仪。

《晋书》卷七五《荀崧传》：“元帝践祚，征拜尚书仆射，使崧与刁协共定中兴礼仪。”

2. 王导等人奏请复兴太学。

《晋书》卷六五《王导传》：“晋国既建，以导为丞相军咨祭酒。……于时军旅不息，学校未修，导上书曰：‘夫风化之本在于正人伦，人伦之正存乎设庠序。庠序设，五教明，德礼洽通，彝伦攸叙，而有耻且格，父子兄弟夫妇长幼之序顺，而君臣之义固矣。……择朝之子弟并入于学，选明博修礼之士而为之师，化成俗定，莫尚于斯。’帝甚纳之。”

《晋书》卷六九《戴邈传》：“于时凡百草创，学校未立，邈上疏曰：‘臣闻天道之所大，莫大于阴阳；帝王之至务，莫重于礼学。是以古之建国，有名堂辟雍之制，乡有庠序学校之仪，皆所以抽导幽滞，启广才思。……’疏奏，纳焉，于是始修礼学。”

又《宋书·礼志一》同。

3. 干宝修史，留意京房、夏侯胜等《易》学。

《晋书》卷八二《干宝传》：“干宝字令升，新蔡人也。……宝少勤学，博览书记，以才器召为著作郎。……中兴草创，未置史官，中书监王导上疏曰：‘……敕佐著作郎干宝等渐就撰集。’元帝纳焉。……性好阴阳术数，留思京房、夏侯胜等传。”

4. 晋立太学。

《晋书》卷六《元帝纪》：“（建武元年）十一月丁卯……置史官，立太学。”

5. 贺循为太常。

《晋书》卷六八《贺循传》：“建武初，为中书令，加散骑常侍，又以老疾固辞。……于是改拜太常，常侍如故。循以九卿旧不加官，今又疾患，不宜兼处此职，惟拜太常而已。”

6. 杜夷为国子祭酒。

《晋书》卷九一《杜夷传》：“元帝为丞相，教曰：‘……宜特立儒林祭酒官，以弘其事。处士杜夷凄情遗远，确然绝俗，才学精博，道行优备，其以夷为祭酒。’夷辞疾，未尝朝会。……又除国子祭酒。”

案：《晋书·丁谭传》云晋元帝建武元年，琅琊王司马裒薨，丁谭上疏求行终丧礼，有云“国子祭酒杜夷议”及“太常贺循议”，则杜夷为国子祭酒当在本年。

7. 葛洪撰成《抱朴子》内外篇。

《抱朴子·自叙》：“洪年二十余，乃计作细碎小文，妨弃功日，未若立一家之言，乃草创子书。会遇兵乱，流离播越，有所亡失，连在道路，不复投笔十余年，至建武中乃定。”

李中华《中国儒学史》(魏晋南北朝卷)：“《抱朴子外篇》的儒学倾向是十分明显的，其中虽也夹杂一些道家思想，但观其立言宗旨，思想意境及其所关心的事物及对历史、世风、人物的褒贬等各个方面，均体现出一种儒者风范和儒家精神。”

8. 梅赜献《孔传古文尚书》。

《隋志》：“初汉武帝时，鲁恭王坏孔子旧宅，得其末孙惠所藏之书，字皆古文。孔安国以今文校之，得二十五篇。其《泰誓》与河内女子所献不同。又济南伏生所诵，有五篇相合。安国并依古文，开其篇第，以隶古字写之，合成五十八篇。其余篇简错乱，不可复读，并送之官府。安国又为五十八篇作传，会巫蛊事起，不得奏上，私传其业于都尉朝，朝授胶东庸生，谓之《古文尚书》之学，而未得立。后汉扶风杜林，传《古文尚书》，同郡贾逵为之作训，马融作传，郑玄亦为之注。然其所传，唯二十九篇，又杂以今文，非孔旧本。自余绝无师说。晋世秘府所存，有《古文尚书》经文，今无有传者。及永嘉之乱，欧阳、大、小夏侯《尚书》并亡。济南伏生之传，唯刘向父子所著《五行传》，是其本法，而又多乖戾。至东晋，豫章内史梅赜，始得安国之传，奏之，时又阙《舜典》一篇。”

《经典释文·叙录》："江左中兴，元帝时豫章内史梅赜奏上《孔传古文尚书》，亡《舜典》一篇，购不能得，乃取王肃注《尧典》，从'慎徽五典'以下分为《舜典》篇以续之，学徒遂盛。后范宁变为今文集注，俗间或取《舜典》篇以续孔氏。……永嘉丧乱，众家之书并灭，而古文《孔传》始兴，置博士。"

《史通》卷一二《古今正史》："晋元帝时，豫章内史梅赜始以《孔传》奏上，而《舜典》一篇，乃取肃之《尧典》，从'慎徽'以下，分为《舜典》以续之。自是欧阳、大小夏侯家等学，马融、郑玄、王肃诸注废，而《古文孔传》独行，列于学官，永为世范。"

案：唐、宋、明、清学者对梅赜所献孔传本《古文尚书》真伪多有研究。尤其清人阎若璩的《尚书古文疏证》用大量考证，举证该书系伪作；今学者结合出土文献对其真伪加以研究，尤其是随着清华大学藏战国竹简《书》类文献释读研究的深入，由清华简中的《尹诰》与传世本的古文《尚书》中的《咸有一德》及清华简中的《傅说之命》与传世本的古文《尚书》中的《说命》等文献的进行对比研究所得证据，说明梅赜所上孔传本《古文尚书》中二十五篇为晚出，确实是伪作。但也有不同的意见，如虞万里《由清华简〈尹诰〉论〈古文尚书·咸有一德〉之性质》一文中提出"咸有一德"可能是孔安国所作《尹诰》之传的想法。杨善群《清华简〈尹诰〉引发古文〈尚书〉真伪之争——〈咸有一德〉篇名、时代与体例辨析》一文认为清华简中的《尹诰》与传世本的古文《尚书》中的《咸有一德》并非同一篇章，而是《尚书》中的重要文献。此问题或尚有讨论余地，需要我们科学运用来自地下的证据和合理使用传统辨伪方法。

关于梅赜献书具体时间，《经典释文》《史通》均言晋元帝时。王志平在《中国学术史》据《尚书正义》所引《晋书》云梅赜于“前晋”奏上其书，认为梅赜献书是在西晋，“《正义》《释文》之意均应理解为东晋元帝时梅赜所奏上的《孔传》缺《舜典》一篇，故分王注《尧典》‘慎徽五典’以下为《尧典》。东晋元帝均非指梅赜献书之时，而是分割《尧典》为《舜典》之时”。“西晋时期《孔传》本《古文尚书》不但在民间早有传习之本，而且在西晋末年就已经由梅赜献上朝廷，后遭遇永嘉之乱，未及施行。”① 今暂系年于此，以待更多史料的发掘再作定论。

9. 慕容廆以平原刘讚为东庠祭酒。

《晋书》卷一〇八《慕容廆载记》：“建武初，元帝承制拜廆假节、散骑常侍、都督辽左杂夷流入诸军事、龙骧将军、大单于、昌黎公，廆让而不受。……时二京倾覆，幽冀沦陷，廆刑政修明，虚怀引纳，流亡士庶多襁负归之。……平原刘 儒学该通，引为东庠祭酒，其世子皝率国胄束修受业焉。”

太兴元年 戊寅 公元318年（前赵光初元年）

1. 孔衍为太子中庶子。

《晋书》卷九一《孔衍传》：“明帝之在东宫，领太子中庶子。于时庶事草创，衍经学深博，又练识旧典，朝仪轨制多取正焉。”

---

① 王志平：《中国学术史：三国两晋南北朝卷》，江西教育出版社，2001年，第230页。

案：是年，明帝为皇太子，故系于是年。

2. 孔坦补太子舍人。

《晋书》卷七八《孔坦传》："元帝为晋王，以坦为世子文学。东宫建，补太子舍人，迁尚书郎。"

3. 皇太子绍亲至杜夷府第，执经问义。

《晋书》卷九一《杜夷传》："皇太子三至夷第，执经问义。夷虽逼时命，亦未尝朝谒，国有大政，恒就夷咨访焉。"

4. 郭璞为著作佐郎。

《晋书》卷七二《郭璞传》："璞既过江，宣城太守殷祐引为参军。……王导深重之，引参己军事。……璞著《江赋》，以辞甚伟，为世所称。后复作《南郊赋》，帝见而嘉之，以为著作佐郎。"

案：《说郛》卷五九引《魏晋世语》云："郭璞太兴元年奏《南郊赋》，中宗见赋嘉其才，以为著作佐郎。"

5. 前赵刘曜征董景道为太子少傅，董不就。

《晋书》卷九一《董景道传》："至刘曜时出山，庐于渭汭。曜征为太子少傅、散骑常侍，并固辞，竟以寿终。"

案：据《晋书·刘曜载记》，刘曜于是年即位，故系年于此。

6. 前赵刘曜征杨轲。

《晋书》卷九四《杨轲传》："杨轲，天水人也。少好《易》，长而不娶，学业精微，养徒数百，……虽受业门徒，非入室弟子，莫得亲言。欲所论授，须旁无杂人，授入室弟子，令递相宣授。……刘曜僭号，征拜太常，轲固辞不起，曜亦敬而不逼，遂隐于陇山。”

7. 韦谀仕前赵刘曜，为黄门郎。

《晋书》卷九一《韦谀传》：“韦谀字宪道，京兆人也。雅好儒学，善著述，于群言秘要之义，无不综览。仕于刘曜，为黄门郎。后又入石季龙，署为散骑常侍，历守七郡，咸以清化著名。……著《伏林》三千余言，遂演为《典林》二十三篇。凡所述作及集记世事数十万言，皆深博有才义。”

案：韦谀为黄门郎具体在何年无考，《东晋文艺系年》以此年刘曜即位，系年于此，今从。

8. 刘敏元仕前赵刘曜为中书侍郎、太尉长史。

《晋书》卷八九《刘敏元传》：“刘敏元字道光，北海人也。厉己修学，不以险难改心。好星历阴阳术数，潜心《易》《太玄》，不好读史，常谓同志曰：‘诵书当味义根，何为费功于浮辞之文！《易》者，义之源，《太玄》，理之门，能明此者，即吾师也。’永嘉之乱，自齐西奔。……后仕刘曜，为中书侍郎、太尉长史。”

太兴二年 己卯 公元 319 年

1. 太常贺循上书言置经学博士。

《通典》卷五三：“东晋元帝时，太常贺循上言：‘《尚书》被符，经置博士一人。又多故历纪，儒道荒废，学者能兼明经义者少。且《春秋》三传具出圣人，而义归不同。自前代通儒，未有能通得失，兼而学之者也。况今学义甚颓，不可令一人总之。今宜《周礼》《仪礼》二经置博士二人，《春秋》三传置博士三人。其余则经置一人，合八人。'"

案：此年元帝置博士生员，故系年于此。

2. 置博士生员五人。

《晋书》卷六《元帝纪》："（太兴二年六月）罢御府及诸郡丞，置博士生员五人。乙亥，加太常贺循开府仪同三司。"

3. 贺循卒。

《晋书》卷六《元帝纪》："（太兴二年）秋七月乙丑，太常贺循卒。"

《晋书》卷六八《贺循传》："时尚书仆射刁协与循异议，循答义深备，辞多不载，竟从循议焉。朝廷疑滞皆咨之于循，循辄依经礼而对，为当世儒宗。……太兴二年卒，时年六十。帝素服举哀，哭之甚动。赠司空，谥曰穆。……循少玩篇籍，善属文，博览众书，尤精礼传。"

儒学著述情况：

《丧服要记》十卷，见《隋志》。《旧唐志》云贺循撰，庾蔚之注。马国翰辑有《贺氏丧服要记》一卷。

《丧服要记》五卷，见《旧唐志》，贺循撰，谢微注。马国翰辑有《丧服要记注》，云谢徽撰。

《葬礼》，见《太平御览》卷五五二引。马国翰辑有《葬礼》一卷。

《丧服谱》一卷，见《隋志》及《旧唐志》。马国翰辑有《贺氏丧服谱》一卷。

《籍田仪》，见《玉海》卷七六引。

4. 后赵石勒立小学。

《晋书》卷一〇四《石勒载记上》:“勒增置宣文、宣教、崇儒、崇训十余小学于襄国四门,简将佐豪右子弟百余人以教之,且备击柝之卫。”

《十六国春秋》卷一三:“(赵王元年)勒增置宣文、宣教、崇儒、崇训十余小学于襄国四门,简将佐豪右子弟百余人以教之,且备击柝之卫。”

《十六国春秋辑补》卷一三同。

案:《东晋学术编年》系石勒立小学于太兴元年。《十六国春秋》卷一三《石勒下》记此事于赵王元年,即晋太兴二年,今据改。

5. 后赵石勒崇信儒学,以傅畅等为经学祭酒。

《晋书》卷一〇五《石勒载记下》:“太兴二年,勒伪称赵王……依春秋列国、汉初侯王每世称元,改称赵王元年。……署从事中郎裴宪、参军傅畅、杜嘏并领经学祭酒,参军续咸、庾景为律学祭酒,任播、崔濬为史学祭酒。……勒亲临大小学,考诸学生经义,尤高者赏帛有差。”

《晋书》卷四七《傅畅传》:“畅字世道。……年未弱冠,甚有重名。以选入侍讲东宫,为秘书丞。寻没于石勒,勒以为大将军右司马。”

6. 续咸为后赵律学祭酒。

《晋书》卷一〇五《石勒载记下》:“太兴二年……参军续咸、庾景为律学祭酒。”

《晋书》卷九一《续咸传》:“著《远游志》《异物志》《汲

家古文释》，皆十卷，行于世。年九十七，死于石季龙之世，季龙赠仪同三司。”

太兴三年 庚辰 公元320**年**（前赵光初三年）

1. 皇太子绍释奠于太学。

《晋书》卷六《元帝纪》：“（太兴三年八月）皇太子释奠于太学。”

2. 孔衍卒。

《晋书》卷九一《孔衍传》：“（王敦）乃启出衍为广陵郡。……视职期月，以太兴三年卒于官，年五十三。衍虽不以文才著称，而博览过于贺循，凡所撰述，百余万言。”

儒学著述情况：

《凶礼》一卷，见《隋志》。马国翰辑有《凶礼》一卷。

《春秋谷梁传注》十四卷，见《隋志》。

《春秋公羊传集解》十四卷，见《经典释文·叙录》及《隋志》。

《孔氏说林》二卷，见《隋志》，又见《玉海》卷五十五引。

又《春秋时国语》十卷，见《新唐志》。

《春秋后国语》十卷，见《新唐志》。

《汉尚书》十卷、《后汉尚书》六卷，见《旧唐志》。

《汉春秋》十卷、《后汉春秋》六卷，见《旧唐志》。

《汉魏春秋》九卷、《魏尚书》八卷，见《隋志》。

3. 孔坦作《奏议策除秀孝》。

《晋书》卷七八《孔坦传》："太兴三年，秀孝多不敢行，其有到者，并托疾。帝欲除署孝廉，而秀才如前制。坦奏议曰：'臣闻经邦建国，教学为先，移风崇化，莫尚斯矣。……可申明前下，崇修学校，普延五年，以展讲习，均法齐训，示人轨则。……'帝纳焉。听孝廉申至七年，秀才如故。"

4. 应詹上疏崇儒。

《晋书》卷七〇《应詹传》："应詹字思远，汝南南顿人……俄拜后军将军。詹上疏陈便宜……又曰：'性相近，习相远，训导之风，宜慎所好。魏正始之间，蔚为文林。元康以来，贱经尚道，以玄虚宏放为夷达，以儒术清俭为鄙俗。永嘉之弊，未必不由此也。今虽有儒官，教养未备，非所以长育人材，纳之轨物也。宜修辟雍，崇明教义，先令国子受训，然后皇储亲临释奠，则普天尚德，率土知方矣。'元帝雅重其才，深纳之。"

5. 前赵刘曜立学。

《晋书》卷一〇三《刘曜载记》："曜立太学于长乐宫东，小学于未央宫西，简百姓年二十五已下十三以上，神志可教者千五百人，选朝贤宿儒明经笃学以教之。以中书监刘均领国子祭酒。置崇文祭酒，秩次国子。散骑侍郎董景道以明经擢为崇文祭酒。"

《十六国春秋》卷五《刘曜上》："（光初三年九月）曜立太学于长乐宫东，小学于未央宫西，简百姓年二十五已下十三以上，神志可教者千五百人，选朝贤宿儒明经笃学以教之。以中书监刘均领国子祭酒。置崇文祭酒，秩次国子。散骑侍郎董景道以明经擢为崇文祭酒。”

《十六国春秋辑补》卷六同。

6. 董景道不就前赵崇文祭酒，以寿终。

《十六国春秋》卷九：“后（刘）曜置崇文祭酒，复以明经擢景道为之，亦不就，竟以寿终。”

案：据《晋书》本传，董景道著有《礼通论》，《经义考》卷一六三云是书佚。

太兴四年 辛巳 公元 321 年

1. 荀崧上疏请增立经学博士。

《晋书》卷七五《荀崧传》：“转太常。时方修学校，简省博士，置《周易》王氏、《尚书》郑氏、《古文尚书》孔氏、《毛诗》郑氏、《周官》《礼记》郑氏、《春秋左传》杜氏服氏、《论语》《孝经》郑氏博士各一人，凡九人，其《仪礼》《公羊》《谷梁》及郑《易》皆省不置。崧以为不可，乃上疏曰：‘……伏闻节省之制，皆三分置二。博士旧置十九人，今五经合九人，准古计今，犹未能半，宜及节省之制，以时施行。今九人以外，犹宜增四。愿陛下万机余暇，时垂省览。宜为郑《易》置博士一人，郑《仪礼》博士一人，《春秋公羊》博士一人，《谷梁》博士一人。……’元帝诏曰：‘崧表如此，皆经国之务，为政所由。……’议者多请从崧所奏。诏曰：‘《谷梁》肤浅，不足置博士，余如奏。’会王敦之难，不行。”

又《宋书》卷一四《礼志》：“太兴初，议欲修立学校，唯《周易》王氏、《古文》孔氏、《毛诗》《周官》《礼记》《论语》

《孝经》郑氏、《春秋左传》杜氏、服氏，各置博士一人。其《仪礼》《公羊》《谷梁》及郑《易》，皆省不置博士。太常荀崧上疏曰：……”

《通典》卷五三同。

案：据《南齐书·陆澄传》载陆澄与王俭书曰：“晋太兴四年，太常荀崧请置《周易》郑玄注博士，行乎前代，于时政由王、庾，皆儁神清识，能言玄远，舍辅嗣而用康成，岂其妄然。太元立王肃《易》，当以在玄、弼之间。”故系年于此。皮锡瑞《经学历史》言：“晋所主博士，无一为汉十四博士所传者，而今文之师法遂绝。”

2. 置经学三博士。

《晋书》卷六《元帝纪》：“（太兴四年）三月，置《周易》《仪礼》《公羊》博士。”

案：《晋书·荀崧传》中云荀崧请置郑《仪礼》博士、《春秋公羊》博士、《谷梁》博士各一人，元帝答诏中有“《谷梁》肤浅，不足置博士，余如奏”，没有否定设置《公羊》博士。李申《中国儒教史》认为“东晋设置的博士没有公羊学，反映了和汉代学术的重大区别”。[①] 但据史书两条记载此年应该是增置了《公羊》学博士一人，故李说不成立。只是由于王敦之难，荀崧所请并未实行。

---

① 李申：《中国儒教史》，上海人民出版社，1999年，第643页。

永昌元年 壬午 公元 322 年

十月，王廙卒。

《晋书》卷七六《王廙传》："王廙字世将，丞相导从弟，而元帝姨弟也。父正，尚书郎。廙少能属文，多所通涉，工书画，善音乐、射御、博弈、杂技。……元帝作镇江左，廙弃郡过江。帝见之大悦，以为司马。……及王敦构祸，帝遣廙喻敦，既不能谏其悖逆，乃为敦所留，受任助乱。敦得志，以廙为平南将军、领护南蛮校尉、荆州刺史。寻病卒。……丧还京都，皇太子亲拜柩，如家人之礼。"

《晋书》卷六《元帝纪》："（永昌元年冬十月）乙丑，都督荆梁二州诸军事、平南将军、荆州刺史、武陵侯王廙卒。"

著有《周易注》十二卷，见《经典释文·叙录》。马国翰辑有《周易王氏注》一卷。

张惠言《易义别录》卷十三云："东晋以后言《易》者大率以王弼为本，而附之以玄言，其用郑、宋诸家，小有去取而已，非能通其说如王廙者是也。"①

① 张惠言：《易义别录》卷一四，皇清经解本。

晋明帝

（公元323年—公元325年）

太宁元年 癸未 公元323年

1. 杜夷卒。

《晋书》卷九一《杜夷传》："太宁元年卒，年六十六。赠大鸿胪，谥曰贞子。……夷所著《幽求子》二十篇行于世。"

2. 杨方著《五经钩沉》。

《晋书》卷六八《贺循传》："杨方字公回。少好学，有异才。初为郡铃下威仪，公事之暇，辄读五经，乡邑未之知。……时虞喜兄弟以儒学立名，雅爱方，为之延誉。……司徒王导辟为掾，转东安太守，迁司徒参军事。方在都邑，缙绅之士咸厚遇之，自以地寒，不愿久留京华，求补远郡，欲闲居著述。导从之，上补高梁太守。在郡积年，著《五经钩沈》，更撰《吴越春秋》，并杂文笔，皆行于世。以年老，弃郡归。（王）导将进之台阁，固辞还乡里，终于家。"

儒学著述情况：

《五经钩沈》十卷，见《隋志》。马国翰辑有《五经钩沉》一卷。

《小学》九卷，见《隋志》。

案：据《晋书·王导传》，明帝即位，王导受遗诏辅政，迁司徒，杨方求补高凉太守，故系年于此。又王应麟《玉海》

卷四二引《中兴书目》所载杨方自《序》曰："晋太宁元年（323）撰。钩经传之沈义，著论难以起滞。"

3. 荀崧加散骑常侍，领太子太傅。

《晋书》卷七五《荀崧传》："太宁初，加散骑常侍，后领太子太傅。"

太宁二年 甲申 公元 324 年

1. 郭璞被害。

《晋书》卷七二《郭璞传》："王敦之谋逆也，温峤、庾亮使璞筮之，璞对不决。……敦怒，收璞，诣南岗斩之。……时年四十九。及王敦平，追赠弘农太守。……璞撰前后筮验六十余事，名为《洞林》。又抄京、费诸家要最，更撰《新林》十篇、《卜韵》一篇。注释《尔雅》，别为《音义》《图谱》。又注《三苍》《方言》《穆天子传》《山海经》及《楚辞》《子虚》《上林赋》数十万言，皆传于世。所作诗赋诔颂亦数万言。"

儒学著述情况：

《毛诗拾遗》一卷，见《隋志》。马国翰辑有《毛诗拾遗》一卷。

《毛诗略》四卷，《隋志》云亡。

《尔雅音义》一卷，见《经典释文·叙录》。马国翰辑有《尔雅音义》一卷。

《尔雅图》十卷，见《隋志》。

《尔雅注》五卷，见《隋志》。

《尔雅图赞》二卷，见《七录》及《隋志》。马国翰辑有《尔雅图赞》一卷。

《方言注》十三卷，见《隋志》。

《三仓注》三卷，见《隋志》。

《穆天子传注》六卷，见《隋志》。

《周易新林》四卷，见《隋志》。

《易斗图》一卷，见《隋志》。

《易洞林》三卷，见《隋志》。

《易八卦命录斗内图》一卷，见《隋志》。

《周易林》五卷，见《隋志》，又见《经义考》卷十一。

《易立成林》二卷，郭氏撰，见《隋志》。《经义考》卷一一云郭璞撰。

《周易玄义经》一卷，见《宋志》，又见《经义考》卷一一。

《卜韵》一篇，见《晋书》本传。

又《夏小正注》，见葛洪《神仙传》引。

《楚辞注》三卷见，《隋志》。

《山海经音》二卷，见《隋志》。

《山海经图赞》二卷，见《隋志》。

《山海经注》二十三卷，见《隋志》。

《水经注》三卷，见《隋志》。

案：郭璞《尔雅注》成就卓著，被清人收入《十三经注疏》中。《经典释文·叙录》云："先儒多为亿必之说，乖盖阙之义，惟郭景纯洽闻强识，详悉古今，作《尔雅注》，为世所重。"又关于《尔雅注》成书时间，蒋善国《尚书综述》中认为始于元康七年（297），终于永嘉四年（310）。[①] 王志平《中国学术史》中认为郭注《尔雅》不得早于永嘉四年（310），不

① 蒋善国：《尚书综述》，上海古籍出版社，1988 年，第 329 页。

晚于建兴元年（317）。[①]

2. 后赵石勒亲临学校，考学生经义。

《晋书》卷一〇五《石勒载记下》："勒亲临大小学，考诸生经义，尤高者赏帛有差。"

《十六国春秋》卷一三同，系年为赵王六年。《十六国春秋辑补》卷一四同。

案：石勒于晋太兴二年（319）称赵王，改称赵王元年。故系年于此。

太宁三年 乙酉 公元325年

1. 征虞喜为博士，不至。

《晋书》卷六《明帝纪》："（太宁三年三月）癸巳，征处士临海任旭、会稽虞喜并为博士。"

《晋书》卷九一《虞喜传》："太宁中，与临海任旭俱以博士征，不就。复下诏：'……前虽不至，其更以博士征之。'喜辞疾不赴。"

2. 荀崧录尚书事。

《晋书》卷六《明帝纪》："（太宁三年八月）闰月，以尚书左仆射荀崧为光禄大夫、录尚书事。"

《晋书》卷七五《荀崧传》："后拜金紫光禄大夫、录尚书事，散骑常侍如故。迁右光禄大夫、开府仪同三司，录尚书

① 王志平：《中国学术史：三国两晋南北朝卷》，江西教育出版社，2001年，第464页。

如故。”

晋成帝

（公元 326 年—公元 342 年）

咸和元年 丙戌 公元 326 年

荀崧领秘书监。

《晋书》卷七五《荀崧传》：“又领秘书监，给亲兵百二十人。年虽衰老，而孜孜典籍，世以此嘉之。”

案：据《东晋文艺系年》考证，此年温峤作《举荀崧为秘书监表》，故荀崧领秘书监事系此年。

咸和四年 己丑 公元 329 年

1. 荀崧卒。

《晋书》卷七五《荀崧传》：“贼平，帝幸温峤舟。崧时年老病笃，犹力步而从。咸和三年薨，时年六十七。赠侍中，谥曰敬。”

案：据《晋书·成帝纪》：“（咸和四年）二月，……（滕）含奉帝御于温峤舟，群臣顿首号泣请罪。”则荀崧本传所记卒年有误，崧或卒于此年，暂系年于此。

2. 谢沈为何充参军，以母老去职。

《晋书》卷八二《谢沈传》：“谢沈字行思，会稽山阴人也。……沈少孤，事母至孝，博学多识，明练经史。郡命为主簿、功曹，察孝廉，太尉郗鉴辟，并不就。会稽内史何充引为参军，以母老去职。”

案：据《晋书·何充传》，苏峻难平，何充为建威将军、会稽内史，在郡有德政，举荐虞喜、选拔谢奉等，故系年于此。

3. 蔡谟为琅邪王师。

《晋书》卷七七《蔡谟传》：“（苏）峻平，复为侍中，迁五兵尚书，领琅邪王师。谟上疏让曰……疏奏，不许。转掌吏部。”

案：据《晋书·康帝纪》，咸和二年，司马岳封为琅邪王，是年，苏峻难平，故系年于此。

咸和五年 庚寅 公元 330 年

袁宏生。

《晋书》卷九二《袁宏传》：“袁宏字彦伯，侍中猷之孙也。……宏有逸才，文章绝美，会为咏史诗，是其风情所寄。”

咸和六年 辛卯 公元 331 年（后赵建平二年）

后赵石勒起明堂、辟雍、灵台于襄国城西。

《晋书》卷一〇五《石勒载记下》：“又下书令公卿百僚岁荐贤良、方正、直言、秀异、至孝、廉清各一人，答策上第者拜议郎，中第中郎，下第郎中。其举人得递相荐引，广招贤之路。起明堂、辟雍、灵台于襄国城西。”

《十六国春秋》卷一三同，系年于后赵建平二年。《十六国春秋辑补》卷一五同。

咸和七年 壬辰 公元332**年**（后赵建平四年）

1. 韩康伯生。

《晋书》卷七五《韩伯传》："韩伯字康伯，颍川长社人也。母殷氏，高明有行。……及长，清和有思理，留心文艺。舅殷浩称之曰：'康伯能自标置，居然是出群之器。'颍川庾龢名重一时，少所推服，常称伯及王坦之曰：'思理伦和，我敬韩康伯；志力强正，吾愧王文度。自此以还，吾皆百之矣。'举秀才，征佐著作郎，并不就。"

案：据《建康实录》卷九："（太元五年）八月，太常韩伯卒。……卒，时年四十九。"逆推知其生年于此。

2. 戴逵生。

《晋书》卷九四《戴逵传》："戴逵字安道，谯国人也。少博学，好谈论，善属文，能鼓琴，工书画，其余巧艺靡不毕综……逵后徙居会稽之剡县。性高洁，常以礼度自处，深以放达为非道，乃著论曰……"

案：据李中华《中国儒学史》考证，东晋穆帝永和二年（346）或三年（347）王濛为司徒左长史时见戴逵在瓦官寺作画，时年戴十余岁；据《晋书》本传，戴逵卒于东晋孝武帝太元二十年（395），年在耆老，岁当六十，推断其生于咸康二年（336）。但考之《晋书》戴逵本传，东晋孝武帝以散骑常侍、国子博士累征，戴逵不应，郡县敦逼不已，逵遂逃于吴中。此时会稽内史谢玄虑逵远走不反，乃上疏。疏中言及逵"且年垂耳顺，常抱羸疾，时或失适，转至委笃”。[1] 而据《晋书》卷七九《谢玄传》，谢玄于孝武太元十三年（388）卒于会稽内史任上；又《晋书·孝武帝纪》，孝武太元十二年（387）六月，束帛征戴逵。如此则谢玄上疏当在太元十二年（387），时戴逵“年垂耳顺”，岁近六十。《礼记·曲礼上》云：“六十曰耆，指使。七十曰老，而传。”则孝武太元二十年（395）司马道子、王珣上疏荐戴逵参侍东宫，逵年应在六十七十之间，而不必恰值六十。

综上所考，东晋穆帝永和二年（346）戴逵十余岁，孝武帝太元十二年（387）戴逵岁近六十，太元二十年（395），戴逵岁在六十七十之间。据《世说新语·识鉴》所载，王濛见戴逵瓦官寺作画，称逵为“此童”，想必其时戴逵不会太大。为方便系年且不与以上所引史料相差太远，暂将戴逵生年系于此年。则公元346年，戴逵十五岁；公元387年，戴逵五十六岁；公元395年，戴逵六十四岁。

3. *后赵石勒命郡国立学官。*

《晋书》卷一〇五《石勒载记》：“命郡国立学官，每郡置博士祭酒二人，弟子百五十人，三考修成，显升台府。于是擢拜太学生五人为佐著作郎，录述时事。”

《十六国春秋》卷一三《石勒下》：“（建平四年五月）命郡国立学官，每郡置博士祭酒二人，弟子百五十人，三考修成，显升台府。于是擢拜太学生五人为佐著作郎，录述时事。”

《十六国春秋辑补》卷一五同。

---

① 房玄龄等：《晋书》卷九四《戴逵传》，中华书局，1974年，第2458页。

咸和八年 癸巳 公元333年

1. 征虞喜、翟汤。

《晋书》卷七《成帝纪》:“(咸和八年)夏四月……以束帛征处士浔阳翟汤、会稽虞喜。”

《晋书》卷九一《虞喜传》:“咸和末,诏公卿举贤良方正直言之士,太常华恒举喜为贤良。会国有军事,不行。”

《晋书》卷九四《翟汤传》:“翟汤字道深,浔阳人。笃行纯素,仁让廉洁,不屑世事,耕而后食,人有馈赠,虽釜庾一无所受。”

2. 黄泓为慕容皝左常侍,领史官。

《晋书》卷九五《黄泓传》:“黄泓字始长,魏郡斥丘人也。父沈,善天文秘术。泓从父受业,精妙逾深,兼博览经史,尤明《礼》《易》,性忠勤,非礼不动。……及皝嗣位,迁左常侍,领史官,甚重之。”

案:据《晋书·慕容皝载记》,是年,慕容廆卒,慕容皝嗣位,故系年于此。

咸和九年 甲午 公元334年

1. 孙盛为征西将军主簿。

《晋书》卷八二《孙盛传》:“庾亮代侃,引为征西主簿,转参军。”

《世说新语·言语》引《中兴书》同。

案:据《晋书·成帝纪》,是年,陶侃薨,庾亮都督江、荆、豫、益、梁、雍六州诸军事,迁镇武昌。

2. 孙绰为征西将军参军。

《晋书》卷五六《孙绰传》：“征西将军庾亮请为参军，补章安令，征拜太学博士，迁尚书郎。”

咸康元年 乙未 公元335年

1. 庾亮在武昌开置学官。

《宋书》卷一四《礼志》：“征西将军庾亮在武昌，开置学官。教曰：‘人情重交而轻财，好逸而恶劳，学业致苦，而禄答未厚，由捷径者多，故莫肯用心。洙、泗邈远，《风》《雅》弥替，后生放任，不复宪章典谟。临官宰政者，务目前之治，不能闲以典诰。遂令《诗》《书》荒尘，颂声寂寞，仰瞻俯省，能弗叹慨。自胡夷交侵，殆三十年矣。……’又缮造礼器俎豆之蜀，将行大射之礼。亮寻薨，又废。”

《晋书》卷七三《庾亮传》：“庾亮字元规，明穆皇后之兄也。……亮美姿容，善谈论，性好《庄》《老》，风格峻整，动由礼节，闺门之内不肃而成，时人或以为夏侯太初、陈长文之伦也。……陶侃薨，迁亮都督江、荆豫、益、梁、雍六州诸军事，领江、荆、豫三州刺史，进号征西将军、开府仪同三司、假节。亮固让开府，乃迁镇武昌。”

2. 庾亮征江惇为儒林参军，惇不至。

《晋书》卷五六《江惇传》：“苏峻之乱，避地东阳山，太尉郗鉴檄为兖州治中，又辟太尉掾；康帝为司徒，亦辟焉；征西将军庾亮请为儒林参军；征拜博士、著作郎，皆不就。邑里宗其道，有事必咨而后行。”

3. 征虞喜、翟汤、郭翻，并不至。

《晋书》卷七《成帝纪》：“（咸康元年）秋八月……束帛征处士翟汤、郭翻。”

《晋书》卷九一《虞喜传》：“咸康初，内史何充上疏曰：‘……伏见前贤虞喜天挺贞素，高尚邈世，束脩立德，皓首不倦……’疏奏，诏曰：‘浔阳翟汤、会稽虞喜并守清贞，不营世务，耽学高尚，操拟古人。往虽征命而不降屈，岂素丝难染而搜引礼简乎！政道须贤，宜纳诸廊庙，其并以散骑常侍征之。’又不起。”

《晋书》卷九四《翟汤传》：“咸康中，征西大将军庾亮上疏荐之，成帝征为国子博士，汤不起。”

《晋书》卷九四《郭翻传》：“郭翻字长翔，武昌人也。……与翟汤俱为庾亮所荐，公车博士征，不就。”

咸康二年 丙申 公元336年

1. 三月，干宝卒。

《晋书》卷八二《干宝传》：“宝又为《春秋左氏义外传》，注《周易》《周官》凡数十篇，及杂文集皆行于世。”

《建康实录》卷七：“（咸康二年）三月，散骑常侍干宝卒。”

儒学著述情况：

《周易注》十卷，见《隋志》。马国翰辑有《周易干氏注》三卷。

《周易宗涂》四卷，见《隋志》。

《周易爻义》一卷，见《隋志》。

《周易玄品》二卷，见《隋志》，未著撰人，《册府元龟》卷六〇五引云：干宝撰。又见《经义考》卷一一。

《毛诗音》，见《经典释文·叙录》。《隋志》云：《毛诗音隐》二卷，干氏撰。而《隋书经籍志考证》云应为干宝。

《周官礼注》十二卷，见《隋志》。马国翰辑有《周官礼干氏注》一卷。

《周官驳难》三卷，孙琦问，干宝驳，虞喜撰，见《隋志》。

《七庙议》一卷、《后养议》五卷，见《隋志》。马国翰辑有《后养议》一卷。

《春秋左氏函传义》十五卷，见《隋志》。马国翰辑有《春秋左氏函传义》一卷。

《春秋序论》二卷，见《隋志》。

《司徒议》一卷，见《隋志》，又《太平御览》卷二〇九引。

又《晋纪》二十三卷，见《隋志》。

《搜神记》三十卷，见《隋志》。

《干子》十八卷，见《隋志》。

2. 孔坦卒。

《晋书》卷七八《孔坦传》："及帝既加元服，犹委政王导，坦每发愤，以国事为已忧，尝从容言于帝曰……由是忤导，出为廷尉，怏怏不悦，以疾去职。……疾笃，庾冰省之，乃流涕。坦慨然曰：'大丈夫将终不问安国宁家之术，乃作儿女子相问邪！'冰深谢焉。临终，与庾亮书……俄卒，时年五十一。追赠光禄勋，谥曰简。"

3. 王愆期在庾亮府为司马，曾议陈诜妻丧服。

《晋书》卷二〇《礼志》："咸康二年，零陵李繁姐先适南平郡陈诜为妻……及李亡，诜疑制服，以事言征西大将军庾亮府平议，时议亦往往异同。司马王愆期议曰：……亮从愆期议定。"

据《经典释文·叙录》，王愆期"字门子，河东人，东晋散骑常侍，辰阳伯"。又《晋书·陶侃传》云咸和七年（332）陶侃上表逊位，云以后事付右司马王愆期，可见王先为陶侃幕僚，侃薨后，为庾亮幕僚。

著有《春秋公羊传注》十二卷。

咸康三年 丁酉 公元337年

1. 国子祭酒袁瑰、太常冯怀上疏言复兴学校。

《晋书》卷八三《袁瑰传》："于时丧乱之后，礼教陵迟，瑰上疏曰：'臣闻先王之教也，崇典训以弘远代，明礼乐以流后生，所以导万物之性，畅为善之道也。……实宜留心经籍，阐明学义，使讽诵之音盈于京室，味道之贤是则是咏，岂不盛哉！若得给其宅地，备其学徒，博士僚属粗有其官，则臣之愿也。'疏奏，成帝从之。国学之兴，自瑰始也。"

《宋书》卷一四《礼志》："成帝咸康三年，国子祭酒袁瑰、太常冯怀又上疏曰：'臣闻先生之教也，崇典训，明礼学，以示后生，道万物之性，畅为善之道也。……'疏奏，帝有感焉。由是议立国学，征集生徒，而世尚庄、老，莫肯用心儒训。穆帝永和八年，殷浩西征，以军兴罢遣，由此遂废。"

2. 立太学。

《晋书》卷七《成帝纪》："（咸康）三年春正月辛卯，立太学。"

咸康四年 戊戌 公元338年

1. 李充撰《学箴》以抑虚浮之风。

《晋书》卷九二《李充传》："李充字弘度，江夏人。……辟丞相王导掾，转记室参军。幼好刑名之学，深抑虚浮之士，尝著《学箴》。"

案：《资治通鉴》卷九六："（咸康四年）导以李充为丞相掾，充以时俗崇尚浮虚，乃著《学箴》。"故系年于此。

2. 范宣辞郗鉴任命。

《晋书》卷九一《范宣传》："范宣字宣子，陈留人也。年十岁，能诵《诗》《书》。……少尚隐遁，加以好学，手不释卷，以夜继日，遂博综众书，尤善三礼。太尉郗鉴命为主簿，诏征太学博士、散骑郎，并不就。"

案：据《晋书·成帝纪》，是年五月，郗鉴为太尉。

3. 蜀李寿征龚壮为太师，不就。

《晋书》卷一二一《李寿载记》："（寿）遂以咸康四年僭即伪位，赦其境内，改元为汉兴。……以安车束帛聘龚壮为太师，壮固辞，特听缟巾素带，居师友之位。"

《晋书》卷九四《龚壮传》："龚壮字子玮，巴西人也。洁己自守，与乡人谯秀齐名。……惟研考经典，谭思文章，至李势时卒。初，壮每叹中夏多经学，而巴蜀鄙陋，兼遭李氏之难，无复学徒，乃著《迈德论》，文多不载。”

咸康五年 己亥 公元339**年**（后赵建武五年）

1. 王导卒。

《晋书》卷六五《王导传》：“王导字茂弘，光禄大夫览之孙也。父裁，镇军司马。道少有风鉴，识量清远。……晋国既建，以道为丞相军咨祭酒。……及明帝即位，导受遗诏辅政，解扬州，迁司徒。……咸康五年薨，时年六十四。”

《世说新语·文学》：“王丞相过江左，止道《声无哀乐》《养生》《言尽意》三理而已，然宛转关生，无所不入。”

2. 范宁生。

《晋书》卷七五《范宁传》：“宁字武子。少笃学，多所通览。”

案：此系年据姜亮夫《历代人物年里碑传综表》。

3. 后赵石虎令郡国立五经博士。

《晋书》卷一〇六《石季龙载记》：“下书令诸郡国立五经博士。初，勒置大小学博士，至是复置国子博士、助教。”

《十六国春秋》卷一六：“建武五年春正月，虎下书令诸郡国立五经博士。初，勒置大小学博士，至是复置国子博士、助教。”

4. 前凉张骏立辟雍、明堂。

《十六国春秋》卷七二：“咸康五年冬十月，（张）骏以右长史任处领国子祭酒，立辟雍、明堂，而行礼。”

咸康六年 庚子 公元340年

1. 庾亮卒。

《晋书》卷七三《庾亮传》：“咸康六年薨，时年五十二。追赠太尉，谥曰文康。”

著有《论语君子无所争》一卷、《杂飨射等议》三卷，见《隋志》。

2. 庾冰奏请沙门礼拜王者，引起佛教礼仪文化和本土世俗文化的冲突。

《佛祖历代通载》卷六：“咸康六年，成帝幼冲，庾冰以元舅辅政，奏沙门应尽礼王者。尚书令何充等议，不应致拜，下礼官详议，博士议与充合，而门下承冰风旨为驳。尚书令充、仆射褚翌、诸葛恢，尚书冯怀、戴广等奏曰：‘……臣等谓，宜遵承先帝故事，于义为长。冰固谓应尽敬。’……充等三上章执奏曰：‘今沙门之守戒专专，然及为其礼一而已矣。至于守戒之笃，亡身不恪，曷敢以性骸而慢礼敬哉。……’冰议遂寝。”

《弘明集》卷一二：“晋咸康六年，成帝幼冲，庾冰辅政，谓沙门应尽敬王者。尚书令何充等议不应敬，下礼官详议。博士议与充同，门下承冰旨为驳。尚书令何充及仆射褚翌、诸葛恢、尚书冯怀、谢广等奏，沙门不应尽敬。”

3. 孙盛为安西咨议参军，寻迁廷尉正。

《晋书》卷八二《孙盛传》：“庾翼代亮，以盛为安西咨议参军，寻迁廷尉正。”

4. 孙盛与殷浩、刘惔等人论《易》。

《晋书》卷八二《孙盛传》：“于时殷浩擅名一时，与抗论者，惟盛而已。盛尝诣浩谈论，对食，奋掷尘尾，毛悉落饭中，食冷而复暖者数四，至暮忘餐，理竟不定。盛又著医卜及《易象妙于见形论》，浩等竟无以难之，由是遂知名。”

《世说新语·文学》：“殷中军（浩）、孙安国（盛）、王（濛）、谢（尚）能言诸贤，悉在会稽王许，殷与孙共论《易》象，妙于见形。孙语道合，意气干云，一坐咸不安孙理，而辞不能屈。会稽王慨然叹曰：‘使真长（刘惔）来，故应有以制彼。’既迎真长，孙意已不如。真长既至，先令孙自叙本理。孙粗说己语，亦觉殊不及向。刘便作二百许语，辞难简切，孙理遂屈。一坐同时拊掌而笑，称美良久。”

《晋书》卷七五《刘惔传》：“刘惔字真长，沛国相人也。……以惔雅善言理，简文帝初作相，与王濛并为谈客，俱蒙上宾礼。时孙盛作《易象妙于见形论》，帝使殷浩难之，不能屈。帝曰：‘使真长来，故应有以制之。’乃命迎惔。盛素敬服惔，及至，便与抗答，辞甚简至，盛理遂屈。一坐抚掌大笑，咸称美之。”

案：《晋书》卷七七《殷浩传》：“殷浩字深源，陈郡长平人也。……浩识度清远，弱冠有美名，尤善玄言，与叔父融俱好《老》《易》。”

《晋书》卷九三《王濛传》：“王濛字仲祖，哀靖皇后父也……濛少时放纵不羁，不为乡曲所齿，晚节始克己励行，有风流美誉，虚己应物，恕而后行，莫不敬爱焉……。与沛国刘惔齐名友善，惔常称濛性至通，而自然有节……时人以惔方荀奉倩，濛比袁曜卿，凡称风流者，举濛、惔为宗焉。”

王濛著有《论语义》一卷，见《隋志》。

又案：余嘉锡《世说新语笺疏》引程炎震言“知者以此称会稽，不称抚军与相王，知是成帝咸康六年事。当深源屏居墓所之时，濛、尚同为会稽谈客。安国虽历佐陶侃、庾翼，容亦奉使下都”，故系年于此。

《世说新语·文学》在孙、殷论《易》条下有刘孝标注云：“其论略曰：‘圣人知观器不足以达变，故表圆应于蓍龟。圆应不可为典要，故寄妙迹于六爻。六爻周流，唯化所适。故虽一画，而吉凶并彰，微一则失之矣。拟器讬象，而庆咎交著，系器则失之矣。故设八卦者，盖缘化之影迹也。天下者，寄见之一形也。圆影备未备之象，一形兼未形之形。故尽二仪之道，不与《乾》《坤》齐妙。风雨之变，不与《巽》《坎》同体矣。’”前人如马国翰《玉函山房辑佚书》认为此段文字即孙盛《易象妙于见形论》的佚文，严可均《全晋文》则认为是殷浩驳斥孙盛的易学观点。现已有学者如李中华《中国儒学史》通过考释此段文字的立论和殷、孙二人著论观点的异同，认为刘注所引当为殷浩易论，今从其说。为方便比对殷、孙二人观点异同，兹录《三国志·钟会传》裴注孙盛《易》学观点如下：

孙盛曰：“易之为书，穷神知化，非天下之至精，其孰能与于此？世之注解，殆皆妄也。况弼以傅会之辨而欲笼统玄旨者乎？故其叙浮义则丽辞溢目，造阴阳则妙赜无闻，至于六爻变化，群象所效，日时岁月，五气相推，弼皆摈落，多所不关。虽有可观者焉，恐将泥夫大道。”

咸康八年 壬寅 公元342年

葛洪卒。

《晋书》卷七二《葛洪传》："（洪）后师事南海太守上党鲍玄。玄亦内学，逆占将来，见洪深重之，以女妻洪。洪传玄业，兼综练医术，凡所著撰，皆精核是非，而才章富赡。……洪博闻深洽，江左绝伦。著述篇章富于班马，又精辩玄赜，析理入微。后忽与（邓）岳疏云……而洪坐至日中，兀然若睡而卒，岳至，遂不及见。时年八十一。"

儒学著述情况：

《周易杂占》十卷，见《经义考》卷一一。

《丧服变除》，见《隋志》。马国翰辑有《葛氏丧服变除》一卷。

《要用字苑》一卷，见《新唐志》。

《抱朴子·内篇》二十一卷，又音一卷，见《隋志》。

案：关于葛洪卒年，说法不一，钱穆《葛洪年历》认为据邓岳本传"似邓岳之卒，尚在康帝迁，其弟逸亦不久去位。若如《洪传》，洪寿八十一而卒，应在哀帝兴宁二年，邓岳决不至是尚在。今既知洪先邓岳卒，则其寿殆不出六十也"。[1] 刘汝霖《汉晋学术编年》从之，也系于此年，今从。

---

① 钱穆：《葛洪年谱》，见《中国学术思想史论丛》卷三，安徽教育出版社，2004年，第61页。

晋康帝

（公元 343 年—公元 344 年）

建元元年 癸卯 公元 343 **年**（后赵建武九年）

1. 后赵石虎遣博士洛阳写石经，立聂熊《谷梁传注》于学官。

《晋书》卷一〇六《石季龙载记》："季龙虽昏虐无道，而颇慕经学，遣国子博士诣洛阳写石经，校中经于秘书。国子祭酒聂熊注《谷梁春秋》，列于学官。"

《十六国春秋》卷一六："（建武九年）季龙虽昏虐无道，而颇慕经学，遣国子博士诣洛阳写石经，校中经于秘书。国子祭酒聂熊注《谷梁春秋》，列于学官。"

2. 征处士翟汤、虞喜。

《晋书》卷七《康帝纪》："（建元元年）六月壬午，又以束帛征处士浔阳翟汤、会稽虞喜。"

《晋书》卷九四《翟汤传》卷九十四："康帝复以散骑常侍征汤，固辞老疾，不至。年七十三，卒于家。"

3. 谢沈为太学博士。

《晋书》卷八二《谢沈传》："康帝即位，朝议疑七庙迭毁，乃以太学博士征，以质疑滞。以母忧去职。服阕，除尚书度支郎。"

4. 孙盛与褚裒论南北学风。

《世说新语·文学》："褚季野语孙安国云：'北人学问，渊综广博。'孙答曰：'南人学问，清通简要。'支道林闻之曰：'圣贤固所忘言。自中人以还，北人看书，如显处视月；南人学问，如牖中窥日。'"

案：褚裒，字季野，康献皇后父，少有简贵之风。孙褚二人论南北学风时间，据《孙盛若干生平事迹及著述考辨》[①] 一文考证，孙盛、褚裒、支遁三人同在建康的可能时间只有 343 年这一年，因此孙褚论南北学风的时间当在此年十月前。今备此说。笔者以为三人论南北治学异同或非一时一地之言，极有可能是后来者加以提炼总结之语。不过通过这条史料的记载，倒是明确反映此时南北学人治学方法和旨趣已大相径庭。故姑系年于此，以作南北学风相异时间上的考察。

建元二年 甲辰 公元 344 年

1. 徐邈生。

《晋书》卷九一《徐邈传》："徐邈，东莞姑幕人也。邈姿性端雅，勤行励学，博涉多闻，以慎密自居。少于乡人臧寿齐名，下帷读书，不游城邑。"

案：据本传邈卒于隆安元年（397 年），时年五十四岁，逆推知其生于此年。

---

① 王建国：《孙盛若干生平事迹及著述考辨》，《洛阳师范学院学报》2006 年第 3 期。

2. 谢沈迁著作郎。

《晋书》卷八二《谢沈传》："何充、庾冰并称沈有史才，迁著作郎，撰《晋书》三十余卷。会卒，时年五十二。沈先著《后汉书》百卷及《毛诗》《汉书外传》，所著述及诗赋文论皆行于世。其才学在虞预之右云。"

儒学著述情况：

《尚书注》十五卷，见《经典释文·叙录》及《隋志》，两《唐志》并云十三卷。

《毛诗义疏》十卷，见《隋志》。

《毛诗注》二十卷，见《经典释文·叙录》。

《毛诗谱钞》一卷，谢氏撰，见《隋志》。

《毛诗释义》十卷，见《隋志》。

又《后汉书》八十五卷，见《隋志》。

案：据《晋书·穆帝纪》，庾冰卒于是年十一月，则其荐谢沈为著作郎或在此前，暂系年于此。

晋穆帝

（公元 345 年—公元 361 年）

永和元年 乙巳 公元 345 年

1. 七月，庾翼卒。

《晋书》卷七三《庾翼传》："翼字稚恭。风仪秀伟，少有经纶大略。……永和元年卒，时年四十一。追赠车骑将军，谥曰肃。"

《晋书·穆帝纪》:“(永和元年)秋七月庚午,持节、都督江荆司梁雍益宁七州诸军事、江州刺史、征西将军、都亭侯庾翼卒。”

儒学著述情况:

《春秋公羊论》二卷,庾翼问,王愆期答,见《隋志》。

《论语释》一卷,见《隋志》。马国翰辑有《论语庾氏释》一卷。

2. 孙盛为桓温参军。

《晋书》卷八二《孙盛传》:“会桓温代翼,留盛为参军。”

3. 范宣在豫章,讲授经学。

《晋书》卷九一《范宣传》:“家于豫章,太守殷羡见宣茅茨不完,欲为改宅,宣固辞之。庾爰之以宣素贫,加年荒疾疫,厚饷给之,宣又不受。爰之问宣曰:‘君博学通综,何以太儒?’宣曰:‘汉兴,贵经术,至于石渠之论,实以儒为弊。正始以来,世尚《老》《庄》。逮晋之初,竟以裸裎为高。仆诚太儒,然丘不与易。’……宣虽闲居屡空,常以讲诵为业,谯国戴逵等皆闻风宗仰,自远而至,讽诵之声,有若齐鲁。太元中,顺阳范宁为豫章太守,宁亦儒博通综,在郡立乡校,教授恒数百人。由是江州人士并好经学,化二范之风也。年五十四卒。著《礼》《易论难》,皆行于世。”

案:《东晋学术编年》以范宣既家于豫章则庾爰之与其相见,亦必在居豫章之时。《晋书·虞翼传》载翼卒后,爰之为桓温所废,徙于豫章。翼卒在此年,则爰之之徙亦当在此年也。今从刘说。

儒学著述情况：

《拟周易说》八卷，见《隋志》。

《易论难》，见本传，《隋志》云《周易论》四卷。

《礼记音》二卷，见《经典释文·叙录》。马国翰辑有《礼记范氏音》一卷。

《礼论难》见本传，又见《古经解钩沉》卷十三引。马国翰辑有《礼论难》一卷。

又《征士范宣集》十卷，录一卷，见《隋志》。

4. 前燕立东庠。

《晋书》卷一〇九《慕容皝载记》："赐其大臣子弟为官学生者号高门生，立东庠于旧宫，以行乡射之礼，每月临观，考试优劣。皝雅好文籍，勤于讲授，学徒甚盛，至千余人。亲造《太上章》以代《急就》，又著《典诫》十五篇，以教胄子。"

《十六国春秋》卷二五《慕容皝下》："赐其大臣子弟为官学生者号高门生，立东庠于旧宫，以行乡射之礼，每月临观，考试优劣。皝雅好文籍，勤于讲授，学徒甚盛，至千余人。亲造《太上章》以代《急就》，又著《典诫》十五篇，以教胄子。冬十月，皝以古者诸侯即位各称元年，于是始不用晋年号，自称十二年。"

永和二年 丙午 公元346年

1. 蔡谟辅政。

《晋书》卷八《穆帝纪》："（永和）二月癸丑，以左光禄大夫蔡谟领司徒，录尚书六条事、抚军大将军、会稽王昱及谟并辅政。"

2. 征孟陋为参军，孟陋称疾不起。

《晋书》卷九四《孟陋传》：“孟陋字少孤，武昌人也。吴司空宗之曾孙也。……陋少而贞立，清操绝伦，布衣蔬食，以文籍自娱。……简文帝辅政，命为参军，称疾不起。桓温躬往造焉。……博学多通，长于《三礼》。注《论语》，行于世。卒以寿终。”

著有《论语注》十卷，《经典释文·叙录》：“孟整注十卷（一云孟陋，东晋抚军参军不就）。”

3. 殷浩为建武将军、扬州刺史

《晋书·穆帝纪》：“（永和二年）三月丙子，以前司徒左长史殷浩为建武将军、扬州刺史。”

《晋书》卷七七《殷浩传》：“简文帝时在藩，始综万机，卫将军褚裒荐浩，征为建武将军、扬州刺史。……浩频陈让，自三月至七月，乃受拜焉。”

4. 孙绰议京兆府君迁主礼，稍后为建武将军长史。

《晋书·礼志上》：“至康帝崩，穆帝立，永和二年七月，有司奏：‘十月殷祭，京兆府君当迁祧室。’……尚书郎孙绰与无忌议同，曰：‘太祖虽位始九五，而道以从畅，替人爵之尊，笃天伦之道，所以成教本而光百代也。’”

又《晋书》卷五六《孙绰传》：“扬州刺史殷浩以为建威长史。”

案：据《晋书·穆帝纪》及《晋书·殷浩传》，是年七月殷浩受拜为建武将军、扬州刺史。故此年孙绰为尚书郎，稍后为建武将军长史。

又案：孙绰本传中“威”或为“武”之误。

5. 朝廷咨询虞喜十月殷祭。

《晋书》卷九一《虞喜传》：“永和初，有司奏称十月殷祭，……内外博议不能决。时喜在会稽，朝廷遣就喜咨访焉。其见重如此。”

6. 张重华征祈嘉为儒林祭酒。

《晋书》卷九四《祈嘉传》：“祈嘉字孔宾，酒泉人也。少清贫，好学。……西至敦煌，依学官诵书，……遂博通经传，精究大义。西游海渚，教授门生百余人。……张重华征为儒林祭酒。性和裕，教授不倦，依《孝经》作《二九神经》。在朝卿士、郡县守令彭和正等受业独拜床下者二千余人，天锡谓为先生而不名之。竟以寿终。”

《晋书》卷八六《张重华传》：“重华字泰临，骏之第二子也。……以永和二年自称持节、大都督、太尉、护羌校尉、凉州牧、西平公、假凉王，赦其境内。”

案：张重华于此年为凉州牧，在位共十一年，故系年于此。

永和三年 丁未 公元347年

1. 袁乔卒。

《晋书》卷八三《袁乔传》：“袁乔字彦叔。初拜佐著作郎。……桓温镇京口，复引为司马，领广陵相。……李势既降，势将邓定、隗文以其属反，众各万余。温自击定，乔击文，破之。进号龙骧将军，封湘西伯。寻卒，年三十六，温甚悼惜之。追赠益州刺史，谥曰简。乔博学有文才，注《论语》及《诗》，并诸文笔皆行于世。”

袁乔著有《论语注》十卷，见《经典释文·叙录》。马国翰辑有《论语袁氏注》一卷。

案：据《晋书·穆帝纪》：“（永和二年）十一月辛未，安西将军桓温帅征虏将军周抚，辅国将军、谯王无忌，建武将军袁乔伐蜀，”又据《晋书·李势载记》，成汉于穆帝永和三年亡，故系年于此。

2. 前燕慕容皝考试诸生。

《晋书》卷一〇九《慕容皝载记》：“（永和三年）皝亲临东庠考试学生，其经通秀异者，擢充近侍。”

《十六国春秋》卷二五《慕容皝下》：“（十四年春正月）皝亲临东庠考试学生，其经通秀异者，擢充近侍。”

永和四年 戊申 公元 348 年

1. 李充为大著作郎。

《晋书》卷九二《李充传》：“征北将军褚裒又引为参军，充以家贫，苦求外出。……乃除剡县令。遭母忧。服阕，为大著作郎。于时典籍混乱，充删除烦重，以类相从，分作四部，甚有条贯，秘阁以为永制。累迁中书侍郎，卒官。充注《尚书》及《周易旨》六篇、《释庄论》上下二篇、诗赋表颂等杂文二百四十首，行于世。”

《隋书·经籍志》：“惠怀之乱，京华荡覆，渠阁文籍，靡有孑遗。东晋之初，渐更鸠集。著作郎李充以勖旧薄校之，其见存者，但有三千一十四卷。充遂总没众篇之名，但以甲乙为次。自尔因循。无所变革。”

儒学著述情况：

《论语集注》十卷，见《经典释文·叙录》及《旧唐志》。马国翰辑有《论语李氏集注》二卷。

《论语释》一卷，见《隋志》。

《尚书注》《周易旨》[①] 六篇、《释庄论》上、下篇，见本传。

案：据《晋书·穆帝纪》，永和二年（346）秋七月，褚裒为征北将军，故其引李充为参军，及李充除剡县令，遭母丧，应为永和二年之后不久。其为母服阕后除大著作郎，应在此年前后，故系年于此。

又其子李顒，同卷载“亦有文义，多所述作，郡举孝廉”。《经典释文·叙录》云：“字长林，江夏人。东晋本郡太守。”

儒学著述情况：

《周易卦象数旨》六卷，见《隋志》。

《尚书注》十卷，见《经典释文·叙录》。《隋志》云《集解尚书》十一卷。

《尚书新释》二卷，见《隋志》及《旧唐志》。

《尚书要略》二卷，见《旧唐志》。

2. 袁宏为安西将军参军。

《晋书》卷九二《袁宏传》：“（谢）尚为安西将军、豫州刺史，引宏参其军事。”

案：据《晋书·穆帝纪》，是年八月，谢尚为安西将军，故暂系于此。

---

① 朱彝尊《经义考》卷一一作《周易音》六篇，《补晋书艺文志》云其误。

永和六年 庚戌 公元350年

蔡谟被免。

《晋书》卷八《穆帝纪》：“（永和六年）十二月，免司徒蔡谟为庶人。”

《建康实录》：“及帝临轩，以司徒称疾，数召不至，为有司奏，至是免官。”

永和八年 壬子 公元352年

1. 罢遣太学生徒。

《宋书》卷一四《礼志》：“穆帝永和八年，殷浩西征，以军兴罢遣，由此遂废。”

2. 徐广生。

《晋书》卷八二《徐广传》：“徐广字野民，东莞姑幕人，侍中邈之弟也。世好学，至广尤为精纯，百家数术无不研览。……孝武世，除秘书郎，典校秘书省。”

案：据《晋书》本传载，徐广卒时年七十四，又《宋书·徐广传》云卒于元嘉二年（425），时年七十四，逆推知其生于是年。

永和九年 癸丑 公元353年

江惇卒。

《晋书》卷五六《江惇传》：“东阳太守阮裕、长山令王濛，皆一时名士，并与惇游处，深相钦重。养志二十余年，永和九年卒，时年四十九，友朋相与刊石立颂，以表德美之。”

案：惇著有《毛诗音》《春秋公羊传音》，见《经典释文·叙录》；《通道崇检论》，见本传。

永和十年 甲寅 公元 354 **年**（前秦皇始四年）

1. 谢安与子侄论学。

《世说新语·言语》：“谢公云：‘贤圣去人，其间亦迩。’子侄未之许。公叹曰：‘若郗超闻此语，必不至河汉。’”

《世说新语·文学》：“谢公因子弟集聚，问《毛诗》何句最佳？遏称曰：‘昔我往矣，杨柳依依；今我来思，雨雪霏霏。’公曰：‘讦谟定命，远猷辰告。’谓此句偏有雅人深致。”

《晋书》卷九六《王凝之妻谢氏传》：“王凝之妻谢氏，字道韫，安西将军奕之女也。聪识有才辩。叔公安尝问：‘《毛诗》何句最佳？’道韫称：‘吉甫所颂，穆如清风。仲山甫永怀，以慰其心。’安谓有雅人深致。”

案：《东晋文艺系年》谓此二事当在谢安出仕之前，故系年于此，今从。高门大族儒学传授一例也。

2. 张祚征宋纤为太子友。

《晋书》卷九四《宋纤传》：“宋纤字令艾，敦煌效谷人也。少有远操，沈靖不与世交，隐居于酒泉南山。明究经纬，弟子受业三千余人。……纤注《论语》，及为诗颂数万言。年八十，笃学不倦。张祚后遣使者张兴备礼征为太子友，……遂随兴至姑臧。……寻迁太子太傅。……不食而卒，时年八十二，谥曰玄虚先生。”

案：《晋书》卷八六《张祚传》："永和十年，祚纳尉缉、赵长等议，僭称帝位，……改建兴四十二年为和平元年，"张祚在位只一年，故系年于此。

3. 张祚征郭荷为博士祭酒。

《晋书》卷九四《郭荷传》："郭荷字承休，略阳人也。六世祖整，……自整及荷，世以经学致位。荷明究群籍，特善史书。……张祚遣使者以安车束帛征为博士祭酒，使者迫而致之。……年八十四卒，谥号玄德先生。"

4. 前秦苻健修尚儒学。

《晋书》卷一一二《苻健载记》："（永和十年）其年，西虏乞没军邪遣子入侍，健于是置来宾馆于平朔门以怀远人。起灵台于杜门。……优礼耆老，修尚儒学，而关右称来苏焉。"

永和十一年 乙卯 公元355年

集群臣论经义。

《唐会要》卷七七《贡举下》："至晋穆帝永和十一年，及孝武帝太元元年，再聚群臣，共论经义，有荀昶者撰集《孝经》诸说，始以郑氏为宗。"

《玉海》卷四一《艺文》："晋穆帝永和十一年，及孝武帝太元元年，再聚群臣，共论经义，荀昶撰集《孝经》诸说，以郑氏为宗。"

永和十二年 丙辰 公元356年

1. 穆帝讲《孝经》。

《晋书》卷八《穆帝传》:“(永和十二年)二月辛丑,帝讲《孝经》。”

2. 殷浩卒。

《晋书》卷七七《殷浩传》:“永和十二年卒。”

案:殷浩东晋清谈名士,儒释道兼综。据《本传》载,与叔父殷融俱好《老》《易》,晚年北伐失败居家,多读佛经。《世说新语·文学》:“殷中军读《小品》,下二百签,皆是精微,世之幽滞。尝欲与支道林辨之,竟不得。今《小品》犹存。”

3. 虞喜卒。

《晋书》卷九一《虞喜传》:“喜专心经传,兼览谶纬,乃著《安天论》以难浑、盖,又释《毛诗略》,注《孝经》,为《志林》三十篇。凡所注述数十万言,行于世。年七十六卒,无子。”

儒学著述情况:

《论语赞郑氏注》,见《隋志》。马国翰辑有《论语虞氏赞注》一卷。

《新书对张论》十卷,见《隋志》。又见《玉海》卷四一。

《毛诗略》《孝经注》,见本传。

《志林新书》三十卷,见《隋志》。

《广林》二十四卷、《后林》十卷,见《隋志》。

4. 蔡谟卒。

《晋书》卷七七《蔡谟传》："谟既被废，杜门不出，终日讲诵，教授子弟。数年，皇太后诏曰：……遂以疾笃，不复朝见。诏赐几杖，门施行马。（永和）十二年，卒，时年七十六。赗赠之礼，一依太尉陆玩故事。诏赠侍中、司空，谥曰文穆。谟博学，于礼仪宗庙制度多所议定。文笔论议，有集行于世。"

儒学著述情况：

《丧服谱》一卷，见《隋志》。马国翰辑有《蔡氏丧服谱》一卷。

《论语注》，江熙《论语集解》蔡谟为其一家。马国翰辑有《论语蔡氏注》一卷。

《礼记音》二卷，见《隋志》。又见《经典释文·叙录》。

《毛诗疑字》，见《初学记·服食部》卷二十六引。

案：《中国学术思想编年》系其卒年为太元十二年（387），与本传不合，当依本传为是。

又其子蔡系，《晋书·蔡谟传》云："少子系，有才学文义，位至抚军长史。"有《论语释》一卷，见《隋志》。

升平元年 丁巳 公元357年（秦王苻坚永兴元年）

1. 穆帝讲《孝经》。

《晋书》卷八《穆帝纪》："（升平元年）三月，帝讲《孝经》。壬申，亲释奠于中堂。"

2. 胡讷为博士。

《晋书》卷二〇《礼志》："升平元年，帝姑庐陵公主未葬，符问太常，冬至小会应作乐不。博士胡讷议云：……”

儒学著述情况：

《春秋谷梁集解》十卷，见《经典释文·叙录》。《隋志》云亡。

《春秋三传评》十卷，见《隋志》，《旧唐志》同。

《春秋集三师难》三卷、《春秋集三传经解》十卷。《隋志》云亡。

案：胡讷史书无传，其初为博士，不知何年。但此年其为博士，故系年于此。

3. 荀讷、曹耽为博士。

《经典释文·叙录》：“（荀讷）字世言，新蔡人，东晋尚书左民郎。”

《经典释文·叙录》：“（曹耽）字爱道，谯国人，东晋安北谘议参军。”

又《晋书》卷二一《礼志》：“穆帝纳后欲用九月，九月是忌月。……博士曹耽、荀讷等并谓无忌月之文，不应有妨。”

案：荀讷、曹耽初为博士不知何年。据《晋书·穆帝纪》，升平元年（257）八月，立后何氏，冬十月，皇后见于太庙。姑系年于此。荀讷著有《左氏音》四卷，曹耽著有《礼记音》二卷，见《经典释文·叙录》。

升平三年 己未 公元359**年**（前燕光寿三年）

前燕立小学。

《晋书》卷一一〇《慕容儁载记》：“儁立小学于显贤里以教胄子。”

《十六国春秋》卷二七《慕容儁》下："光寿三年春二月，儁立小学于显贤里以教胄子。"

《十六国春秋辑补》卷二七同。

升平四年 庚申 公元360**年**（前燕建熙元年）

王欢为前燕国子博士。

《晋书》卷九一《王欢传》："王欢字君厚，乐陵人也。安贫乐道，专精耽学，不营产业，常丐食诵《诗》，虽家无斗储，意怡如也。……欢守志弥固，遂为通儒。至慕容暐袭伪号，署为国子博士，亲就受经。迁祭酒。"

案：据《晋书·慕容暐载记》，慕容暐于晋升平四年（360）即位，改元建熙。故系于此年。

升平五年 辛酉 公元361**年**（前秦甘露三年）

1. 前秦修学宫。

《晋书》卷一一三《苻坚载记》："坚广修学官，召郡国学生通一经以上充之，公卿以下子孙并遣受业。其有学为通儒、才堪干事、清修廉直、孝悌力田者，皆旌表之。"

《十六国春秋》卷三六《苻坚上》："（甘露三年）冬十二月，坚广修学官，召郡国学生通一经以上充之，公卿以下子孙并遣受业。其有学为通儒、才堪干事、清修廉直、孝悌力田者，皆旌表之。"

《十六国春秋辑补》卷三三同。

2. 韦逞仕前秦为太常，母宋氏传《周官》。

《晋书》卷九六《韦逞母宋氏传》："韦逞母宋氏，不知何郡人也，家世以儒学相称。宋氏幼丧母，其父躬自养之。及长，授以《周官》音义，谓之曰：'吾家世学《周官》，传业相继，此又周公所制，经纪典诰，百官品物，备于此矣。吾今无男可传，汝可受之，勿令绝世。'属天下丧乱，宋氏讽诵不辍。……逞时年小，宋氏昼则樵采，夜则教逞，然纺绩无废。……逞遂学成名立，仕苻坚为太常。坚尝幸其太学，问博士经典，乃悯礼乐遗缺。时博士卢壶对曰：'废学既久，书传零落，比年缀撰，正经粗集，唯《周官礼注》未有其师。窃见太常韦逞母宋氏世学家女，传其父业，得《周官》音义，今年八十，视听无阙，自非此母无可以传授后生。'于是就宋氏家立讲堂，置生员百二十人，隔绛纱幔而受业，号宋氏为宣文君，赐侍婢十人。《周官》学复行于世。"

3. 谢万卒。

《晋书》卷七九《谢万传》："万字万石，才器隽秀，虽器量不及安，而善自炫耀，故早有时誉。工言论，善属文，……万既受任北征，……众遂溃散，狼狈单归，废为庶人。后复以为散骑常侍，会卒，时年四十二，因以为赠。"

儒学著述情况：

《周易系辞注》二卷，见《隋志》。

《集解孝经》一卷，见《经典释文·叙录》及《隋志》。马国翰辑有《集解孝经》一卷。

案《晋书·穆帝纪》："（升平三年冬十月）遣西中郎将谢万次下蔡，北中郎将郗云次高平以击之，王师败绩。"故谢万卒于此年后不久。又姜亮夫《历代人物年里碑传综表》系其卒年为升平五年（261），今从。

晋哀帝

（公元326年—公元365年）

隆和元年 壬戌 公元362**年**（前秦甘露四年）

1. 江逌议《尚书》洪祀之制。

《晋书》卷八三《江逌传》："江逌字道载，陈留圉人也。……哀帝以天文失度，欲依《尚书》洪祀之制，于太极前殿亲执虔肃，冀以免咎，使太常集博士草其制。逌上疏谏曰：……逌在职多所匡谏。著《阮籍序赞》《逸士箴》及诗赋奏议数十篇行于世。"

又见《晋书·天文志》。

2. 前秦苻坚临太学。

《十六国春秋》卷三六《苻坚上》："甘露四年夏五月，坚亲临太学，考学生经义优劣，品而第之。问难五经，博士多不能对。……坚自是每月一临太学，诸生竞劝焉。"

《晋书·苻坚载记》同。

兴宁元年 癸亥 公元363**年**（前燕建熙四年）

1. 张天锡征郭瑀。

《晋书》卷九四《郭瑀传》："郭瑀字元瑜，敦煌人也。少有超俗之操，东游张掖，师事郭荷，尽传其业。精通经义，雅辩谈论，多才艺，善属文。……作《春秋墨说》《孝经错纬》，弟子著录千余人。张天锡遣使者孟公明持节，以蒲轮玄纁备礼征之……乃出而就征。及至姑臧，值天锡母卒，瑀括发入弔，三踊而出，还于南山。”

案：《晋书》卷八六《张玄靓传》：“兴宁元年，骏妻马氏卒……是岁，天锡率众入禁门，潜害玄靓，宣言暴薨，时年十四。”张天锡母乃张骏之妻，卒于此年，故系年于此。

2. 前燕慕容暐祀孔子，以王欢为国子祭酒。

《十六国春秋》卷二八：“初暐委政太宰恪，专受经于博士王欢。助教尚锋、秘书监郎杜诠，并以明经讲论左右。至是通诸经，祀孔子于东堂。以欢为国子祭酒，锋国子博士，诠散骑侍郎。其执经侍讲者，皆有拜授。”

案：慕容暐于晋升平四年（360）即位，改元建熙。《十六国春秋》系年为前燕建熙五年，而《十六国春秋辑补》系于前燕建熙四年十月，今从。

兴宁三年 乙丑 公元365年

1. 范汪卒。

《晋书》卷七五《范汪传》：“范汪字玄平，雍州刺史晷之孙也。……及长，好学。外氏家贫，无以资给，汪乃庐于园中，布衣蔬食，然薪写书，写毕，诵读亦遍，遂博学，多通，善谈名理。……时简文帝作相，甚相亲昵，除都督徐兖青冀四州扬州之晋陵诸军事、安北将军、徐兖二州刺史、假节。既而桓温北伐，令汪率文武出梁国，以失期，免为庶人。朝廷惮温不敢执，谈者为之叹恨。汪屏居吴郡，从容讲肆，不言枉直。……时年六十五，卒于家。”

儒学著述情况：

《祭典》三卷，见《隋志》。马国翰辑有《祭典》一卷。

《尚书大事》二十卷，见《隋志》，《新唐志》云二十一卷。

又《杂府州郡议》十卷，见《新唐志》。

案：姜亮夫《历代人物年里碑传综表》系其卒年于此。今从。

2. 范宁作《春秋谷梁传集解》。

《晋书》卷七五《范宁传》：“初，宁以《春秋谷梁氏》未有善释，遂沈思积年，为之集解。其义精审，为世所重。既而徐邈复为之注，世亦称之。”

《春秋谷梁传集解·自序》：“升平之末，岁次大梁，先君北蕃回轸，顿驾于吴，乃帅门生故吏、我兄弟子侄，研讲六籍，次及《三传》。《左氏》则有服、杜之注，《公羊》则有何、严之训，释《谷梁传》者虽近十家，皆肤浅末学，不经师匠。辞理典据既无可观，又引《左氏》《公羊》以解此《传》，文义违反，斯害也已。于是乃商略名例，敷陈疑滞，博示诸儒同异之说。”

案：范宁《春秋谷梁传集解》被收录入清人编辑的《十三经注疏》中。宋人晁公武《郡斋读书志》卷三曰：“自汉、魏以来，为之注解者，有尹更始、唐固、糜信、孔演、江熙等十数家，而范宁以为皆肤浅，于是帅其长子参、中子雍、小子凯、从弟劭及门生故吏，商略名例，博采诸儒同异之说，成其父汪之志。尝谓《三传》之学，《谷梁》所得最多；诸家之解，范宁之论最善。”

晋废帝（海西公）

（公元 366 年—公元 370 年）

太和元年 丙寅 公元 366 年

范宁为司马昱所辟，未果，著论崇儒抑俗。

《晋书》卷七五《范宁传》："简文帝为相，将辟之，为桓温所讽，遂寝不行。……时以浮虚相扇，儒雅日替，宁以为其源始于王弼、何晏，二人之罪深于桀、纣，乃著论曰……宁崇儒抑俗，率皆如此。"

案：是年十月，简文帝司马昱为相，故系年于此。

太和三年 戊辰 公元 368 年

王述卒。

《晋书》卷七五《王述传》："述字怀祖。少孤，事母以孝闻。……司徒王导以门第辟为中兵属。……康帝为骠骑将军，召补功曹，出为宛陵令。……出补临海太守，迁建威将军、会稽内史。……（太和）三年卒，时年六十六。……追赠侍中、骠骑将军、开府，谥曰穆，以避穆帝，改曰简。"

《春秋左氏经传通解》四卷，《春秋旨通》十卷，《隋志》云王述之撰。

案：《东晋文艺系年》据《世说新语·轻诋》余嘉锡笺疏："六朝人名有之者，多去'之'为单名。述之疑即王述。故《金楼子·立言篇》云：'王怀祖颇有儒术。'盖谓此也。"认为当为王述所作。

太和五年 庚午 公元370年

1. 孙盛卒。

《晋书》卷八二《孙盛传》："蜀平，赐爵安怀县侯，累迁(桓)温从事中郎。……温得盛牌，复遣从事重案之，臧私狼籍，监车收盛到州，舍而不罪。累迁秘书监，加给事中。年七十二卒。盛笃学不倦，自少至老，手不释卷。著《魏氏春秋》《晋阳秋》，并造诗赋论难复数十篇。"

儒学著述情况：

《易象妙见于形论》，见本传。

又《太伯三让论》篇，见《太平御览》四二四引。

《老聃非大贤论》《老子疑问反讯》，见《广弘明集》卷五。

《孙盛集》五卷，见《隋志》。

案：《建康实录》卷九："(太元十一年)是岁，辽东表送孙盛《魏晋春秋》三十卷。"《汉晋学术编年》以《晋阳秋》所记之史事及该书寄往辽东慕容氏，推论孙盛作《晋阳秋》不晚于此年。孙氏约卒于此年前后，故系年于此。综观孙盛其学，其为学出入儒道，兼明佛理。

2. 何承天生。

《宋书》卷六四《何承天传》："何承天，东海郯人也。……母徐氏，广之姐也。聪明博学，故承天幼渐训义，儒史百家，莫不该览。"

案：据本传其卒于刘宋元嘉二十四年(447)，年七十八岁，逆推知其生于是年。

3. 裴松之生。

《宋书》卷六四《裴松之传》："裴松之字世期，河东闻喜人也。"

案：据本传，裴松之卒于刘宋元嘉二十八年，时年八十。余嘉锡据《建康实录》，在《疑年录稽疑》中认为裴卒于元嘉十六年。陈健梅《裴松之生卒年考》通过详尽考释，认为裴松之当卒于刘宋元嘉二十六年，时年八十，则生年当在此年。《中国学术思想编年》从陈说，将裴松之生年定于此年，卒年定于刘宋元嘉二十六年（449），今从其说，系年于此。

晋简文帝

（公元 371 年—公元 372 年）

咸安元年 辛未 公元 371 年（前秦建元七年）

1. 孙绰卒。

《晋书》卷五六《孙楚传附孙绰传》："会稽内史王羲之引为右军长史。转永嘉太守，迁散骑常侍，领著作郎。……绰少以文才垂称，于时文士，绰为其冠。温、王、郗、庾诸公之薨，必须绰为碑文，然后刊石焉。年五十八，卒。"

《建康实录》卷八："（咸安元年）是岁，散骑常侍领著作孙绰卒，……时年五十八。"

儒学著述情况：

《集解论语》十卷，见《经典释文·叙录》；又见《隋志》《旧唐志》。马国翰辑有《论语孙氏集解》一卷。

《喻道论》，见《弘明集》卷三。

2. 前秦太子及公卿元子祭孔，苻坚置礼学祭酒。

《晋书》卷一〇一三《苻坚载记》："坚于是行礼于辟雍，祀先师孔子，其太子及公侯卿大夫士之元子，皆束修释奠研。"

《十六国春秋》卷三六《苻坚上》："建元七年春，行礼于辟雍，祀先师孔子。太子及公卿大夫之元子，皆束修释奠焉。高平苏通、长乐刘祥并硕学耆儒，尤精二礼。坚以通为《礼记》祭酒，居于东庠，祥为《仪礼》祭酒，处于西序。坚每月朔旦率百僚亲临讲论。"

《十六国春秋辑补》卷三十四同。

咸安二年 壬申 公元372**年**（前秦建元八年）

1. 前秦命关东礼送通经之士，苻坚临太学，考学生经义。

《十六国春秋》卷三七《苻坚中》："建元八年……三月，诏关东之民学通一经、才成一艺者，所在郡县，以礼送之。在官，百石以上学不通、才不成一艺者，罢遣还民。复魏晋士籍，使役有常。其诸非正道典学，一皆禁之。自永嘉之乱，庠序无闻。及坚之僭，颇留心儒学，乃亲临太学，考学生经义，上第擢叙者八十三人。"

《晋书》卷一一三《苻坚载记》："复魏晋士籍，使役有常闻，诸非正道，典学一皆禁之。坚临太学，考学生经义，上第擢叙者八十三人。自永嘉之乱，庠序无闻，及坚之僭，颇留心儒学，王孟整齐风俗，政理称举，学校建兴。"

2. 张凭为吏部郎。

《晋书》卷七五《张凭传》："张凭字长宗。祖镇，苍梧太守。……及长，有志气，为乡闾所称。举孝廉，负其才，自谓必参时彦。……（刘惔）遂言之于简文帝。帝召与语，叹曰：'张凭勃窣为理窟。'官至吏部郎、御史中丞。"

儒学著述情况：

《论语注》十卷，见《经典释文·叙录》。马国翰辑有《论语张氏注》一卷。

《论语释》一卷，见《隋志》。

案：张凭又有《老子注》二卷，足见其儒玄兼修。简文在位共两年，故系其事于此。

晋孝武帝

（公元 373 年—公元 396 年）

宁康元年 癸酉 公元 373 年

车胤为中书侍郎。

《晋书》卷八三《车胤传》："车胤字武子，南平人也。……胤恭勤不倦，博学多通。……桓温在荆州，辟为从事，以辩识义理深重之。引为主簿，稍迁别驾、征西长史，遂显于朝廷。……宁康初，以胤为中书侍郎、关内侯。"

宁康二年 甲戌 公元374年

范宁为余杭令，在任兴学。

《晋书》卷七五《范宁传》："简文帝为相，将辟之，为桓温所讽，遂寝不行。故终温之世，兄弟无在列位者。……温薨之后，始解褐为余杭令，在县兴学校，养生徒，洁己修礼，志行之士莫不宗之。朞年之后，风化大行。自中兴以来，崇学敦教，未有如宁者也。"

案：桓温卒后，范宁始能出仕，桓温薨于上年，故系年于此。

宁康三年 乙亥 公元375年（前秦建元十一年）

1. 谢安撰《孝经注》。

《世说新语·言语》："孝武将讲《孝经》，谢公兄弟与诸人私庭讲习。"

案：《东晋文艺系年》据《补晋书艺文志》卷一："《孝经注》，谢安。谨按，见《孝经正义》。本书言孝武帝讲《孝经》，安与袁宏诸人同予其事，意此注当成于彼时。"系此事于是年，今从。

2. 九月，孝武帝讲《孝经》，谢安、袁宏、车胤等同研习。

《晋书》卷九《孝武帝纪》："（宁康三年）九月，帝讲《孝经》。"

《晋书》卷八三《车胤传》："孝武帝尝讲《孝经》，仆射谢安侍坐，尚书陆纳侍讲，侍中卞耽执读，黄门侍郎谢石、吏部郎袁宏执经，胤与丹阳尹王混摘句，时论荣之。累迁侍中。”

3. 十月，前秦苻坚禁止《老》《庄》及图谶之学，置学后宫。

《晋书》卷一一三《苻坚载记》：“及王猛卒，坚置听讼观于未央之南。禁《老》《庄》、图谶之学。中外四禁、二卫、四军长上将士，皆令修学。课后宫，置典学，立内司，以授于掖庭，选阉人及女隶有聪识者署博士以授经。”

《十六国春秋》卷三七《苻坚中》：“（建元十一年）冬十月下诏：‘新丧贤辅，百司或未称朕心，可置听讼观于未央南，朕五日一临，以求民隐。今天下虽未大定，权可偃武修文，以称武侯雅旨。其增崇儒教，禁《老》《庄》、图谶之学，犯者弃市。’妙简学生，太子及公侯百僚之子皆就学受业；中外四禁、二卫、四军长上将士，皆令受学。二十人给一经生，教读音句，后宫置典学以教掖庭，选阉人及女隶敏慧者诣博士授经。”

4. 十二月，孝武帝亲祀孔子。

《晋书》卷九《孝武帝纪》：“（宁康三年十二月）癸巳，帝释奠于中堂，祠孔子，以颜回配。”

又《宋书》卷一四《礼志》：“成、穆、孝武三帝，亦皆亲释奠。孝武时，以太学在水南悬远，有司议依升平元年，于中堂权立行太学。于时无复国子生，有司奏：‘应须二学生百二十人。太学生取见人六十，国子生权选大臣子孙六十人，事讫罢。’奏可。释奠礼毕，会百官六品以上。”

5. 宗炳生。

《宋书》卷九三《宗炳传》：“宗炳字少文，南阳涅阳人也。……母同郡师氏，聪辩有学义，教授诸子。”

案：据本传云其卒于南朝刘宋元嘉二十年（443），时年六十九，逆推，知其生于是年。

6. 前秦征王欢为国子祭酒。

《晋书》卷一一三《苻坚载记》：“以安车蒲轮征隐士乐陵王欢为国子祭酒。”

《晋书》卷九一《王欢传》：“及玮为苻坚所灭，欢死于长安。”

案：《十六国春秋》卷三七《苻坚中》系此事为建元十一年。

太元元年 丙子 公元376**年**（前秦建元十二年）

1. 再集群臣论经义。

《唐会要》卷七七《贡举下》：“至晋穆帝永和十一年，及孝武帝太元元年，再聚群臣，共论经义，有荀昶者撰集《孝经》诸说，始以郑氏为宗。”

《玉海》卷四一《艺文》：“晋穆帝永和十一年，及孝武帝太元元年，再聚群臣，共论经义，荀昶撰集《孝经》诸说，以郑氏为宗。”

荀昶著有《集议孝经》一卷，见《隋志》

案：又《文苑英华》卷七六六、《孝经正义》刘子玄语同。《补晋书艺文志》录有《元帝孝经传》《穆帝时孝经》一卷、《孝武帝总章馆孝经讲义》一卷，姑附于此。

2. 苻坚征郭瑀，郭瑀授弟子礼仪。

《晋书》卷九四《郭瑀传》："及天锡灭，苻坚又以安车征瑀定礼仪，会父丧而止，太守辛章遣书生三百人就受业焉。"

郭瑀著有《春秋墨说》《孝经错纬》，见本传。

案：《晋书》卷八六《张天锡传》："太元元年，苻坚遣其将苟苌、毛当、梁熙、姚苌来寇，渡石城津。……天锡窘逼，降于苌等。"张天锡降于此年或明年。又《十六国春秋》卷三七《苻坚中》同，系年为秦建元十二年。

3. 前秦苻坚令拓跋涉翼犍入太学学礼。

《晋书》卷一一三《苻坚载记》："坚以翼犍荒俗，未参仁义，令入太学学礼。以翼圭执父不孝，迁之于蜀。"

案：《十文国春秋辑补》卷三五系此事于前秦建元十二年。

太元二年 丁丑 公元 377 **年**（前秦建元十三年）

1. 周续之生。

《宋书》卷九三《周续之传》："周续之字道祖，雁门广武人也。其先过江居豫章建昌县。续之年八岁丧母，哀戚过于成人，奉兄如事父。"

案：据本传，周续之卒于刘宋景平元年（423），时年四十七，逆推，知其生于是年。

2. 徐广为谢玄从事。

《晋书》卷八二《徐广传》："谢玄为兖州，辟从事。"

案：据《晋书·孝武帝纪》，谢玄于是年十月为兖州刺史。

3. 裴松之学《论语》《毛诗》。

《宋书》卷六四《裴松之传》："松之年八岁，学通《论语》《毛诗》。博览坟籍，立身简素。"

太元三年 戊寅 公元378年

1. 袁宏卒。

《晋书》卷九二《袁宏传》："太元初，卒于东阳，时年四十九。撰《后汉纪》三十卷及《竹林名士传》三卷、诗赋诔表等杂文凡三百首，传于世。"

儒学著述情况：

《周易略谱》一卷，见《新唐志》。

《集议孝经》一卷，见《经典释文·叙录》。

《论语注》，江熙《论语集解》引其为一家；又见《经义考》卷一一二引。

案：又袁敬仲，《隋志》云："晋东阳太守。"著有《集议孝经》一卷，又《正始名士传》三卷，见《隋志》。据《隋书经籍志考证》，此与袁宏实为一人。《经义考》卷二二三则分为两人，云：袁敬仲《集议孝经》一卷，袁宏《孝经注》一卷。《补晋书艺文志》也认为两袁为同一人。

又案：据陈三平《十二生肖和袁宏的生卒年》一文考释，袁宏太元初卒于东阳，时应在太元三年（378），岁值戊寅，袁宏本命年。今从其说。

2. 戴颙生

《宋书》卷九三《戴颙传》："戴颙字仲若，谯郡铚人也。

父逵，兄勃，并隐遁有高名。”

案：据《宋书》本传，其卒于刘宋元嘉十八年（441），时年六十四，逆推知其生于是年。

太元四年 己卯 公元 379 年

范宁迁临淮太守，封阳遂乡侯。顷之，征拜中书侍郎，议辟雍、明堂礼制。

《晋书》卷七五《范宁传》：“在职（余杭令）六年，迁临淮太守，封阳遂乡侯。顷之，征拜中书侍郎。在职多所献替，有益政道。时更营新庙，博求辟雍、明堂之制，宁据经传奏上，皆有典证。孝武帝雅好文学，甚被亲爱，朝廷疑议，辄咨访之。”

太元五年 庚辰 公元 380 年

八月，韩康伯卒。

《晋书》卷七五《韩康伯传》：“转丹阳尹、吏部尚书、领军将军。既疾病，占候哲云：‘不宜此官。’朝廷改授太常，未拜，卒，时年四十九。即赠太常。”

《建康实录》卷九：“（太元五年）八月，太常韩伯卒。……好学清洁，注《周易·下系》。同郡庾龢目之曰：‘思理伦和，我敬韩康伯；志力强正，吾愧王文度。’累迁位至吏部尚书，改授太常。卒，时年四十九。”

著有《周易系辞注》二卷，见《隋志》。又晁公武《郡斋读书志》：“王弼《周易》十卷。魏尚书郎王弼辅嗣注。系辞、说卦、杂卦、序卦，弼之门人韩康伯注。”

太元六年 辛巳 公元381年

1. 孝武帝奉佛。

《晋书·孝武帝纪》：“（太元六年春正月）帝初奉佛法，立精舍于殿内，引诸沙门以居之。”

2. 崔浩生。

《魏书》卷三五《崔浩传》：“崔浩，字伯渊，清河人也，白马公玄伯之长子。少好文学，博览经史，玄象阴阳，百家之言，无不关综，研精义理，时人莫及。弱冠为直郎。”

太元八年 癸未 公元383年

黄泓卒。

《晋书》卷九五《黄泓传》：“及慕容儁即王位，迁从事中郎。……慕容（暐）败，以老归家，叹曰：‘燕必中兴，其在吴王，恨吾年过不见耳。’年九十七卒。卒后三年，伪吴王慕容垂兴焉。”

案：慕容垂于晋太元十一年（386）建立后燕，故逆推前三年，姑系年于此。

太元九年 甲申 公元384年

1. 谢石请兴复国学。

《宋书》卷一四《礼志》："孝武帝太元九年，尚书谢石又陈之曰：'立人之道，曰仁与义。翼善辅性，唯礼与学。……请兴复国学，以训胄子；班下州郡，普修乡校。'烈宗纳其言。"

《通典》卷五三："太元九年，尚书谢石请兴复国学，以训胄子，颁下州郡，普修乡校。帝纳。"

《建康实录》卷九："十年春，尚书令谢石以学校陵迟，上疏请兴复国学于太庙之南。"

案：《东晋学术编年》系此事于太元元年，今据相关史籍改。

2. 孝武帝增选太学生，广建学屋。

《晋书》卷九《孝武纪》："（太元九年）夏四月乙卯，增置太学生百人。"

《晋书》卷八三《车胤传》："太元中，增置太学生百人，以胤领国子博士。"

《宋书》卷一四《礼志》："孝武帝太元九年，尚书谢石又陈之曰：'立人之道，曰仁与义。翼善辅性，唯礼与学。……请兴复国学，以训胄子；班下州郡，普修乡校。……'烈宗纳其言。其年，选公卿二千石子弟为生，增造庙屋一百五十五间。"

《通典》卷五三："其言明年，选公卿二千石子弟生，增造庙房屋百五十五间，而品课无章，君子耻与其列。国子祭酒殷茂上：'臣闻旧制，国学生皆取冠族华胄，比例皇储。而中混杂兰艾，遂令人情耻之。'诏虽褒纳，竟不施行。"

3. 颜延之生。

《宋书》卷七三《颜延之传》："颜延之字延年，琅邪临沂人也。……延之少孤贫，居负郭，室巷甚陋。好读书，无所不览，文章之美，冠绝当时。……孝建三年，卒，时年七十三。追赠散骑常侍、特进，金紫光禄大夫如故。谥曰宪子。"

案：据《宋书》本传，颜延之卒于刘宋孝建三年（456），时年七十三，逆推知其生于是年。

太元十年 乙酉 公元385年

1. 立国学。

《晋书》卷九《孝武帝纪》："（太元十年）二月，立国学。"

《晋书》卷二四《职官志》："孝武太元十年，损国子助教员为十人。"

案：此年减损国子教员，又《南齐书》卷三九《陆澄传》言，太元立王肃《易》，《左氏传注》太元取服虔，而兼取贾逵《经》，又《谷梁传注》太元旧有麋信注，东晋各经所立博士无详载，此条姑附于此。

2. 车胤领国子博士。

《晋书》卷八三《车胤传》："太元中，增置太学生百人，以胤领国子博士。"

3. 国子祭酒殷茂上书言学。

《宋书》卷一四《礼志》："而品课无章，士君子耻与其列。

国子祭酒殷茂言之曰：'……陛下以圣德玄一，思隆前美，顺通居方，导达物性，兴复儒肆，佥与后生。自学建弥年，而功无可名。惮业避役，就存者无几，或假托亲疾，真伪难知，声实混乱，莫此之甚。臣闻旧制，国子生皆冠族华胄，比列皇储。而中者混杂兰艾，遂令人情耻之。子贡去朔之饩羊，仲尼犹爱其礼，况名实兼丧，面墙一世者乎。若以当今急病，未遑斯典，权宜停废者，别一理也。若其不然，宜依旧准。窃谓群臣内外，清官子侄，普应入学，制以课程。今者见生，或年在扞格，方圆殊途，宜听其去就，各从所安。所上谬合，乞付外参议。'烈宗下诏褒纳，又不施行。"

又《通典》卷五十三同。

案：从"学建弥年"推断，其当在是年。由"惮业避役""混杂兰艾"等语看，此次孝武立学，是将国子学和太学合并，故会出现高门子弟和平民子弟同在一学的情况，与当时门阀制度利益不符，也不利学风，故殷茂等人有此上书。

太元十一年 丙戌 公元 386 **年**（北魏道武帝登国元年）

1. 封孔靖之为奉圣亭侯。

《晋书》卷九《孝武帝纪》："（太元十一年）秋八月庚午，封孔靖之为奉圣亭侯，奉宣尼祀。"

2. 雷次宗生。

《宋书》卷九三《雷次宗传》："雷次宗字仲伦，豫章南昌人也。少入庐山，事沙门释慧远，笃志好学，尤明《三礼》《毛诗》，隐退不交世务。"

案：据本传其卒于刘宋元嘉二十五年（448 年），时年六十三岁。逆推知其生于是年。

太元十二年 丁亥 公元387年

1. 范宁为豫章太守，在郡兴学。

《晋书》卷七五《范宁传》："求补豫章太守……宁在郡又大设庠序，遣人往交州采磬石，以供学用，改革旧制，不拘常宪。远近至者千余人，资给众费，一出私禄。并取郡四姓子弟，皆充学生，课读《五经》。又起学台，功用弥广。"

《晋书》卷九一《范宣传》："太元中，顺阳范宁为豫章太守，宁亦儒博通综，在郡立乡校，教授恒数百人。由是江州人士并好经学，化二范之风也。"

案：《宋书·周续之传》云周续之年十二，诣宁受业。又周续之卒于刘宋景平元年（423），时年四十七，逆推，其十二岁当为晋太元十三年（388），故系范宁兴学于此前一年。又《六朝作家年谱辑要·陶渊明年谱简证》则云："是则范宁为豫章太守，倡导经学，亦当在是年（387）或稍前。"①

2. 车胤议郊庙明堂之事。

《晋书》卷八三《车胤传》："其后年，议郊庙明堂之事，胤以'明堂之制既甚难详，且乐主于和，礼主于敬，故质文不同，音器亦殊。既茅茨广厦不一其度，何必守其形范而不弘本顺时乎！九服咸宁，四野无尘，然后明堂辟雍可光而修之'。时从其议。"

---

① 刘跃进、范子烨：《六朝作家年谱辑要》，黑龙江教育出版社，1999年，第136页。

3．徐邈议明堂郊祀，补中书舍人。

《晋书》卷一九《礼志上》："孝武帝太元十二年五月壬戌，诏曰……祠部郎中徐邈议……"

《晋书》卷九一《徐邈传》："及孝武帝始览典籍，招延儒学之士，邈既东州儒素，太傅谢安举以应选。年四十四，始补中书舍人，在西省侍帝。虽不口传章句，然开释文义，标明旨趣，撰正《五经》音训，学者宗之。"

4．征处士戴逵不至。

《晋书》卷九《孝武帝纪》："（太元十二年）六月癸卯，束帛聘处士戴逵、龚玄之。"

太元十三年 戊子 公元388年

1．范弘之为太学博士。

《晋书》卷九一《范弘之传》："范弘之字长文，安北将军汪之孙也。……雅正好学，以儒术该明，为太学博士。时卫将军谢石薨，请谥，下礼官议。弘之议曰：……。又论殷浩宜加赠谥，不得因桓温之黜以为国典，仍多叙温移鼎之迹。时谢族方显，桓宗犹盛，尚书仆射王珣，温故吏也，素为温所宠，三怨交集，乃出弘之为余杭令。"

案：范弘之初为太学博士，不知何年；此年谢石卒，时其为太学博士，议谥号，故暂系年于此。后卒于余杭令任上。

2．周续之从范宁受学。

《宋书》卷九三《周续之传》："豫章太守范宁于郡立学，

招集生徒，远方至者甚众，续之年十二，诣宁受业。居学数年，通五经并《纬候》，名冠同门，号曰‘颜子’。既而闲居读《老》《易》，入庐山事沙门释慧远。”

案：从周续之从学经历看，其儒释道兼综。

太元十四年 己丑 公元389年

裴松之拜殿中将军

《宋书》卷六四《裴松之传》：“年二十，拜殿中将军。此官直卫左右，晋孝武太元中革选名家以参顾问，始用琅邪王茂之、会稽谢輶，皆南北之望。”

太元十五年 庚寅 公元390年（北魏登国五年）

1. 徐邈为前卫率，授太子经，议太子服生母礼。

《晋书》卷九一《徐邈传》：“时皇太子尚幼，帝甚钟心，文武之选皆一时之俊。以邈为前卫率，领本郡大中正，授太子经。”

《晋书》卷二〇《礼志中》：“孝武帝太元十五年，淑媛陈氏卒，皇太子所生也。有司参详母以子贵，赠淑媛为夫人，置家令典丧事。太子前卫率徐邈议：‘《丧服传》称与尊者为体，则不服其私亲。又，君父所不服，子亦不敢服。故王公妾子服其所生母练冠麻衣，既葬而除，非五服之常，则谓之无服。’从之。”

案：据《晋书·安帝纪》，孝武帝太元十二年（387），其被立为皇太子。徐邈具体何时为太子前卫率，始授太子经义，史缺无载。但本年徐邈确在此任，故暂系年于此。

2. 征戴逵为国子祭酒，加散骑常侍，戴逵不至。

《晋书》卷九四《戴逵传》："后王珣为尚书仆射，上疏复请征为国子祭酒，加散骑常侍，征之，复不至。"

案：据《晋书·孝武帝纪》，本年九月王珣为尚书仆射，姑系此事于是年。

3. 北魏高允生。

《魏书》卷四八《高允传》："高允，字伯恭，渤海人也。……性好文学，担笈负书，千里就业，博通经史天文术数，尤好《春秋公羊》。"

案：据《魏书》本传，高允卒于北魏孝文帝太和十一年（487）正月，年九十八，逆推知其生于是年。

太元十六年 辛卯 公元391年

徐广为秘书郎，校密阁四部。

《晋书·徐广传》："孝武世，除秘书郎，典校秘书省。增置省职，转员外散骑侍郎，仍领校书。"

《建康实录》卷九："（太元）十六年春正月，诏徐广校秘阁四部，见书凡三万六千卷。

太元十七年 壬辰 公元392年（后秦建初七年）

1. 殷仲堪与慧远论《易》。

《高僧传》卷六《释慧远传》："殷仲堪至荆州，过山展敬，与远共临北涧，论《易》体要，移景不倦。既而叹曰：‘识信深明，实难庶几。’”

《世说新语·文学》：“殷荆州曾问远公：‘《易》以何为体?’答曰：‘《易》以感为体。’殷曰：‘铜山西崩，灵钟东应，便是《易》耶?’远公笑而不答。”

案：据《晋书·孝武帝纪》，本年十一月殷仲堪出任荆州刺史，故其至荆州与慧远论《易》当在是年或之后，暂系于是年。

2. 后秦置学官。

《十六国春秋》卷五五《姚苌》：“建初七年春正月，苌下书令留台诸镇，各置学官，勿有所废。考试优劣，随才擢叙。”

《十六国春秋辑补》卷五〇同。

案：《东晋学术编年》系此事于晋太元二十年（395），据《晋书·姚苌载记》，姚苌于晋太元十一年（386）即皇帝位，改元建初，故系年于此。

太元十八年 癸巳 公元393年

殷仲堪以宗炳为主簿，宗炳不就。

《宋书》卷九三《宗炳传》：“炳居丧过礼，为乡闾所称。刺史殷仲堪、桓玄并辟主簿，举秀才，不就。”

案：殷仲堪于上年出任荆州刺史，故暂系年于此。

太元二十年 乙未 公元395年

戴逵卒。

《晋书》卷九四《戴逵传》："太元二十年，皇太子始出东宫，太子太傅会稽王道子、少傅王雅、詹事王珣又上疏曰：'逵执操贞厉，含味独游，年在耆老，清风弥劭。东宫虚德，式延事外，宜加旌明，以参僚侍。逵既重幽居之操，必以难进为美，宜下所在备礼发遣。'会病卒。"

《建康实录》："（太元二十年）是岁，会稽王道子与尚书王珣连上疏荐会稽处士戴逵参侍东宫，会逵病死。"

儒学著述情况：

《五经大义》三卷，见《隋志》。马国翰辑有《五经大义》一卷。

《竹林七贤论》，见《隋志》。

《戴逵集》九卷，见《隋志》。

案：戴逵曾师从范宣，通经术；又明《老》《庄》，并有《老子音》一卷，又事高僧慧远。可见也是儒释道兼综。

太元二十一年 丙申 公元396年（后秦皇初三年）

后秦姚兴孝廉选士。

《晋书》卷一一七《姚兴载记》："兴令郡国各岁贡清行孝廉一人。"

《十六国春秋》卷五六《姚兴上》："（皇初三年）兴令郡国各岁贡清行孝廉一人。"

《十六国春秋辑补》卷五一同。

晋安帝

（公元 397 年—公元 418 年）

隆安元年 丁酉 公元 397 **年**（后秦皇初四年）

1. 徐邈卒。

《晋书》卷九一《徐邈传》：“安帝即位，拜骁骑将军。隆安元年，遭父忧。邈先疾患，因哀毁增笃，不逾年而卒，年五十四，州里伤悼，识者悲之。……所注《谷梁传》，见重于时。”

儒学著述情况：

《周易音》一卷，见《隋志》。马国翰辑有《周易徐氏音》一卷。

《春秋谷梁传注》十二卷，见《经典释文·叙录》及《隋志》。

《春秋谷梁传义》十卷，见《隋志》。马国翰辑有《春秋谷梁传注义》一卷。

《答春秋谷梁义》三卷，见《隋志》。

《春秋谷梁音》一卷，见《旧唐志》。

《古文尚书音》一卷，见《隋志》。马国翰辑有《古文尚书音》一卷。

《尚书逸篇注》三卷，见《新唐志》。

《毛诗音》二卷，见《隋志》。马国翰辑有《毛诗徐氏音》一卷。

《周礼音》一卷，《礼记音》三卷，《春秋左传音》三卷，

《论语音》一卷，见《经典释文·叙录》。马国翰辑有《周礼徐氏音》一卷、《礼记徐氏音》三卷、《春秋徐氏音》一卷。

《五经音》十卷，见《隋志》。

2. 后秦姚兴与天水儒者讲论道艺。

《晋书》卷一一七《姚兴载记上》："天水姜龛、东平淳于岐、冯翊郭高等皆耆儒硕德，经明行修，各门徒数百，教授长安，诸生自远而至者万数千人。兴每于听政之暇，引龛等于东堂，讲论道艺，错综名理。凉州胡辩，苻坚之末，东徙洛阳，讲授弟子千有余人，关中后进多赴之请业。兴敕关尉曰：'诸生咨访道艺，修己厉身，往来出入，勿拘常限。'于是学者咸劝，儒风盛焉。"

案：《十六国春秋》卷五六《姚兴上》同，系年后秦皇初四年。《十六国春秋辑补》卷五一同。

隆安二年 戊戌 公元398年

桓玄奏请沙汰佛僧。

《佛祖统记》卷三六："（隆安二年）桓玄辅政，劝上沙汰僧尼。诏曰：'有能伸述经牒，演说义理，律行修正者，并听依所习，余悉令罢道。唯庐山道德所居，不在搜简。'远法师以书力辩，事遂寝。"

隆安三年 己亥 公元399年（北魏道武帝天兴二年）

1. 三月，北魏立五经博士，广集天下经书。

《魏书》卷二《太祖纪》："（天兴二年三月）甲子，初令

《五经》群书各置博士，增国子太学生员三千人。”

《魏书》卷八四《儒林传序》：“天兴二年春，增国子太学生员至三千。”

《魏书》卷三三《李先传》：“李先，字容仁，中山卢奴人也，本字犯高祖庙讳。……转七兵郎，迁博士、定州大中正、太祖问先曰：‘天下何书最善，可以益人神智？’先对曰：‘唯有经书。三皇五帝治化之典，可以补王者神智。’又问曰：‘天下书籍，凡有几何？朕欲集之，如何可备？’对曰：‘伏羲创制，帝王相承，以至于今，世传国记，天文秘纬不可计数。陛下诚欲集之，严制天下诸州郡县搜索备送，主之所好，集亦不难。’太祖于是班制天下，经籍稍集。”

2. 孙恩起事。

《晋书》卷一〇《安帝纪》：“（隆安三年）十一月，妖贼孙恩陷会稽。”

3. 十二月，殷仲堪被杀。

《晋书》卷八四《殷仲堪传》：“殷仲堪，陈郡人也。祖融，太常、吏部尚书。……仲堪能清言，善属文，每云三日不读《道德论》，便觉舌本间强。其谈理与韩康伯齐名，士咸爱慕之。调补佐著作郎。……仲堪出奔酇城，为玄追兵所获，逼令自杀。”

《晋书》卷一三《天文志》：“（隆安）三年六月，洛阳没于寇。桓玄破荆、杀殷仲堪等。”

《建康实录》卷一〇：“十二月，桓玄袭江陵，荆州刺史殷仲堪、南蛮校尉杨佺期并遇害。”

儒学著述情况：

《毛诗杂义》四卷，见《隋志》。

《论语解》，《隋志》等均不载，皇侃《义疏》有引。马国翰辑有《论语殷氏解》一卷。

《常用字训》一卷，见《隋志》。

案：殷融，晋太常，著有《周易象不尽意论》《大贤须易论》，见《世说新语·文学》注。又见《补晋书艺文志》引《晋中兴书》。

隆安四年 庚子 公元400年（南燕慕容德建平元年）

1. 车胤卒。

《晋书》卷八三《车胤传》："隆安初，为吴兴太守，秩中二千石，辞疾不拜。加辅国将军、丹杨尹。顷之，迁吏部尚书。元显有过，胤与江绩密言于道子，将奏之，事泄，元显逼令自裁。俄而胤卒，朝廷伤之。"

《建康实录》："（隆安四年）司马元显专政，夜开六门，绩密启会稽王。时车胤亦言：'元显骄纵，宜禁制之。'欲连表奏，道子未许。元显闻而谓众曰；'江绩、车胤间我父子。'遂令责绩而害胤。"

儒学著述情况：

《孝经注》，见《经典释文·叙录》。

《孝经讲义》四卷，署车胤等撰，见《补晋书艺文志》卷一。

2. 南燕建立学官，选太学生。

《晋书》卷一二七《慕容德载记》："（隆安）四年，僭即皇帝位于南郊，大赦，改元为建平。……建立学官，简公卿已下子弟及二品士门二百人为太学生。”

《十六国春秋》卷六三《慕容德》《十六国春秋辑补》卷六〇同。

隆安五年 辛丑 公元401**年**（北魏道武帝天兴四年 南凉建和二年）

1. 二月，北魏祭奠先圣、先师。

《魏书》卷二《太祖纪》：“（天兴四年）二月丁亥，命乐师入学习舞，释菜于先圣、先师。”

《魏书》卷八四《儒林传序》：“四年春，命乐师入学习舞，释菜于先圣、先师。”

2. 十二月，北魏道武帝主持纂成《众文经》。

《魏书》卷二《太祖纪》：“（天兴四年）冬十二月辛亥，集博士儒生，比众经文字，义类相从，凡四万余字，号曰《众文经》。”

3. 南凉立学，以田玄冲、赵诞为博士祭酒。

《晋书》卷一二六《秃发利鹿孤载记》：“祠部郎中史暠对曰：‘孔子曰：“不学礼，无以立。”宜建学校，开庠序，选耆德硕儒以训胄子。’利鹿孤善之，于是以田玄冲、赵诞为博士祭酒，以教胄子。”

《十六国春秋》卷八八《秃发利鹿孤》同，系年建和二年。《十六国春秋辑补》卷八九同。

案：秃发利鹿孤于晋隆安三年（399）即位，四年（400）

改元建和，故系年于此。

4. 范宁卒。

《晋书》卷七五《范宁传》："既免官，家于丹阳，犹劝经学，终年不辍。年六十三，卒于家。初，宁以《春秋谷梁氏》未有善解，遂沉思积年，为之集解，其义精审，为世所重。既而徐邈复为之注，世亦称之。"

儒学著述情况：

《尚书注》十卷，《尚书集解》十卷，见《经典释文·叙录》。

《礼杂问》十卷，见《隋书》及《旧唐志》。马国翰辑有《礼杂问》一卷。

《礼论答问》九卷，见《旧唐志》。

《古文尚书舜典注》一卷，见《隋志》。马国翰辑有《古文尚书舜典注》一卷。

《春秋谷梁传集解》十二卷，见《经典释文·叙录》及《隋志》。

《春秋谷梁传例》一卷，见《隋志》。

《薄叔玄问谷梁义》二卷[①]，见《隋志》。马国翰辑有《薄叔元问谷梁义》一卷。

《论语别义》[②] 十卷，《隋志》云范廙撰。马国翰辑有《论

---

① 《补晋书艺文志》云为薄叔玄作《问谷梁义》二卷，薄与范宁为同时之学者。

② 余萧客在《古经解钩沈》叙录中云："案晁公武《读书后志》卷一曰：'皇侃《论语疏》引范宁说，则《隋志》范廙《论语别义》十卷，或是范宁之误。'"又马国翰范宁《论语注》辑本序曰："江熙《集解》十三家，有范宁。"也认为《隋志》所载《论语别义》为范宁著。

语范氏注》一卷。

又《集》十六卷，《范宁启事》三卷，见《隋志》。

案：钱大昕《疑年录》据《宋书·范泰传》丁父忧去职时计，范宁约卒于此年，今从。又郑嗣《春秋谷梁传郑氏说》一卷，《补晋书艺文志》云，郑嗣为范汪门人。马国翰辑有《春秋谷梁传郑氏说》一卷。

元兴元年 壬寅 公元402年

慧远讲《丧服经》，雷次宗、宗炳执卷承旨。

《高僧传》卷六《释慧远传》："时远讲《丧服经》，雷次宗、宗炳等并执卷承旨。"

《宋书》卷九三《宗炳传》："（炳）乃下入庐山，就释慧远考寻文义。"

《宋书》卷九三《周续之传》："既而闲居读《老》《易》，入庐山事沙门释慧远。"

案：此事时间不详，《东晋文艺系年》暂将此事系于是年，姑从。

元兴二年 癸卯 公元403年（南燕建平四年）

1. 桓玄再议沙门应礼敬王者，慧远著《沙门不敬王者论》五篇。

《佛祖历代通载》卷七："癸卯元兴二年，太尉桓玄久怀篡夺。及升宰辅，以震主之威下书，令沙门致拜君亲。……远慨然惜之，……故著论五篇，究叙微意，庶后之君子崇敬佛教者或详览焉。”

2. 徐广为大将军文学祭酒。

《晋书》卷八二《徐广传》：“桓玄辅政，以为大将军文学祭酒。”

案：据《晋书·安帝纪》，元兴二年（403）二月乙卯，桓玄自称大将军，故系年于此。

3. 南燕策试诸生。

《晋书》卷一二七《慕容德载记》：“德大集诸生，亲临策试。”

案：《十六国春秋》卷六三《慕容德》同，系年为南燕建平四年。

元兴三年 甲辰 公元404年

1. 西凉立泮宫。

《晋书》卷八七《李玄盛传》：“又立泮宫，增高门学生五百人。起嘉纳堂于后园，以图赞所志。”

案：《十六国春秋》卷九一：“癸卯四年春正月，命立泮宫，增高门学生五百人，起嘉纳堂于后园，以图赞志。”而《十六国春秋辑补》卷九二则云五年正月。今从。

2. 桓玄被斩。

《晋书》卷九九《桓玄传》：“桓玄字敬道，一名灵宝，大司马温之子也。……及长，行貌环奇，风神疏朗，博综艺术，善属文。”

《晋书》卷一〇《安帝纪》："（元兴三年五月）壬午，督护冯迁斩桓玄于貊盘洲。"

著有《周易系辞注》二卷，见《隋志》。马国翰辑有《周易系辞桓氏注》一卷。

义熙元年 乙巳 公元405年（西凉建初元年）

1. 徐广奉诏撰《车服仪注》。

《晋书》卷八二《徐广传》："义熙初，奉诏撰车服仪注，除镇军咨议，领记室，封乐成侯，转员外散骑常侍，领著作。"《宋书·徐广传》同。

案：据《晋书·安帝纪》，元兴三年（404），王谧推刘裕为行镇军将军，义熙元年（405）三月，加镇军将军刘裕为侍中等。故系年于此。

2. 戴颙出居吴下，注《礼记·中庸篇》

《宋书》卷九三《戴颙传》："（戴）勃疾患，医药不给，颙谓勃曰：'颙随兄得闲，非有心于默语。兄今疾笃，无可营疗，颙当干禄以自济耳。'乃告时求海虞令，事垂行而勃卒，乃止。桐庐僻远，难以养疾，乃出居吴下。……乃述庄周大旨，著《逍遥论》，注《礼记·中庸篇》。"

案：戴勃卒后，戴颙出居吴下著述。戴勃卒年史无明载，据《晋书·戴逵传》云："长子勃，有父风。义熙初，以散骑侍郎征，不起，寻卒。"故暂系年于此。

3. 西凉以刘昞为儒林祭酒。

《魏书》卷五二《刘昞传》："刘昞，字延明，敦煌人也。

父宝，字子玉，以儒学称。昞年十四，就博士郭瑀学。……昞后隐居酒泉，不应州郡之命，弟子受业者五百余人。李暠私署，征为儒林祭酒、从事中郎。”

案：《十六国春秋》卷九〇云，西凉建初三年，有儒林祭酒刘昞为文刻石颂德一事，故《东晋学术编年》系此事于晋义熙三年（407）。而据《晋书·李玄盛传》，是年，李暠改元为建初，故暂系其初为西凉儒林祭酒于此年。

义熙二年 丙午 公元406年

周续之不出仕。

《宋书》卷九三《周续之传》：“刘毅镇姑孰，命为抚军参军，征太学博士，并不就。”

义熙三年 丁未 公元407年

殷仲文卒。

《晋书》卷九九《殷仲文传》：“殷仲文，南蛮校尉觊之弟也。少有才藻，美容貌。从兄仲堪荐之于会稽王道子，即引为骠骑参军，甚相赏待。……义熙三年，又以仲文与骆球等谋反，及其弟南蛮校尉叔文并伏诛。”

《晋书》卷一〇《安帝纪》：“（义熙）三年春二月乙酉，车骑将军刘裕来朝。诛东阳太守殷仲文、南蛮校尉殷叔文、晋陵太守殷道叔、永嘉太守骆球。”

殷仲文注有《孝经注》[1]，见《经典释文·叙录》。马国翰辑有《孝经殷氏注》一卷。

义熙五年 己酉 公元409**年**（北魏明元帝永兴元年）

1. 周续之安乐寺讲《礼》。

《宋书》卷九三《周续之传》："高祖北讨，世子居守，迎续之馆于安乐寺，延入讲《礼》，月余，复还山。"

2. 北魏改国子学为中书学。

《魏书》卷八四《儒林传序》："太宗世，改国子为中书学，立教授博士。"

3. 崔浩为北魏博士祭酒。

《魏书》卷三五《崔浩传》："太宗初，拜博士祭酒，赐爵武城子，常授太宗经书。……太宗好阴阳术数，闻浩说《易》及《洪范》五行，善之，因命浩筮吉凶，参观天文，考定疑惑。"

案：北魏明元帝于是年即位，故系年于此。

---

① 马国翰《玉函山房辑佚书》辑本《孝经殷氏注》序曰："所注《孝经》一卷，《隋志》云梁有，又云亡，《唐志》复著其目，今佚，唯刑昺《正义》引三节。"

义熙七年 辛亥 公元 411 年

刘裕建议依旧策试秀孝。

《宋书》卷二《武帝纪中》："（义熙）七年……先是诸州郡所遣秀才、孝廉，多非其人，公表天子，申明旧制，依旧策试。"

义熙八年 壬子 公元 412 年（北魏明元帝永兴四年）

1. 何承天除太学博士。

《宋书》卷六四《何承天传》："高祖讨刘毅，留诸葛长民为监军。长民密怀异志，刘穆之屏人问承天曰……除太学博士。"

案：据《宋书·武帝纪》，是年刘裕讨伐刘毅，何承天为太学博士当在此年或之后不久，暂系年于此。

2. 北魏崔浩解《孝经》《论语》《诗》《尚书》《春秋》《礼记》《周易》成。

《魏书》卷三五《崔浩传》："浩又上《五寅元历》，表曰：'太宗即位元年，敕臣解《急就章》《孝经》《论语》《诗》《尚书》《春秋》《礼记》《周易》。三年成讫。'"

3. 阚骃典校经籍。

《魏书》卷五二《阚骃传》："阚骃，字玄阴，敦煌人也。……骃博通经传，聪敏过人，三史群言，经目则诵，时人谓之宿读。注王朗《易传》，学者籍以通经。撰《十三州志》，行于世。蒙逊甚重之，常侍左右，访以政治损益。拜秘书考课郎中，给文吏三十人，典校经籍，刊定诸子三千余卷。加奉车都尉。”

案：据《晋书·沮渠蒙逊载记》：“俄而蒙逊迁于姑臧，以义熙八年僭即河西王位”，故系年于此。

又案：据本传，阚骃曾注王朗《易传》，可见其时王朗《易传》在北土仍有流传。

义熙九年 癸丑 公元413年

徐广议四府君迁主礼。

《晋书》卷一九《礼志上》：“义熙九年四月，将殷祠，诏博议迁毁之礼……大司农徐广议……”

义熙十一年 乙卯 公元415年

周续之为刘柳所荐举。

《宋书》卷九三《周续之传》：“江州刺史刘柳荐之高祖曰：‘……窃见处士雁门周续之，清真贞素，思学钩深，弱冠独往，心无近事，性之所遣，荣华与饥寒俱落，情之所慕，岩泽与琴书共远。加以仁心内发，义怀外亮……愿照其丹款，不以人废言。’”

案：《东晋文艺系年》据《东晋方镇年表》，刘柳本年至明年六月任江州刺史，卒，故而系年于此，今从。

义熙十二年 丙辰 公元416年（北燕太平八年）

1. 北燕建太学。

《晋书》卷一二五《冯跋载记》："跋下书曰：'武以平乱，文以经务，宁国济俗，实所冯焉。自顷丧难，礼崩乐坏，闾阎绝讽诵之音，后生无庠序之教，子衿之叹复兴于今，岂所以穆章风化，崇阐斯文！可营建太学，以长乐刘轩、营丘张炽、成周翟崇为博士郎中，简二千石已下子弟年十五已上教之。'"

案：《十六国春秋》卷九八《冯跋》同，系年为北燕太平八年。

2. 八月，释慧远卒。

《出三藏记集》卷一五《慧远传》："义熙末卒于庐山精舍，春秋八十有三。"

《高僧传》卷六《慧远传》："释慧远，本姓贾氏，雁门娄烦人也。弱而好书，珪璋秀发，年十三遂舅令狐氏游学许洛。故少为诸生，博综六经，尤善《庄》《老》。"

著有《孝经注》，见《经典释文·叙录》。又《经典释文》卷五《毛诗音义上》云："周续之与雷次宗同受慧远法师《诗》义。"

3. 徐广上《晋纪》，迁秘书监。

《晋书》卷八三《徐广传》："（义熙）十二年，勒成《晋纪》，凡四十六卷，表上之。因乞解史任，不许。迁秘书监。"

义熙十三年 丁巳 公元417年

刘裕携书归江左。

《隋书》四九《牛弘传》：“收其图籍，五经子史，才四千卷。皆赤轴青纸，文字古拙。衣冠轨物，图画记注，播迁之余，尽归江左。”

案：据《宋书·武帝纪》，是年九月，刘裕至长安，“公先收其彝器、浑仪、土圭之属，献于京师”，故系年于此。

义熙十四年 戊午 公元418年

1. 颜延之为博士，迁世子舍人。

《宋书》卷七三《颜延之传》：“宋国建，奉常郑鲜之举为博士，仍迁世子舍人。”

案：据《晋书·安帝纪》，是年夏六月，刘裕为相国，进封宋公。

2. 征戴颙、宗炳、周续之，皆不至。

《宋书》卷九三《戴颙传》：“宋国初建，令曰：‘前太尉参军戴颙、辟士韦玄，秉操幽遁，守志不渝。宜加旌引，以弘止退。并可散骑侍郎，在通直。’不起。”

《宋书》卷九三《宗炳传》：“高祖开府辟召，下书曰：‘吾忝大宠，思延贤彦……南阳宗炳、雁门周续之，并植操幽栖，无闷巾褐，可下辟召，以礼屈之。’于是并辟太尉掾，皆不起。”

3. 何承天为尚书祠部郎，与傅亮共撰朝仪。

《宋书》卷六四《何承天传》："宋台建，召为尚书祠部郎，与傅亮共撰朝仪。"

晋恭帝

（公元 419 年—公元 420 年）

元熙元年 己未 公元 419 **年**（北凉玄始八年）

刘昞为北凉秘书郎。

《魏书》卷五二《刘昞传》："蒙逊平酒泉，拜秘书郎，专管注记。筑陆沉观于西苑，躬往礼焉，号"玄处先生"，学徒数百，月致羊酒。"

案：据《十六国春秋》卷九四，沮渠蒙逊于"（北凉）玄始八年秋八月……进克酒泉，百姓安堵如故，军无私掠，以子茂虔为酒泉太守"。又据《晋书·沮渠蒙逊载记》，其以安帝义熙八年（412）即河西王位，改元玄始，故系年于此。

儒学著述情况：

《周易注》，见本传。又《经义考》卷十三云：刘氏昞，《周易注》，佚。马国翰辑有《周易刘氏注》一卷。

《方言》三卷，见本传。

《人物志注》，见本传。

又《略记》一百三十篇，八十四卷，《凉书》十卷，《敦煌实录》二十卷，《靖恭堂铭》一卷，又注《韩子》《黄石公三略》，均见本传。

元熙二年 庚申 公元420年

徐广辞官归隐。

《晋书》卷八三《徐广传》：“及刘裕受禅，恭帝逊位，广独哀感，涕泗交流……因辞衰老，乞归桑梓。性好读书，老犹不倦。年七十四，卒于家。广《答礼问》行于世。”

《建康实录》卷一〇：“初，桓玄之篡，安帝出宫，广既陪列，悲恸左右。及宋受禅，不胜哀感，遂去职。卒于家，时年七十四。”

案：是年，刘裕篡位，建国号宋。

附　录

两晋时期其他无法系年的儒者及著述

1. 栾肇

《经典释文·叙录》云："字永初，太山人，晋太保掾，尚书郎。"

儒学著述情况：

《论语释疑》十卷，见《隋志》。马国翰辑有《论语栾氏释疑》一卷。

《论语驳序》二卷，见《隋志》。

《春秋谷梁传注》十二卷，见《隋志》。

《周易象论》三卷，见《隋志》及《经典释文·叙录》。

2. 崔豹

《经典释文·叙录》云："字正熊，燕国人，晋尚书左中兵郎。"又《世说新语》引《晋百官名》曰："惠帝时官至太府丞。"

儒学著述情况：

《论语注》十卷，见《经典释文·叙录》；《旧唐志》云

《论语大义解》。

《论语集议》八卷，见《隋志》。

《古今注》三卷，见《隋志》。

3. 黄颖

《经典释文·叙录》云："南海人，晋广州儒林从事。"著有《周易注》十卷，见《经典释文·叙录》，《隋志》云四卷。马国翰辑有一卷。

5. 李轨

《经典释文·叙录》云"字弘范，江夏人，东晋祠部郎中，都亭侯。"姚振宗《隋志考证》曰："案李轨在晋代著述颇多，可谓一大作手。其学长于音训，明习故事。"

儒学著述情况：

《周易音》、《尚书音》、《毛诗音》、《周礼音》一卷、《仪礼音》一卷、《春秋左传音》三卷、《春秋公羊传音》一卷，见《经典释文·叙录》。马国翰辑有《周易李氏音》一卷，《周礼李氏音》一卷。

《小尔雅略解》，见《隋志》。

《扬子法言注》十五卷，解一卷。《隋志》云：扬雄撰，李轨注。

6. 江熙

《经典释文·叙录》云："字太和，济阳人，东晋兖州别驾。"

儒学著述情况：

《毛诗注》二十卷，见《经典释文·叙录》及《隋志》。

《集解论语》十二卷，见《经典释文・叙录》，《隋志》云十卷。马国翰辑有《论语江氏集解》二卷。

《公羊谷梁二传评》二卷，见《新唐志》。马国翰辑有《春秋公羊谷梁二传评》一卷。

7. 尹毅

《经典释文・叙录》云："天水人，东晋国子助教。"著有《礼记音》一卷，《新唐志》云两卷。《论语注》十卷，见《经典释文・叙录》。

8. 杨泓

《经典释文・叙录》云："天水人，东晋给事中。"注《孝经》一卷，见《经典释文・叙录》及《隋志》。

9. 高龙

《经典释文・叙录》云："范阳人，东晋河南太守。"著有《春秋公羊传注》十二卷，见《经典释文・叙录》，《隋志》同。

10. 徐乾

《经典释文・叙录》云："字文祚，东莞人，东晋给事中。"著有《春秋谷梁传》十三卷，又见《隋志》。马国翰辑有《春秋谷梁传徐氏注》一卷。

11. 梁觊

《经典释文・叙录》云："天水人，东晋国子博士。"有《论语注》十卷。皇侃《论语义疏》引为"梁冀"。马国翰《玉函山房辑佚书・经编论语类》云："案冀与觊音相同，义亦相近，故通用之，非汉之‘跋扈将军’也。”马国翰辑有《论语梁氏注释》一卷。

12. 孔伦

《经典释文·叙录》云：“字敬序，会稽人，东晋庐陵太守。”著有《集注丧服经传》一卷，见《隋志》。马国翰辑有《集注丧服经传》一卷。

13. 杨乂

《经典释文·叙录》云：“字玄舒，汝南人，晋司徒左长史。”著有《周易卦序论》一卷，为张璠《周易集解》中一家。马国翰辑有《周易卦序论》一卷。

又《毛诗辨异》三卷、《毛诗异义》二卷、《毛诗杂义》五卷，见《隋志》。

14. 蜀才

著有《周易注》十卷，见《经典释文·叙录》及《隋志》。《颜氏家训·书证篇》云“《易》有蜀才注，江南学士遂不知是何人。王俭《四部目录》不言姓名，题云王弼后人。”又《补晋书艺文志》云：范长生一名贤，自号蜀才。马国翰辑有《周易蜀才注》一卷，题［蜀］范长生撰。

15. 董勋

晋议郎，著有《问礼俗》，《新唐志》著录为十卷。王谟《汉魏遗书钞》、马国翰《玉函山房辑佚书》有辑录，并云其为魏人。

16. 孔晁

晋五经博士。著有《尚书释问》四卷，《春秋外传国语注》二十卷，均见《隋志》。又《晋明堂郊社议》三卷，见《隋书经籍志考证》。

17. 薛贞

《隋志》云：晋太尉参军。著有《归藏》十三卷。又见《玉海》卷三五引。

18. 吴商

《隋志》云："晋益寿令"。著有《礼难》十二卷、《礼议》十二卷、《礼议杂记故事》十三卷、《丧杂事》二十卷，见《隋志》。马国翰辑有《杂礼议》一卷。

19. 曹毗

《晋书》本传云："曹毗字辅佐，谯国人也。……毗少好文籍，善属词赋。郡察孝廉，除郎中，蔡谟举为佐著作郎。父忧去职。服阕，迁句章令，征拜太学博士。……累迁至光禄勋，卒。凡所著文笔十五卷，传于世。"

著有《论语释》，见《隋志》；又《对儒》，见本传。

20. 顾夷

《隋志》云：晋扬州刺史。有《周易难王辅嗣义》一卷，又见《补晋书艺文志》。

21．綦毋邃

《补晋书艺文志》据《元和姓纂》云：江左时人，官邵阳太守。著有《孟子注》九卷，其中内篇七卷，外篇两卷。马国翰辑有《孟子綦毋氏注》一卷。

22．李彤

《隋志》云：晋朝议大夫。著有《字指》二卷，《单行字》四卷，见《隋志》。《字偶》五卷，《隋志》云：亡。马国翰辑有《字指》一卷，《单行字》附。

23．刘逵

《隋志》云：晋侍中，著有《丧服要记》二卷，亡。

24．方范

《隋志》云：晋人，著有《春秋经例》十二卷。

25．范坚

《隋志》云：晋护军，著有《春秋释难》三卷，亡。

26．殷兴

《隋志》云：晋尚书左丞，著有《春秋释滞》十卷，亡。

27．卢谌

晋人，马国翰辑录其《杂祭法》一卷。

28. 顾凯之

晋人，马国翰辑录其《启蒙记》一卷。

29. 王义

晋人，马国翰辑录其《小学篇》一卷。

30. 吕静

晋人，马国翰辑录其《韵集》一卷。

31. 应琛

始末不详，《〈隋书·经籍志〉考证》云“梁有《论语藏集解》一卷，应琛撰，亡。应琛始末未详。按：‘论语藏’之名不可解，似有敚文，疑是‘行藏集解’，落‘行’字。

32. 程阐

始末未详，著有《春秋谷梁经传集注》十六卷，见《隋志》，新旧《唐志》同。

33. 刘昌宗

始末不详，著有《周礼音》一卷、《仪礼音》一卷、《礼记音》五卷，见《经典释文·叙录》。

34. 缪协

始末不详，马国翰辑录其《论语缪氏说》一卷。

35. 翟玄

始末不详，马国翰辑录其《周易翟氏义》一卷。

36. 陈铨

始末不详，马国翰辑录其《丧服经传陈氏注》一卷。

参考文献

［晋］陈寿：《三国志》，北京：中华书局，1964 年。

［晋］常璩著，刘琳校注：《华阳国志》，成都：巴蜀书社，1984 年。

［刘宋］范晔：《后汉书》，北京：中华书局，2000 年。

［刘宋］刘义庆著，余嘉锡笺疏：《世说新语》，北京：中华书局，1983 年。

［梁］沈约：《宋书》，北京：中华书局，2000 年。

［梁］萧统编，［唐］李善注：《文选》，文渊阁四库全书本。

［梁］释僧祐：《弘明集》，上海：上海古籍出版社，1991 年。

［北齐］魏收：《魏书》，北京：中华书局，1974 年。

［北齐］颜之推撰，王利器集解：《颜氏家训集解》，上海：上海古籍出版社，1980 年。

［唐］房玄龄等：《晋书》，北京：中华书局，1974 年。

［唐］李延寿：《北史》，北京：中华书局，2000 年。

［唐］李延寿：《南史》，北京：中华书局，2000 年。

［唐］魏征等：《隋书》，北京：中华书局，2000 年。

［唐］许嵩：《建康实录》，北京：中华书局，1986 年。

［唐］陆德明：《经典释文》，上海：上海古籍出版社，1985 年。

［唐］欧阳询等：《艺文类聚》，上海：上海古籍出版社，1982 年。

［唐］虞世南：《北堂书钞》，天津：天津古籍出版社，1988 年。

[唐] 徐坚：《初学记》，北京：中华书局，2004 年。

[唐] 杜佑：《通典》，北京：中华书局，1988 年。

[唐] 释道宣：《广弘明集》，上海：上海古籍出版社，1991 年。

[宋] 郑樵：《通志》，北京：北京图书馆出版社，2006 年。

[宋] 司马光等：《资治通鉴》，北京：中华书局，2007 年。

[宋] 司马光等：《资治通鉴考异》，北京：北京图书馆出版社，2003 年。

[宋] 李昉等：《太平御览》，北京：中华书局，1960 年。

[宋] 李昉等：《文苑英华》，北京：中华书局，1966 年。

[宋] 王钦若等：《册府元龟》，北京：中华书局，1960 年。

[宋] 王应麟：《玉海》，南京：江苏古籍出版社，1987 年。

[宋] 晁公武：《郡斋读书志》，台北：台湾商务印书馆，1981 年。

[宋] 陈振孙：《直斋书录解题》，上海：上海古籍出版社，1987 年。

[宋] 志磐撰，释道法校注：《佛祖统纪校注》，上海：上海古籍出版社，2012 年。

[元] 脱脱等：《宋史》，北京：中华书局，2000 年。

[元] 马端临：《文献通考》，北京：中华书局，1986 年。

[元] 释念常：《佛祖历代通载》（中华再造善本），北京：北京图书馆出版社影印元至正七年释念常募刻本，2005 年。

[清] 朱彝尊：《经义考》，北京：中华书局，1998 年。

[清] 马国翰：《玉函山房辑佚书》，上海：上海古籍出版社，1990 年影印。

[清] 王仁俊：《玉函山房辑佚书续编》，上海：上海古籍出版社，1989 年。

[清] 姚振宗：《隋书经籍志考证》，《二十五史补编》，北京：中华书局，1955 年。

［清］侯康：《补三国艺文志》，广雅书局丛书，1920年。
［清］汤球：《十六国春秋辑补》，北京：商务印书馆，1958年。
［清］严可均：《全上古三代秦汉三国六朝文》，北京：中华书局，1958年。
［清］吴荣光：《历代名人年谱》，上海：上海书店，1980年。
［清］唐晏撰，吴东民点校：《两汉三国学案》，北京：中华书局，1986年。
［清］皮锡瑞：《经学历史》，北京：中华书局，1959年。
［清］梁章钜编，杨耀坤校订：《三国志旁证》，福州：福建人民出版社，2000年。
［清］钱大昕：《嘉定钱大昕全集》，南京：江苏古籍出版社，1997年。

马宗霍：《中国经学史》，上海：上海书店，1984年。
王国维：《观堂集林》，北京：中华书局，1984年。
丁国均：《补晋书艺文志》，广雅书局丛书，1920年。
陈寅恪：《金明馆丛稿初编》，上海：上海古籍出版社，1980年。
陈寅恪：《金明馆丛稿二编》，上海：上海古籍出版社，1980年。
钱穆：《中国学术思想史论丛》，合肥：安徽教育出版社，2004年。
梁廷燦：《历代名人生卒年表 历代名人生卒年表补》，北京：北京图书馆出版社，2002年。
姜亮夫：《姜亮夫全集》，昆明：云南人民出版社，2002年。
赵万里：《汉魏南北朝墓志集释》，北京：科学出版社，1956年。
赵超：《汉魏南北朝墓志汇编》，天津：天津古籍出版社，1992年。
张心澂：《伪书通考》，北京：商务印书馆，1957年。

简博贤：《今存三国两晋经学遗籍考》，台湾：台湾三民书局，1996年。
孙启治、陈建华：《中国古佚书辑本目录解题》，上海：上海古籍出版社，2009年。
任莉莉：《七录辑证》，上海：上海古籍出版社，2011年。
卢弼：《三国志集解》，北京：中华书局影印，1982年。
庞朴：《中国儒学》，上海：东方出版中心，1997年。
赵吉惠等：《中国儒学史》，郑州：中州古籍出版社，1991年。
刘振东：《中国儒学史：魏晋南北朝卷》，广州：广东教育出版社，1998年。
李申：《中国儒教史》，上海：上海人民出版社，1999年。
周予同：《中国经学史讲义》，上海：上海文艺出版社，1999年。
朱维铮：《中国经学史十讲》，上海：复旦大学出版社，2002年。
蒙文通：《经学抉原》，上海：上海人民出版社，2006年。
李中华：《中国儒学史：魏晋南北朝卷》，北京：北京大学出版社，2011年。
吴雁南、秦学欣、李禹阶：《中国经学史》，福州：福建人民出版社，2001年。
焦桂美：《南北朝经学史》，上海：上海古籍出版社，2009年。
王志平：《中国学术史：三国两晋南北朝卷》，南昌：江西教育出版社，2001年。
张立文：《中国学术通史：魏晋南北朝卷》，北京：人民出版社，2004年。
侯外庐：《中国思想通史》（第三卷），北京：人民出版社，1957年。
汤用彤著，孙尚扬编：《汤用彤选集》，长春：吉林人民出版社，2005年。

余敦康：《魏晋玄学史》，北京：北京大学出版社，2004 年。
汤一介：《郭象与魏晋玄学》，北京：北京大学出版社，2000 年。
王晓毅：《儒释道与魏晋玄学形成》，北京：中华书局，2003 年。
高晨阳：《儒道会通与正始玄学》，济南：齐鲁书社，2000 年。
石峻、楼宇烈等：《中国佛教资料选编》（第一卷），北京：中华书局，1981 年。
缪钺：《读史存稿》，上海：生活·读书·新知三联书店，1963 年版，1982 年第 2 次印刷。
唐长孺：《唐长孺社会文化史论丛》，武汉：武汉大学出版社，2001 年。
李学勤：《简帛佚籍与学术史》，南昌：江西教育出版社，2001 年。
刘跃进、范子烨编：《六朝作家年谱辑要》，哈尔滨：黑龙江教育出版社，1999 年。
庄万寿：《嵇康研究及年谱》，台湾：台湾学生书局，1990 年。
陆侃如：《中古文学系年》，北京：人民文学出版社，1985 年。
刘汝霖：《汉晋学术编年》《东晋南北朝学术编年》，北京：中华书局，1986 年。
刘学智、徐兴海：《中国学术思想编年：魏晋南北朝卷》，西安：陕西师范大学出版社，2006 年。
林登顺：《魏晋南北朝儒学流变之省察》，台湾：文津出版社，1997 年。
杨世文：《魏晋学案》，北京：人民出版社，2013 年。

后 记

本书是笔者在硕士论文的基础上修改而成，今日得以付梓，最应该感谢的是笔者的导师杨世文教授。在硕士论文写作期间，杨老师给予了精心指导；毕业之后，杨老师又时常鼓励继续向学，并指点迷津。可笔者生性驽钝，加之懒惰，恐怕会辜负杨老师的期望。另外，在此书出版过程中得到了出版社编辑庄剑老师和舒星的大力帮助，在此一并致谢。